Les tableaux de conjugaison

avoir	être	aller
Présent de l'indicatif		
*j'*ai *tu* as *il/elle* a *nous* avons *vous* avez *ils/elles* ont	*je* suis *tu* es *il/elle* est *nous* sommes *vous* êtes *ils/elles* sont	*je* vais *tu* vas *il/elle* va *nous* allons *vous* allez *ils/elles* vont
Imparfait de l'indicatif		
*j'*avais *tu* avais *il/elle* avait *nous* avions *vous* aviez *ils/elles* avaient	*j'*étais *tu* étais *il/elle* était *nous* étions *vous* étiez *ils/elles* étaient	*j'*allais *tu* allais *il/elle* allait *nous* allions *vous* alliez *ils/elles* allaient
Futur de l'indicatif		
*j'*aurai *tu* auras *il/elle* aura *nous* aurons *vous* aurez *ils/elles* auront	*je* serai *tu* seras *il/elle* sera *nous* serons *vous* serez *ils/elles* seront	*j'*irai *tu* iras *il/elle* ira *nous* irons *vous* irez *ils/elles* iront
Passé composé de l'indicatif		
*j'*ai eu *tu* as eu *il/elle* a eu *nous* avons eu *vous* avez eu *ils/elles* ont eu	*j'*ai été *tu* as été *il/elle* a été *nous* avons été *vous* avez été *ils/elles* ont été	*je* suis allé(e) *tu* es allé(e) *il/elle* est allé(e) *nous* sommes allé(e)s *vous* êtes allé(e)s *ils/elles* sont allé(e)s
Participe passé		
eu	été	[illegible]

PROGRAMMES 2018

Français

Cycle 3
CM1

Fleurs d'encre

Lecture • Compréhension • Expression écrite et orale
Étude de la langue

Chantal BERTAGNA
Agrégée de Lettres classiques

Françoise CARRIER-NAYROLLES
Agrégée de Lettres modernes

hachette
ÉDUCATION

Maquette de la couverture : Florence LE MAUX
Illustration de la couverture : Alain BOYER
Exécution de la couverture : TYPO-VIRGULE
Création de la maquette intérieure : Delphine d'INGUIMBERT
Mise en pages : TYPO-VIRGULE
Relecture : Élisabeth THEBAUD
Fabrication : Marc CHALMIN
Édition : Sarah RINGEVAL

PAPIER À BASE DE FIBRES CERTIFIÉES

hachette s'engage pour l'environnement en réduisant l'empreinte carbone de ses livres. Celle de cet exemplaire est de :
1,100 kg éq. CO_2
Rendez-vous sur www.hachette-durable.fr

ISBN : 978-2-01-787259-7

Avant-propos

➜ Un manuel structuré et progressif

- Un manuel **accessible à tous**, **conforme au programme consolidé 2018** (publié sur ÉDUSCOL en novembre 2018) et **aux *Repères annuels de progression***, dans tous les domaines du français.
- Une **pédagogie** qui développe l'**autonomie** des élèves.
- Un manuel **attrayant** où l'**iconographie** est **support d'apprentissage**.
- Une **progressivité annuelle** des apprentissages en oral, en lecture, en écriture et en langue.

➜ Des démarches innovantes

- Des **activités diversifiées** et des propositions de **pédagogie différenciée** (oral, lecture d'œuvres et langue) afin de **faire réussir tous les élèves**.
- Des **méthodes pour apprendre** des mots, des poésies, des règles d'orthographe et de grammaire par un **entraînement** régulier à la **mémorisation**.
- Un **développement des compétences en oral, lecture et écriture** dans chaque chapitre :
  - une véritable **pédagogie de l'oral**, avec plusieurs activités, individuelles et collectives ;
  - en **lecture**, une démarche de compréhension et d'**interprétation** qui va de l'explicite à l'implicite ;
  - un apprentissage guidé de la **lecture d'œuvres complètes** et de **lectures personnelles en réseau**, pour développer l'autonomie de lecture, le **plaisir de lire** et le partage des lectures ;
  - en **écriture**, des **activités guidées** de façon méthodique, étape par étape.
- Le **carnet personnel** de l'élève pour mémoriser le vocabulaire, recopier les poésies et recueillir les impressions de lecture des œuvres longues.

➜ Un apprentissage régulier et réfléchi de la langue

- Une **articulation** explicite des **leçons de langue** avec les **activités d'écriture**.
- Une **démarche novatrice** pour un apprentissage réfléchi du **vocabulaire**, en lien avec chaque texte et chaque activité d'écriture, et dans des pages dédiées.
- Une **pédagogie active** de découverte des notions de langue, à partir de **corpus variés**.
- Des **leçons** à apprendre, rigoureuses et visuelles, centrées sur les **régularités de la langue**.
- Des **exercices progressifs** et méthodiques qui permettent une **pédagogie différenciée**.
- Des **activités d'orthographe** et de **dictées** en lien étroit avec chaque leçon de langue.
- Des **activités ludiques** pour conforter les acquis autrement.

Les auteurs

Présentation du manuel

Oral • Lecture • Écriture

5 chapitres

Dans chaque chapitre, une double page **Oral** d'activités guidées et diversifiées pour développer les différentes compétences orales.

Oral — L'appel de l'aventure — Chapitre 1
Escargot et tortue, tortue et escargot
Lecture entendue
Lecture à voix haute

Dans chaque chapitre, 3 ou 4 textes de **Lecture** et leur version audio sur le **CD-Rom** qui accompagne le **Guide ressources**.

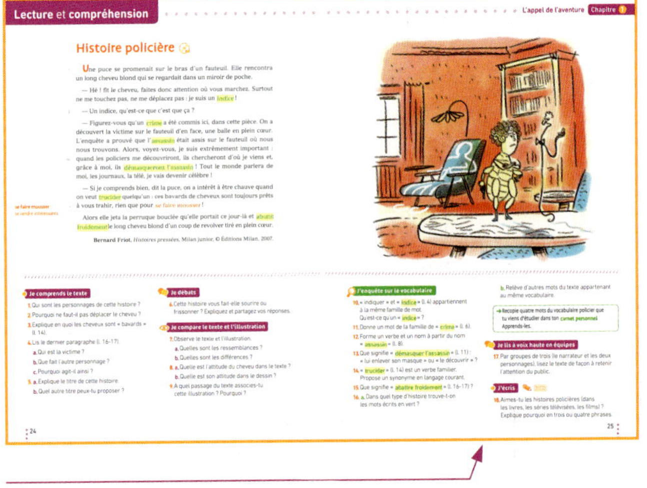
Lecture et compréhension — L'appel de l'aventure — Chapitre 1
Histoire policière

Un apprentissage systématique du vocabulaire en contexte, mémorisé grâce au **carnet personnel** de l'élève.

Dans chaque chapitre, une page de **Lecture guidée** d'une œuvre complète exploitée à l'aide des **photofiches** et du **carnet personnel** de l'élève.

Lecture guidée d'une œuvre complète
La Chèvre de M. Seguin d'Alphonse Daudet
Lectures personnelles en réseau
Des animaux au cœur d'aventures

Dans chaque chapitre, une page de **Lectures personnelles** en réseau accompagnées du **carnet personnel** de l'élève.

Dans chaque chapitre, une page **Poésie** avec des questions de compréhension et des conseils de mémorisation.

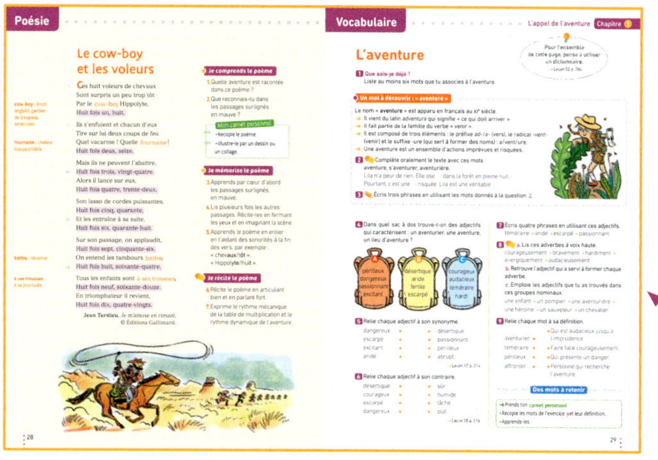
Poésie
Le cow-boy et les voleurs
Vocabulaire
L'aventure

Dans chaque chapitre, une page de **Vocabulaire** thématique pour découvrir la formation et l'emploi des mots.

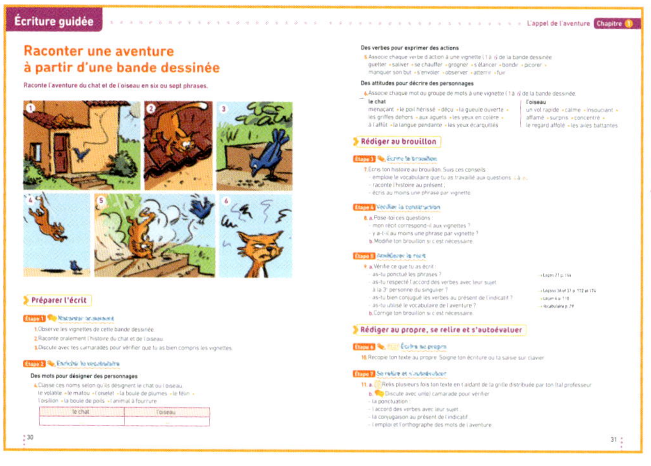
Écriture guidée
Raconter une aventure à partir d'une bande dessinée

Dans chaque chapitre, une double page d'**Écriture** pour un travail méthodologique, étape par étape.

Étude de la langue

60 leçons

Un renvoi aux **photofiches** différenciées disponibles dans le **Guide ressources**.

Un travail de découverte de la **notion** à partir de supports variés.

60 leçons simples, précises, visuelles et faciles à mémoriser sur toutes les notions du programme.

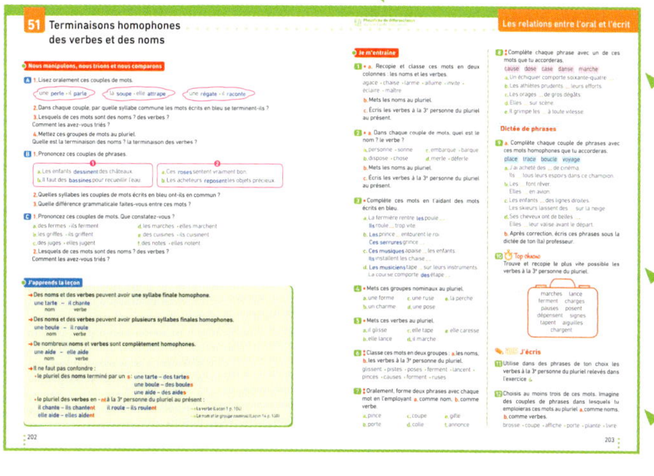
51 Terminaisons homophones des verbes et des noms
Les relations entre l'oral et l'écrit

Des **exercices d'application** classés par niveau.

Des **activités ludiques** (top chrono, mots croisés, devinettes…)

Des **exercices d'écriture** pour assimiler la notion.

Sommaire Oral • Lecture • Écriture

Chapitre 1 L'appel de l'aventure

Chapitre 2 Animaux de fantaisie

Chapitre 3 Merveilleuse mythologie

★ Liste de référence cycle 3, ministère de l'Éducation nationale et de la Jeunesse, 2018.

Sommaire Étude de la langue

Le verbe

Caractéristiques

Conjugaison

Les constituants de la phrase simple

Les classes de mots

La phrase

Les fonctions

L'orthographe grammaticale

Le genre et le nombre

Les accords

Les relations entre l'oral et l'écrit

Les lettres et les sons

Des homophones grammaticaux

Le lexique

Le dictionnaire

La formation des mots

Les relations entre les mots

L'orthographe lexicale

Annexes

Proposition de progression annuelle

Oral	Lecture	Écriture
Période 1 > Chapitre 1 L'appel de l'aventure		
• J'écoute et je dessine • J'explique et j'échange • Je débats • Je lis à voix haute en équipes	• **Lecture et compréhension :** *Octave et le cachalot*, D. Chauvel et Alfred *Le Fabuleux Voyage de Nils Holgersson*, A. Jonas ★ « Histoire policière », B. Friot ★ • **Lecture guidée d'une œuvre complète :** *La Chèvre de M. Seguin*, A. Daudet ★ • **Lectures personnelles en réseau :** Des animaux au cœur d'aventures • **Poésie :** « Le cow-boy et les voleurs », J. Tardieu ★ • **Vocabulaire :** L'aventure	Raconter une aventure à partir d'une bande dessinée
Période 2 > Chapitre 2 Animaux de fantaisie		
• Je décris l'affiche • J'observe l'œuvre d'art • Je comprends la vidéo • J'exprime mes émotions à partir de l'œuvre d'art • Je compare les deux représentations de l'ours	• **Lecture et compréhension :** « Le rhinocéros noir », *Mon Quotidien* « Le Rhinocéros et sa peau », R. Kipling ★ « Les flamants », M. Carême « L'ibis », P. Coran • **Lecture guidée d'une œuvre complète :** *Nouveaux trésors de la poésie pour enfants*, G. Jean ★ • **Lectures personnelles en réseau :** Contes des « pourquoi... ? » • **Poésie :** « Le chameau », P. Coran • **Vocabulaire :** Caractéristiques animales	Écrire des poèmes
Période 3 > Chapitre 3 Merveilleuse mythologie		
• Je décris la mosaïque • Je comprends la légende de l'image • Je présente la mosaïque en suivant une méthode • Je présente le dessin en suivant la méthode • Je raconte à partir des images	• **Lecture et compréhension :** « Thésée et le Minotaure », B. Bottet et É. Harel *Le Feuilleton de Thésée. La mythologie grecque en cent épisodes* (épisodes 1 et 2), M. Szac et R. Saillard ★ « Dédale et Icare », *Les Docs de Mon Quotidien* • **Lecture guidée d'une œuvre complète :** *Des Monstres et des Héros*, H. Kérillis et G. Rebufello • **Lectures personnelles en réseau :** Récits mythologiques • **Poésie :** « Chanson du Minotaure », J.-L. Moreau et J. Joubert • **Vocabulaire :** La mythologie au quotidien	Raconter un des travaux d'Hercule

★ Liste de référence cycle 3, ministère de l'Éducation nationale et de la Jeunesse, 2018.

Le verbe	Les constituants de la phrase simple	L'orthographe grammaticale	Les relations entre l'oral et l'écrit	Le lexique
1. Le verbe : que sais-je déjà ? 2. Les régularités des marques de personne au pluriel 3. Les trois groupes de verbes 4. Le présent de l'indicatif des verbes du 1er groupe	18. Les pronoms personnels sujets : que sais-je déjà ? 21. La ponctuation en fin de phrase 27. Le sujet	36. L'accord du verbe avec un pronom personnel sujet 37. L'accord du verbe avec un groupe nominal sujet	47. Les homophones du verbe *être* : *est* et *et*	52. Chercher un mot dans le dictionnaire
5. Le présent de l'indicatif des verbes du 2e groupe 6. Le présent de l'indicatif des verbes *avoir*, *être*, *aller*	14. Le nom et le groupe nominal : que sais-je déjà ? 15. Les déterminants : que sais-je déjà ? 16. Les déterminants possessifs et démonstratifs 17. L'adjectif	32. Le genre des déterminants 34. Le nombre des déterminants	40. Le son [s] 41. Le son [z] 48. Les homophones du verbe *être* : *sont* et *son*	53. Lire un article de dictionnaire 54. Des familles de mots
7. Le présent de l'indicatif des verbes *dire*, *faire*, *venir*, *voir* 8. Le présent de l'indicatif des verbes *prendre*, *pouvoir*, *vouloir*	20. La construction de la phrase 25. La phrase à la forme exclamative 26. La phrase à la forme négative 28. Les compléments d'objet	31. Le genre des noms et des adjectifs 33. Le nombre des noms et des adjectifs	42. Le son [k] 43. Le son [g] 46. La lettre finale muette d'un nom ou d'un adjectif	55. Préfixes courants 57. Synonymes

Oral	Lecture	Écriture
Période 4 > Chapitre 4 Vaillantes petites héroïnes		
• Je décris le dessin • Je raconte la scène • J'imagine et je raconte la suite de l'histoire • J'explique et je commente la photographie • J'exprime mon point de vue	• **Lecture et compréhension :** « Vassilissa et la Baba-Yaga » (épisodes 1 à 4), R. Giraud • **Lecture guidée d'une œuvre complète :** *La Magie de Lila*, Ph. Pullman • **Lectures personnelles en réseau :** Des récits et leurs héroïnes • **Poésie :** « Je suis une enfant des fées », A.-M. Derèse • **Vocabulaire :** Le courage	Imaginer un récit d'aventure
Période 5 > Chapitre 5 Trouver sa place		
• Je comprends le document • J'explique l'ensemble du document • Je commente le document • J'échange pour comprendre le message de l'affiche	• **Lecture et compréhension :** *Des Petits Trous au bout des doigts* (épisodes 1 et 2), M. Achard *L'Ogrelet* (scènes 1 et 3), S. Lebeau • **Lecture guidée d'une œuvre complète :** *Contact*, M. Blackman • **Lectures personnelles en réseau :** Récits d'enfance • **Poésie :** « Le Cancre », J. Prévert • **Vocabulaire :** Les relations avec les autres	Raconter la naissance d'une amitié

Le verbe	Les constituants de la phrase simple	L'orthographe grammaticale	Les relations entre l'oral et l'écrit	Le lexique
9. L'imparfait de l'indicatif **10.** Le présent et l'imparfait de l'indicatif des verbes en *-cer* et en *-ger*	**22.** La ponctuation dans la phrase **24.** La phrase impérative **29.** Les compléments circonstanciels	**35.** Les accords dans le groupe nominal **38.** L'accord du verbe avec plusieurs groupes nominaux sujets	**44.** Le son [ʒ] **45.** Le son [ɑ̃] **50.** Les homophones du verbe *avoir* : *ont* et *on*	**56.** Suffixes courants **59.** Des homonymes lexicaux
11. Le futur de l'indicatif **12.** Le passé composé **13.** Temps simples et temps composés	**19.** Des mots invariables : les conjonctions de coordination et les adverbes **23.** La phrase interrogative **30.** Le complément du nom	**39.** Les chaînes d'accords dans un texte	**49.** Les homophones du verbe *avoir* : *a* et *à* **51.** Terminaisons homophones des verbes et des noms	**58.** Antonymes **60.** Des mots invariables à mémoriser

› Oral

› Lecture

› Écriture

Chapitre 1
L'appel de l'aventure

Oral

Lecture

Lecture et compréhension

Lecture guidée d'une œuvre complète

Lectures personnelles en réseau

Poésie

Vocabulaire

Écriture

Écriture guidée

★ Liste de référence cycle 3, ministère de l'Éducation nationale et de la Jeunesse, 2018.

Escargot et tortue, tortue et escargot

Lecture entendue

Un jeune escargot qui partait en vacances rencontra en chemin une vieille tortue qui admirait le paysage. C'était la première fois que l'escargot voyait une tortue et il fut très surpris en découvrant que les escargots n'étaient pas les seuls animaux à transporter leur habitation sur leur dos. Seulement, cette vieille tortue lui parut très grosse et très laide. Il ne se gêna pas pour le lui dire. La tortue, furieuse, grimpa sur un rocher, sauta sur l'escargot et l'écrasa. Sous sa carapace.

Très loin de là, une jeune tortue qui partait en vacances rencontra en chemin un vieil escargot qui admirait le paysage. C'était la première fois que la tortue voyait un escargot et elle fut très surprise en découvrant que les tortues n'étaient pas les seuls animaux à transporter leur habitation sur leur dos. Seulement, ce vieil escargot lui parut très petit et très laid. Elle ne se gêna pas pour le lui dire. L'escargot, furieux, grimpa sur un rocher, sauta sur la tortue et s'écrasa. Sur sa carapace.

Bernard Friot, *Histoires pressées*, Milan junior, © Éditions Milan, 2007.

J'écoute et je dessine

1. Représente en plusieurs dessins ce que tu as compris de l'histoire.

J'explique et j'échange

2. Compare tes dessins avec ceux de tes camarades.
a. Avez-vous le même nombre de dessins ?
b. Vos dessins sont-ils identiques ? Sont-ils différents ?

3. À partir de cette comparaison, explique à tes camarades ce que tu as compris de l'histoire.

4. À ton avis, combien de dessins sont nécessaires pour représenter cette histoire ?

5. Compare les deux paragraphes du texte.
a. Quelles sont les ressemblances ?
b. Quelles sont les différences ?

Je débats

6. Pensez-vous que le titre de l'histoire est bien choisi ? Pourquoi ?

7. Selon vous, quelle est la leçon de cette histoire ?

Lecture à voix haute

Un jeune escargot qui partait‿en vacances / rencontra en chemin / une vieille tortue qui admirait le paysage. // C'était la première fois que l'escargot voyait‿une tortue / et il fut très surpris / en découvrant que les escargots n'étaient pas les seuls‿animaux à transporter leur habitation sur leur dos. // Seulement, / cette vieille tortue lui parut très grosse et très laide. // Il ne se gêna pas pour le lui dire. // La tortue, / furieuse, / grimpa sur un rocher, / sauta sur l'escargot et **l'**écrasa. // **Sous** sa carapace. //

Très loin de là, / une jeune tortue qui partait‿en vacances / rencontra en chemin / un vieil‿escargot qui admirait le paysage. // C'était la première fois que la tortue voyait‿un escargot / et elle fut très surprise / en découvrant que les tortues n'étaient pas les seuls‿animaux à transporter leur habitation sur leur dos. // Seulement, / ce vieil‿escargot lui parut très petit et très laid. // Elle ne se gêna pas pour le lui dire. // L'escargot, / furieux, / grimpa sur un rocher, / sauta sur la tortue et **s'**écrasa. // **Sur** sa carapace. //

Je lis à voix haute en équipes

Organisez-vous par équipes de deux.

Équipes A

Préparation

8. Observez les phrases surlignées de la même couleur. Leurs constructions se ressemblent-elles ? Pourquoi ?
9. Dans les phrases surlignées en gris et en rose, pourquoi certains mots sont-ils écrits en gras et en plus gros ?
10. Observez les signes / et //. Quel signe indique une pause brève ? une pause longue ?
11. Lisez ce groupe de mots en faisant la liaison indiquée par le signe ‿ : « partait‿en vacances ».

Lecture à deux voix

12. Entraînez-vous à lire chacun un paragraphe. Respectez les pauses (signes / et //) et les liaisons (signe ‿).

Équipes B

Préparation

8. Comparez les constructions des phrases surlignées de la même couleur. Que remarquez-vous ?
9. Pourquoi certains mots sont-ils écrits en gras et en plus gros ?
10. Quelle aide les signes / et // donnent-ils pour la lecture orale ?
11. Pourquoi certains mots sont-ils reliés par le signe ‿ ?

Lecture à deux voix

12. Choisissez une manière de vous répartir la lecture. Entraînez-vous à lire le texte. Respectez les pauses et les liaisons.

Le sais-tu ?

- Une page de **bande dessinée** (**B.D.**) s'appelle une **planche**.
- Une planche est divisée en **bandes** horizontales.
- Une bande comporte un ou plusieurs dessins appelés **vignettes** ou **cases**.
- Les paroles des personnages sont écrites dans des **bulles**.
- Les passages de récit sont écrits dans des **cartouches**.

Octave et le cachalot

je me suis échoué : je suis bloqué sur le rivage.

Je comprends la bande dessinée

1. Observe et lis cette bande dessinée. Décris physiquement le cachalot.
2. Où le cachalot se trouve-t-il ?
3. Pourquoi le cachalot a-t-il besoin d'Octave ?
4. Quel sentiment Octave éprouve-t-il ? Comment repères-tu ce sentiment dans le dessin et dans les bulles ?
5. Regarde la planche 2. Que se passe-t-il dans la deuxième bande ?
6. À ton avis, qu'est-il arrivé au papa d'Octave ?

Chauvel et **Alfred**,
Octave, tome 1,
© Éditions Delcourt,
2003.

Je débats

7. Octave a-t-il les qualités d'un aventurier ? Si oui, lesquelles ?

8. Comment imaginez-vous la suite de l'histoire ?

J'écris

9. En quatre ou cinq phrases, raconte l'histoire contenue dans ces deux planches de B.D.

J'enquête sur le vocabulaire

10. Quel adjectif est formé sur le nom « peur » (vignette 4) ? Quel adjectif est formé sur le nom « courage » (vignette 9) ?

→ Recopie ces deux noms écrits en vert et ces deux adjectifs dans ton **carnet personnel**. Apprends-les.

Le sais-tu ?

- **Scandinave** désigne un habitant de la Scandinavie. Cette région du nord de l'Europe est composée de trois pays : le Danemark, la Norvège et la Suède.
- Un **tomte** est un petit personnage de conte. C'est un lutin scandinave qui protège les fermiers et leurs enfants la nuit.

Le fabuleux voyage de Nils Holgersson

*Nils est un jeune garçon **scandinave** de quatorze ans. Il a emprisonné un **tomte** dans un filet à papillons. Il refuse de libérer le tomte à moins de recevoir une grosse somme d'argent.*

Soudain, alors qu'il [Nils] rêve de pièces d'or, il se sent soudain projeté au sol par une énorme gifle.

Lorsqu'il revient à lui, Nils aperçoit dans un miroir un autre tomte, beaucoup plus jeune que le premier. « Étrange ! se dit le garçon. Il fait exactement les mêmes gestes que moi ! » Soudain, Nils comprend que ce lutin dans la glace n'est autre que lui ! Le tomte l'a ensorcelé !

Fou de terreur, il réalise que sa vie entière il restera plus petit qu'une théière. Coûte que coûte, il lui faut retrouver ce maudit lutin et le convaincre de lui rendre sa taille normale.

Au prix de mille difficultés, Nils parvient à sortir de la maison. Alors qu'il interroge les animaux pour savoir s'ils savent où se cache le tomte, il manque de se faire dévorer. Il a tant martyrisé le cochon, la vache, l'âne ou le chat que ceux-ci ne rêvent que de l'écraser ou de le croquer.

Échappant de peu à leurs dents et à leurs sabots, Nils est bientôt au bord du désespoir. Que va-t-il devenir ? Sans leur aide, jamais il ne retrouvera ce maudit tomte…

Le garçon pleure sur son sort lorsqu'il entend dans le ciel les appels des oies sauvages. C'est toujours à cette période qu'elles passent au-dessus de la ferme alors qu'elles accomplissent leur migration annuelle vers la lointaine Laponie.

il revient à lui : il retrouve ses esprits.

il a tant martyrisé : il a tant fait souffrir.

migration : voyage.

Laponie : région du pôle Nord.

Je comprends le texte

1. Qu'arrive-t-il à Nils au début du récit ?
2. Que cherche-t-il à faire ?
3. Comment les animaux de la ferme réagissent-ils face à Nils ? Pourquoi ?
4. Que ressent Nils dans la cour de la ferme ?
5. De quel animal le « jars » (l. 24) est-il le mâle : l'oie, la vache ou la poule ? Aide-toi du texte pour répondre.
6. Lis les lignes 24 à 33. Remplace chaque pronom personnel « il » par le nom propre qui convient : Martin ou Nils.
7. Dans quelle aventure Nils est-il entraîné ? Raconte avec tes mots.
8. De quoi Nils est-il capable à la fin du texte ?

Je débats

9. Nils fait-il preuve de qualités ou de défauts ? Lesquels ?

Je lis à voix haute

10. Lis à voix haute les trois premiers paragraphes (l. 1 à 9). Exprime les différents sentiments de Nils.

narguer : se moquer de.

sans crier gare : sans prévenir.

posture : attitude.

Elles s'amusent à narguer les oies domestiques en les invitant à les rejoindre. Et, comme à chaque fois, ces dernières font semblant de ne pas entendre les appels de ces belles voyageuses.

Seulement ce jour-là, un jeune jars blanc, nommé Martin, a précisément très envie de découvrir l'ivresse du ciel. Sans crier gare, il commence à courir pour prendre son envol. Comprenant ses intentions, Nils tente de le retenir. Courant le plus vite possible sur ses courtes jambes, il rattrape Martin et, tant bien que mal, s'agrippe à son cou. Quelques secondes plus tard, le garçon se retrouve dans les airs, et essaie de se hisser sur le dos du jars. Lorsqu'il y parvient enfin, il regarde autour de lui et n'en croit pas ses yeux. Au-dessus de lui s'étend un ciel du bleu le plus pur, tandis qu'il est environné d'une multitude d'oies battant fièrement des ailes. En bas, la terre ressemble maintenant à un dessin d'enfant.

C'est dans cette incroyable posture que Nils fait encore une nouvelle découverte. Il comprend désormais le langage des oiseaux !

Anne Jonas et **Vincent Dutrait**,
Le Fabuleux Voyage de Nils Holgersson,
d'après l'œuvre de Selma Lagerlöf,

J'écris

11. Aimerais-tu être à la place de Nils dans cette aventure ? Pourquoi ? Écris ton point de vue en trois ou quatre phrases.

J'enquête sur le vocabulaire

12. « ensorceler » (l. 6) signifie « jeter un sort ». Quel sort le tomte a-t-il jeté à Nils ?

13. « maudit » (l. 8) signifie « qui apporte une malédiction, un mauvais sort ». Qui est qualifié de « maudit » dans le récit ? Est-ce justifié ?

14. « domestique » (l. 21) vient du latin *domus* qui signifie « maison ». Complète les phrases avec ces mots formés à partir de *domus* : domestiquer, domicile, domestiques.

a. Ton lieu d'habitation est ton ….

b. Ce prince emploie des … dans son palais.

c. Le dresseur parviendra-t-il à … ces chevaux sauvages ?

15. « oies sauvages » (l. 18) et « oies domestiques » (l. 21). Quelles différences fais-tu entre ces deux types d'oiseaux ?

→ Recopie les mots écrits en vert et leur définition dans ton **carnet personnel**. Apprends-les.

Histoire policière

Une puce se promenait sur le bras d'un fauteuil. Elle rencontra un long cheveu blond qui se regardait dans un miroir de poche.

— Hé ! fit le cheveu, faites donc attention où vous marchez. Surtout ne me touchez pas, ne me déplacez pas : je suis un indice !

— Un indice, qu'est-ce que c'est que ça ?

— Figurez-vous qu'un crime a été commis ici, dans cette pièce. On a découvert la victime sur le fauteuil d'en face, une balle en plein cœur. L'enquête a prouvé que l'assassin était assis sur le fauteuil où nous nous trouvons. Alors, voyez-vous, je suis extrêmement important : quand les policiers me découvriront, ils chercheront d'où je viens et, grâce à moi, ils démasqueront l'assassin ! Tout le monde parlera de moi, les journaux, la télé, je vais devenir célèbre !

— Si je comprends bien, dit la puce, on a intérêt à être chauve quand on veut trucider quelqu'un : ces bavards de cheveux sont toujours prêts à vous trahir, rien que pour se faire mousser !

se faire mousser : se rendre intéressants.

Alors elle jeta la perruque bouclée qu'elle portait ce jour-là et abattit froidement le long cheveu blond d'un coup de revolver tiré en plein cœur.

Bernard Friot, *Histoires pressées*, Milan junior, © Éditions Milan, 2007.

Je comprends le texte

1. Qui sont les personnages de cette histoire ?

2. Pourquoi ne faut-il pas déplacer le cheveu ?

3. Explique en quoi les cheveux sont « bavards » (l. 14).

4. Lis le dernier paragraphe (l. 16-17).
- **a.** Qui est la victime ?
- **b.** Que fait l'autre personnage ?
- **c.** Pourquoi agit-il ainsi ?

5. **a.** Explique le titre de cette histoire.
- **b.** Quel autre titre peux-tu proposer ?

Je débats

6. Cette histoire vous fait-elle sourire ou frissonner ? Expliquez et partagez vos réponses.

Je compare le texte et l'illustration

7. Observe le texte et l'illustration.
- **a.** Quelles sont les ressemblances ?
- **b.** Quelles sont les différences ?

8. **a.** Quelle est l'attitude du cheveu dans le texte ?
- **b.** Quelle est son attitude dans le dessin ?

9. À quel passage du texte associes-tu cette illustration ? Pourquoi ?

J'enquête sur le vocabulaire

10. « indiquer » et « indice » (l. 4) appartiennent à la même famille de mot. Qu'est-ce qu'un « indice » ?

11. Donne un mot de la famille de « crime » (l. 6).

12. Forme un verbe et un nom à partir du nom « assassin » (l. 8).

13. Que signifie « démasquer l'assassin » (l. 11) : « lui enlever son masque » ou « le découvrir » ?

14. « trucider » (l. 14) est un verbe familier. Propose un synonyme en langage courant.

15. Que signifie « abattre froidement » (l. 16-17) ?

16. **a.** Dans quel type d'histoire trouve-t-on les mots écrits en vert ?

b. Relève d'autres mots du texte appartenant au même vocabulaire.

→ Recopie quatre mots du vocabulaire policier que tu viens d'étudier dans ton **carnet personnel**. Apprends-les.

Je lis à voix haute en équipes

17. Par groupes de trois (le narrateur et les deux personnages), lisez le texte de façon à retenir l'attention du public.

J'écris

18. Aimes-tu les histoires policières (dans les livres, les séries télévisées, les films) ? Explique pourquoi en trois ou quatre phrases.

La Chèvre de M. Seguin d'Alphonse Daudet

Alphonse Daudet, *La Chèvre de M. Seguin*,
illus. François Place, « Folio Cadet »,
© Éditions Gallimard Jeunesse, 2005.

J'entre dans l'histoire

Lecture entendue

1. Ferme les yeux et écoute le début de l'histoire.

2. Réponds aux questions **1** à **4** de la photofiche distribuée par ton (ta) professeur.

Lecture silencieuse

3. Lis silencieusement le début de l'histoire (p. 7-8 « ... chez lui. »).

4. Vérifie tes réponses. Corrige-les si c'est nécessaire.

> **Mon carnet personnel**
>
> Pour garder une trace de tes lectures de l'année, utilise ton **carnet personnel**.
>
> • Personnalise-le : écris ton prénom et ton nom, fais un dessin ou un collage...
>
> • Quand tu commences un nouveau livre, écris son titre et le nom de son auteur.

Je découvre le livre et ses illustrations

5. Ouvre le livre et observe les illustrations de François Place.

6. Réponds aux questions **5** à **7** de la photofiche distribuée par ton (ta) professeur.

Je lis le récit par étapes

7. Lis le récit en t'arrêtant à chaque étape.

- Étape 1 (p. 8 à 10) : Fais connaissance avec le personnage principal : la chèvre.
- Étape 2 (p. 10 à 19) : Apprends à mieux connaître les personnages.
- Étape 3 (p. 22 à 31) : Comprends la suite de l'histoire.
- Étape 4 (p. 34 à 41) : Comprends la fin de l'histoire.

8. Réponds aux questions **8** à **16** de la photofiche distribuée par ton (ta) professeur.

J'écris mon avis

9. Prends ton **carnet personnel** et exprime ton avis.

a. As-tu aimé cette histoire ? Pourquoi ?

b. À la place de la chèvre, aurais-tu fait le même choix ? Pourquoi ?

Des animaux au cœur d'aventures

Christian Jolibois et **Christian Heinrich**, *La petite poule qui voulait voir la mer*, © Éditions Pocket Jeunesse, un département d'Univers Poche, 2011.

Claudine Aubrun, *Sale temps pour les Pattes noires !*, illus. Anne-Lise Combeaud, © Éditions du Rouergue, 2016.

Jane Gardam, *Le Poney dans la neige*, illus. William Geldart, « Folio Cadet » © Éditions Gallimard Jeunesse, 2003.

Je choisis un livre à partir de sa couverture

1. Décris ce que tu vois sur chaque couverture.
2. Quelle couverture préfères-tu ? Pourquoi ?
3. Quelle histoire imagines-tu dans le livre que tu as choisi ?

Je découvre le livre et ses illustrations

4. Ouvre le livre que tu as choisi et observe les illustrations.

Je lis le récit par étapes

5. Lis le récit à ton rythme, au moins dix pages à chaque étape.

Je présente le livre oralement

6. Résume le début de l'histoire. Attention, ne révèle pas la fin !
7. Explique ce que tu as aimé dans cette histoire et ce que tu n'as pas aimé.
8. Réponds aux questions que te posent tes camarades.

Mon carnet personnel

- Écris le titre du livre et le nom de son auteur.
- As-tu aimé cette histoire ? Explique pourquoi.
- Décris le rôle que joue l'animal dans l'aventure.

Le cow-boy et les voleurs

Ces huit voleurs de chevaux
Sont surpris un peu trop tôt
Par le cow-boy Hippolyte,
Huit fois un, huit.

Ils s'enfuient et chacun d'eux
Tire sur lui deux coups de feu.
Quel vacarme ! Quelle fournaise !
Huit fois deux, seize.

Mais ils ne peuvent l'abattre,
Huit fois trois, vingt-quatre.
Alors il lance sur eux,
Huit fois quatre, trente-deux,

Son lasso de cordes puissantes,
Huit fois cinq, quarante,
Et les entraîne à sa suite,
Huit fois six, quarante-huit.

Sur son passage, on applaudit,
Huit fois sept, cinquante-six.
On entend les tambours battre,
Huit fois huit, soixante-quatre.

Tous les enfants sont à ses trousses,
Huit fois neuf, soixante-douze.
En triomphateur il revient,
Huit fois dix, quatre-vingts.

Jean Tardieu, *Je m'amuse en rimant*,
© Éditions Gallimard.

cow-boy : (mot anglais) gardien de troupeau américain.

fournaise : chaleur insupportable.

battre : résonner.

à ses trousses : à sa poursuite.

Je comprends le poème

1. Quelle aventure est racontée dans ce poème ?
2. Que reconnais-tu dans les passages surlignés en mauve ?

Mon carnet personnel

- Recopie le poème.
- Illustre-le par un dessin ou un collage.

Je mémorise le poème

3. Apprends par cœur d'abord les passages surlignés en mauve.
4. Lis plusieurs fois les autres passages. Récite-les en fermant les yeux et en imaginant la scène.
5. Apprends le poème en entier en t'aidant des sonorités à la fin des vers, par exemple : « chevaux/tôt », « Hippolyte/huit ».

Je récite le poème

6. Récite le poème en articulant bien et en parlant fort.
7. Exprime le rythme mécanique de la table de multiplication et le rythme dynamique de l'aventure.

L'aventure

Pour l'ensemble de cette page, pense à utiliser un dictionnaire.

→ Leçon 52 p. 204

1 Que sais-je déjà ?
Liste au moins six mots que tu associes à l'aventure.

Un mot à découvrir : « aventure »

Le nom « **aventure** » est apparu en français au XIe siècle.

→ Il vient du latin *adventura* qui signifie « ce qui doit arriver ».

→ Il fait partie de la famille du verbe « venir ».

→ Il est composé de trois éléments : le préfixe *ad-*/*a-* (vers), le radical *-vent-* (venir) et le suffixe *-ure* (qui sert à former des noms) : a/vent/ure.

→ Une aventure est un ensemble d'actions imprévues et risquées.

2 Complète oralement le texte avec ces mots : aventure, s'aventurer, aventurière.
Lila n'a peur de rien. Elle ose ... dans la forêt en pleine nuit. Pourtant, c'est une ... risquée. Lila est une véritable ....

3 Écris trois phrases en utilisant les mots donnés à la question 2.

4 Dans quel sac à dos trouve-t-on des adjectifs qui caractérisent : un aventurier, une aventure, un lieu d'aventure ?

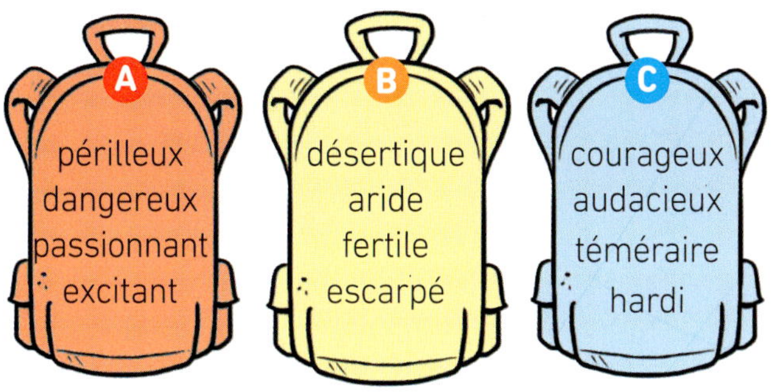

5 Relie chaque adjectif à son synonyme.

dangereux •	• désertique
escarpé •	• passionnant
excitant •	• périlleux
aride •	• abrupt

→ Leçon 57 p. 214

6 Relie chaque adjectif à son contraire.

désertique •	• sûr
courageux •	• humide
escarpé •	• lâche
dangereux •	• plat

→ Leçon 58 p. 216

7 Écris quatre phrases en utilisant ces adjectifs.
téméraire • aride • escarpé • passionnant

8 a. Lis ces adverbes à voix haute.
courageusement • bravement • hardiment • énergiquement • audacieusement

b. Retrouve l'adjectif qui a servi à former chaque adverbe.

c. Emploie les adjectifs que tu as trouvés dans ces groupes nominaux.
une enfant • un pompier • une aventurière • une héroïne • un sauveteur • un chevalier

9 Relie chaque mot à sa définition.

aventurier •	• Qui est audacieux jusqu'à l'imprudence.
téméraire •	• Faire face courageusement.
périlleux •	• Qui présente un danger.
affronter •	• Personne qui recherche l'aventure.

Des mots à retenir

→ Prends ton **carnet personnel**.
- Recopie les mots de l'exercice 9 et leur définition.
- Apprends-les.

Raconter une aventure à partir d'une bande dessinée

Raconte l'aventure du chat et de l'oiseau en six ou sept phrases.

Préparer l'écrit

Étape 1 Raconter oralement

1. Observe les vignettes de cette bande dessinée.
2. Raconte oralement l'histoire du chat et de l'oiseau.
3. Discute avec tes camarades pour vérifier que tu as bien compris les vignettes.

Étape 2 Enrichir le vocabulaire

Des mots pour désigner des personnages

4. Classe ces noms selon qu'ils désignent le chat ou l'oiseau.
le volatile • le matou • l'oiselet • la boule de plumes • le félin • l'oisillon • la boule de poils • l'animal à fourrure

le chat	l'oiseau
...	...

Des verbes pour exprimer des actions

5. Associe chaque verbe d'action à une vignette (1 à 6) de la bande dessinée.
guetter • saliver • se chauffer • grogner • s'élancer • bondir • picorer • manquer son but • s'envoler • observer • atterrir • fuir

Des attitudes pour décrire des personnages

6. Associe chaque mot ou groupe de mots à une vignette (1 à 6) de la bande dessinée.

le chat
menaçant • le poil hérissé • déçu • la gueule ouverte • les griffes dehors • aux aguets • les yeux en colère • à l'affût • la langue pendante • les yeux écarquillés

l'oiseau
un vol rapide • calme • insouciant • affamé • surpris • concentré • le regard affolé • les ailes battantes

Rédiger au brouillon

Étape 3 Écrire le brouillon

7. Écris ton histoire au brouillon. Suis ces conseils :
– emploie le vocabulaire que tu as travaillé aux questions 4 à 6 ;
– raconte l'histoire au présent ;
– écris au moins une phrase par vignette.

Étape 4 Vérifier la construction

8. a. Pose-toi ces questions :
– mon récit correspond-il aux vignettes ?
– y a-t-il au moins une phrase par vignette ?
b. Modifie ton brouillon si c'est nécessaire.

Étape 5 Améliorer le récit

9. a. Vérifie ce que tu as écrit :
– as-tu ponctué les phrases ? → Leçon 21 p. 144
– as-tu respecté l'accord des verbes avec leur sujet à la 3e personne du singulier ? → Leçons 36 et 37 p. 172 et 174
– as-tu bien conjugué les verbes au présent de l'indicatif ? → Leçon 4 p. 110
– as-tu utilisé le vocabulaire de l'aventure ? → Vocabulaire p. 29
b. Corrige ton brouillon si c'est nécessaire.

Rédiger au propre, se relire et s'autoévaluer

Étape 6 Écrire au propre

10. Recopie ton texte au propre. Soigne ton écriture ou ta saisie sur clavier.

Étape 7 Se relire et s'autoévaluer

11. a. Relis plusieurs fois ton texte en t'aidant de la grille distribuée par ton (ta) professeur.
b. Discute avec un(e) camarade pour vérifier :
– la ponctuation ;
– l'accord des verbes avec leur sujet ;
– la conjugaison au présent de l'indicatif ;
– l'emploi et l'orthographe des mots de l'aventure.

Boulloche

Chapitre 2
Animaux de fantaisie

★ Liste de référence cycle 3, ministère de l'Éducation nationale et de la Jeunesse, 2018.

Le sais-tu ?

- Les lettres **WWF** sont les initiales de *World Wide Fund For Nature* (Fonds Mondial pour la Nature).
- Le WWF est une organisation internationale fondée en 1961. Il agit pour la **protection de l'environnement**.
- Son logo est un **panda**.

2 degrés c'est déjà trop

Je décris l'affiche

Organisez-vous par équipes de deux pour décrire l'affiche.

Équipes A

1. Quel animal aperçoit-on sur l'affiche ?
2. Pourquoi ne voit-on pas l'animal en entier ?
3. **a.** Quelles sont les deux couleurs principales de l'affiche ?
   b. Que représente chacune d'elles ?
   c. Quelle couleur occupe le plus d'espace ? Pourquoi ?
4. À quoi les chiffres au centre de l'affiche correspondent-ils ?
5. Comment comprenez-vous le *hashtag* « #2CTROP » en bas à gauche de l'affiche ?
6. Quel message cette affiche transmet-elle ?

Équipes B

1. Quel animal aperçoit-on sur l'affiche ?
2. Comment est-il présenté ? Pourquoi ?
3. **a.** Que représentent les deux couleurs de l'affiche ?
   b. Pourquoi l'une de ces couleurs occupe-t-elle plus d'espace que l'autre ?
4. À quoi les chiffres écrits sur l'affiche correspondent-ils ?
5. Comment comprenez-vous le *hashtag* « #2CTROP » ?
6. Quel message cette affiche transmet-elle ?

L'Ours blanc

Ours blanc,
Pompon François
(1855-1933),
vers 1922.
Valenciennes,
musée des Beaux-Arts.
hauteur : 1,31 m –
largeur : 2,45 m

Vidéo *Récits d'Arts*
https://youtu.be/6OMC-X8hEq8

J'observe l'œuvre d'art

1. Décris la sculpture : sa taille, les proportions de l'animal...
2. L'animal semble-t-il immobile ou en mouvement ? Pourquoi ?
3. À ton avis, la sculpture ressemble-t-elle à un véritable ours blanc ? Explique ta réponse.

Je comprends la vidéo

4. Regarde la vidéo *Récits d'Arts* consacrée à l'« Ours blanc ».
5. a. Qui a sculpté l'« Ours blanc » ?
   b. En quelle année cette sculpture a-t-elle été réalisée ?
   c. Quel est le matériau utilisé ?
   d. Quelle est la taille de la sculpture ?
   e. Que fait d'abord l'artiste lorsqu'il sculpte un animal ?
   f. Que fait-il ensuite ?
6. Explique ce que tu as retenu de cette vidéo. Aide-toi de tes réponses à la question 5.

J'exprime mes émotions à partir de l'œuvre d'art

7. Cette sculpture te plaît-elle ? Pourquoi ?

Je compare les deux représentations de l'ours

8. Observe à nouveau les deux représentations de l'ours.
   a. Quel rôle l'ours joue-t-il dans la première ?
   b. Quel rôle joue-t-il dans la seconde ?

> **Le sais-tu ?**
> Les **rhinocéros** vivent en Afrique et en Inde. Leur peau est plissée. Ces plis les aident à supporter la chaleur : ils leur servent de refroidisseur.

Le rhinocéros noir

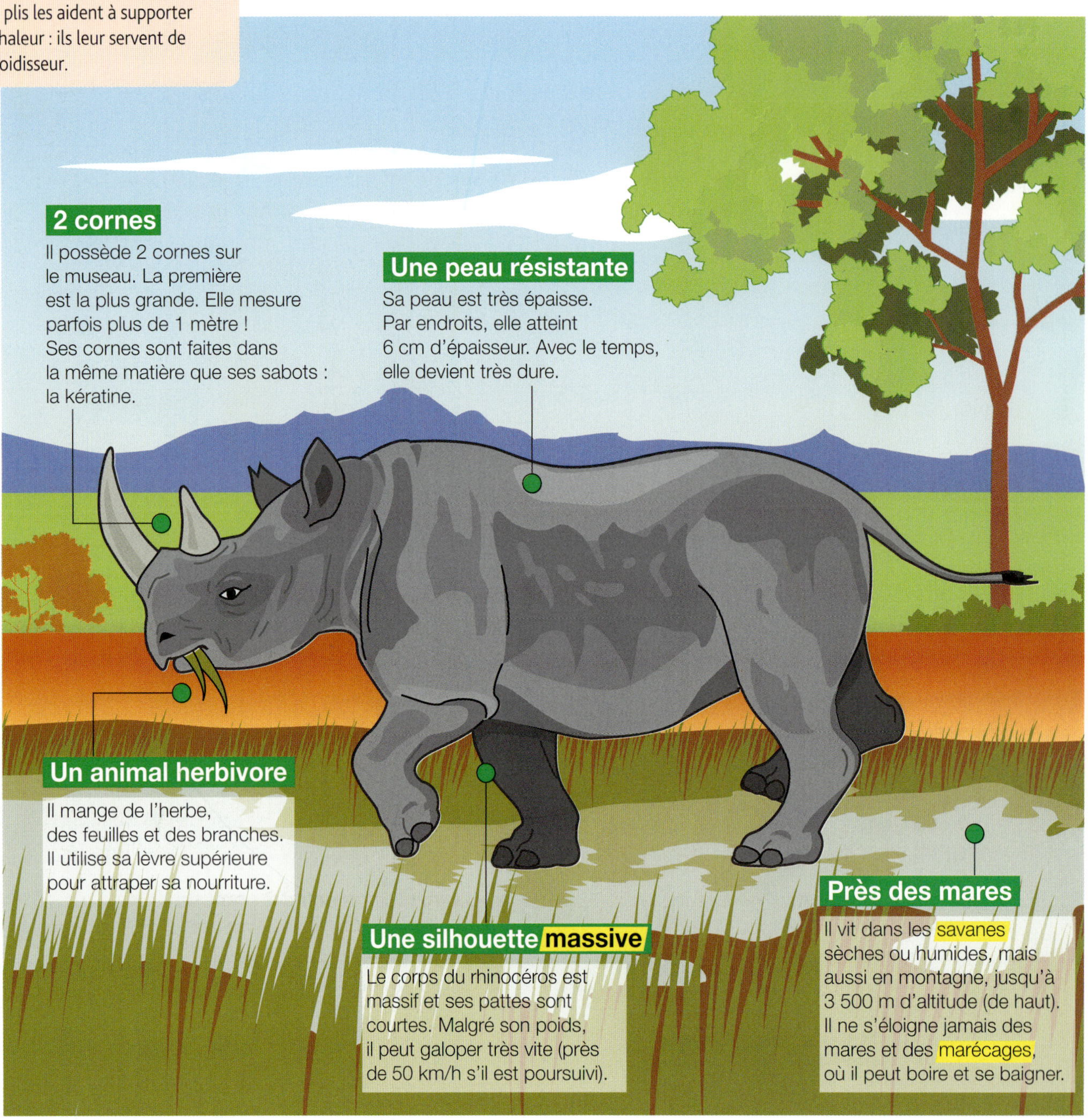

Je comprends le document

1. Observe cet article de magazine documentaire.
   a. Quelles sont les différentes parties qui composent cet article ?
   b. Pourquoi certains groupes de mots sont-ils écrits sur un fond vert ?
   c. Pourquoi certains mots sont-ils surlignés en jaune ?
2. Sur quel continent les rhinocéros noirs vivent-ils ?
3. De quoi se nourrissent-ils ?
4. Dans quel milieu naturel vivent-ils ? Décris-le.

Longueur :	**jusqu'à 3,50 m (sans la queue)**
Hauteur :	**plus de 2 m**
Poids :	**jusqu'à 1,5 tonne (1 500 kilos)**
Durée de vie :	**jusqu'à 50 ans**
Lieu de vie	**Afrique**

Massif :
Ici, imposant.
Savane :
Prairie des régions chaudes, où poussent des hautes herbes.
Marécage :
Terrain plat humide et boueux.

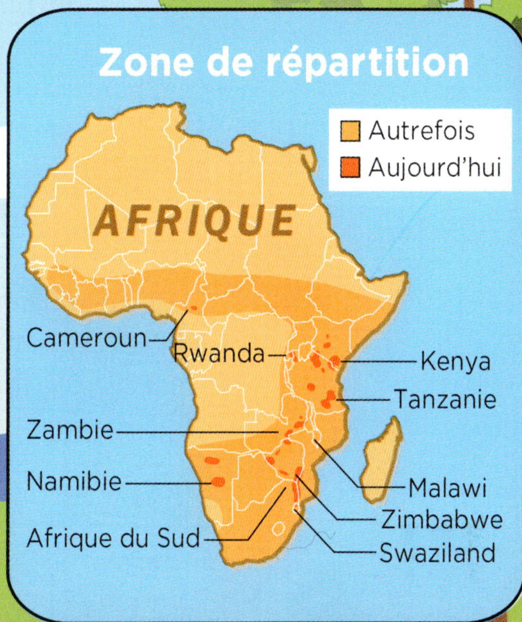

À RETENIR

❶ Le rhinocéros noir vit en Afrique. Les zones où il vit ont beaucoup diminué.

❷ C'est un herbivore mesurant jusqu'à 3,50 m et pesant jusqu'à 1,5 tonne.

❸ Le rhinocéros noir a 2 cornes. La plus grande est la première.

❹ Il ne s'éloigne jamais des mares ou des marécages, qu'il vive dans les savanes ou bien en montagne (jusqu'à 3 500 m d'altitude).

« Le rhinocéros noir », *Mon Quotidien*, n° 6039, 15/11/2016, © PlayBac Presse.
Mon Quotidien, pour les 10-13 ans : 10 minutes de lecture chaque jour, www.playbacpresse.fr

J'enquête sur le vocabulaire

5. Prends ton **carnet personnel**. Liste les mots nécessaires pour décrire physiquement un rhinocéros et pour présenter son mode de vie.

J'écris

6. En trois ou quatre phrases, décris physiquement un rhinocéros et présente son mode de vie. Utilise les mots que tu as listés dans ton **carnet personnel**.

Le Rhinocéros et sa peau

mer Rouge : nom d'une mer située entre l'Arabie et l'Afrique.
Parsi : homme d'un peuple oriental.

pied : unité de mesure d'environ 30 cm.

Il était une fois, dans une île déserte des bords de la mer Rouge, un Parsi coiffé d'un chapeau où se reflétaient les rayons du soleil. Ce Parsi vivait au bord de la mer Rouge avec rien de plus que son chapeau, son couteau et un fourneau de cuisine. Un jour, il prit de la farine, de l'eau, des groseilles, des prunes, du sucre… et prépara un gâteau de deux pieds de large et trois d'épaisseur. Il le fit cuire, cuire, jusqu'à ce qu'il soit bien doré et sente délicieusement bon.

Mais juste au moment où le Parsi allait manger le gâteau, voici que descendit à la plage un Rhinocéros avec une corne sur le nez et deux petits yeux de cochon. En ce temps-là, la peau du Rhinocéros lui allait parfaitement. Elle ne faisait aucun pli nulle part.

« Waouh ! », dit l'animal, et aussitôt le Parsi lâcha son gâteau et grimpa en haut d'un palmier, uniquement coiffé de son chapeau où se reflétaient toujours les rayons du soleil. Le Rhinocéros renversa le fourneau, le gâteau roula sur le sable, l'animal l'embrocha avec sa corne et le mangea, puis s'en alla en remuant la queue. Alors, le Parsi descendit de son palmier.

Je comprends le texte

1. Qu'apprends-tu sur le personnage du Parsi au début du texte (l. 1 à 7) ?
2. Quelles sont les caractéristiques physiques du Rhinocéros au début de l'histoire ?
3. Raconte avec tes mots ce qui se passe lors de la première rencontre entre le Rhinocéros et le Parsi.
4. Quel changement météorologique se produit cinq semaines plus tard ?
5. Que fait alors le Rhinocéros ? Pourquoi ?
6. Que fait alors le Parsi ? Pourquoi ?

Je compare le texte et l'illustration

7. Relis le texte et observe l'illustration. Quelle(s) phrase(s) du texte correspond(ent) à l'illustration ?

Cinq semaines plus tard, il y eut une vague de chaleur dans la mer Rouge et tout le monde ôta ses habits. Le Parsi ôta son chapeau, le Rhinocéros enleva sa peau qui, dans ce temps-là, se boutonnait par-dessous au moyen de trois boutons. Le Rhinocéros jeta la peau sur son épaule tout en descendant se baigner. Il entra dans l'eau en se dandinant et en soufflant des bulles par le nez. Il venait de laisser sa peau sur la plage.

Or, le Parsi se rapprocha et trouva la peau. Il sourit alors d'un sourire qui fit deux fois le tour de son visage. Puis, il dansa trois fois autour de la peau et se frotta les mains. Ensuite, il alla à son camp. Il prit la peau, et il secoua la peau, et il racla la peau, et il l'incrusta de vieilles miettes sèches de gâteau qui grattent et de quelques groseilles brûlées, autant qu'elle pouvait en contenir. Puis, il remonta dans son palmier et attendit que le Rhinocéros sorte de l'eau et remette sa peau. Ce que fit l'animal. Il boutonna les trois boutons et ça le chatouillait comme des miettes dans un lit. Il voulut alors se gratter, mais cela ne fit qu'empirer. Ensuite, il se coucha sur le sable et se roula, se roula, se roula, et chaque fois qu'il se roulait, les miettes du gâteau le démangeaient un peu plus. Alors, il courut au palmier et s'y frotta, s'y frotta, s'y frotta. Il frotta tant et si fort que sa peau fit un grand pli derrière ses épaules et un autre pli dessous, et d'autres plis sur ses pattes.

Depuis ce jour, tous les rhinocéros ont la peau qui fait de grands plis.

Rudyard Kipling, *Histoires comme ça*,
traduction et adaptation de C. Bertagna et F. Carrier, 2019.

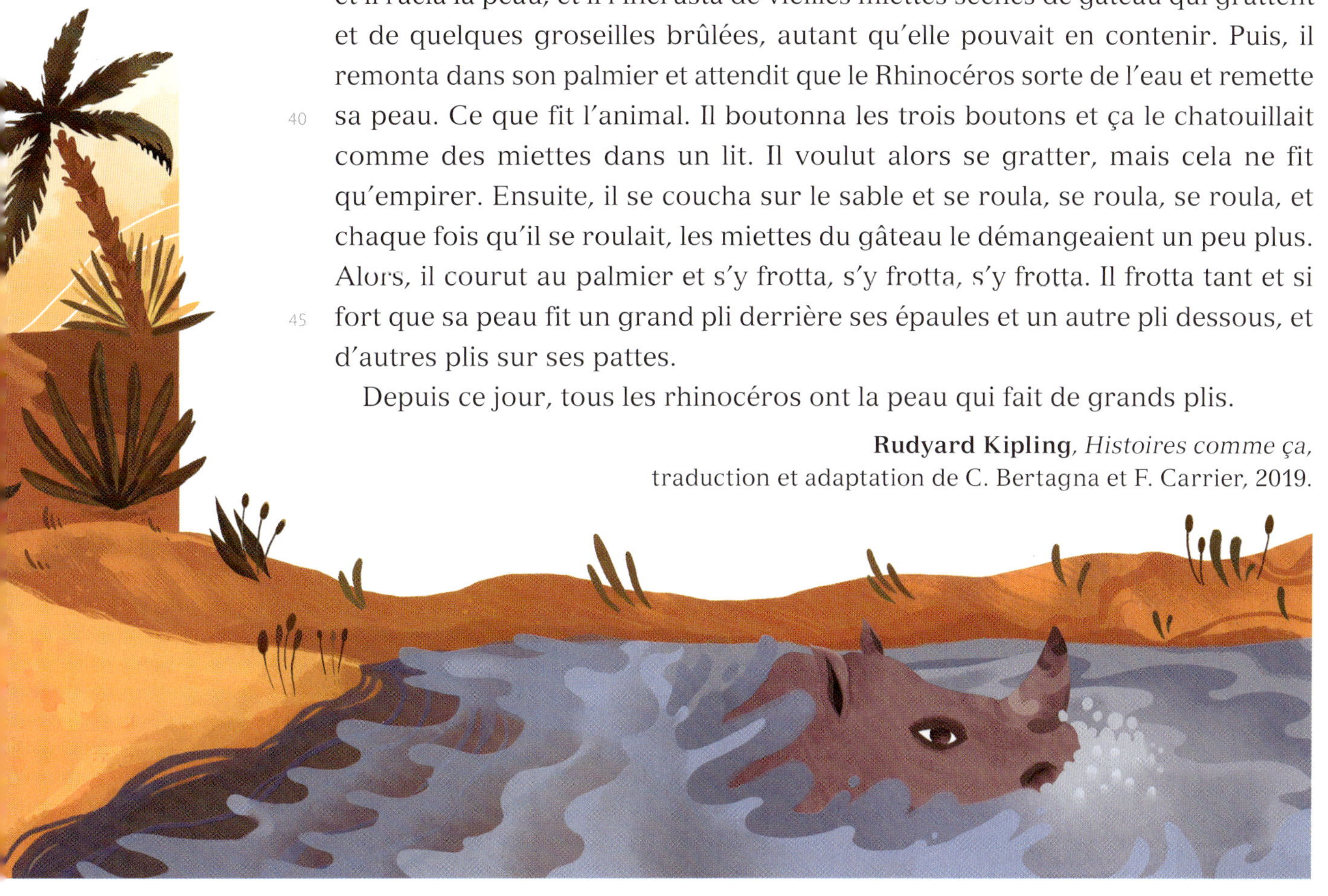

J'enquête sur le vocabulaire

8. En grec, *rhinos* signifie le « nez » et *keros* signifie la « corne ».
Le Rhinocéros (l. 11) porte-t-il bien son nom ? Justifie ta réponse.

→ Dans ton **carnet personnel**, écris une définition du nom « rhinocéros » à partir de ce que tu as découvert.

Je lis à voix haute

9. Lis à voix haute les trois premiers paragraphes du texte (l. 1 à 27). Respecte la ponctuation, les liaisons et le rythme du texte.

Je débats

10. a. Comment le conte explique-t-il la peau plissée du Rhinocéros ?
b. Que pensez-vous de cette explication ?

Les oiseaux en poésie

Les flamants

Une patte repliée
Sous leurs plumes qui **se figent**,
Les hauts flamants rassemblés
S'efforcent de ressembler
À des roses sur leur tige.

Vit-on jamais dans le vent
Rosier plus **vibrant** de roses
Que ce bouquet de flamants roses,
Ce bouquet que le lac pose
Au pied du soleil levant ?

Et quand le bouquet s'effeuille,
Qui peut encor distinguer,
De ce nuage rosé
Que la **brise** cueille,
Le flamant rose envolé ?

se figent : s'immobilisent.

vibrant : bougeant, remuant.

brise : petit vent frais.

Maurice Carême,
La grange bleue,

Je découvre la forme du poème

1. Ce poème comporte trois **strophes**. Qu'est-ce qu'une strophe ?
2. Ce poème comporte quinze **vers**. Qu'est-ce qu'un vers ?
3. Les groupes de lettres en couleur et en gras à la fin des vers sont des **rimes**. Dis-les à voix haute. Explique ce qu'est une rime.

Je comprends le poème

4. Explique ce qu'est un flamant. (v. 3) Aide-toi de la photographie.
5. Quelles caractéristiques des flamants retrouves-tu dans le poème ?
6. À quoi le poète compare-t-il les flamants ?
7. Dans ce poème, que signifie l'expression « quand le bouquet s'effeuille » (v. 11) ?

J'enquête sur le vocabulaire

8. Le flamant est appelé « flambant » aux Antilles. C'est un oiseau aquatique qui tire son nom de sa couleur de flamme. Donne un verbe, un adjectif et un nom formés à partir du nom « flamme ».

→ Recopie le nom « flamant » et sa définition dans ton **carnet personnel**. Apprends-les.

Je lis à voix haute

9. Entraîne-toi à lire le poème à voix haute. Fais entendre les rimes. Marque une pause courte en fin de vers et une pause plus longue en fin de strophe.

échasses : bâtons avec un support pour le pied, permettant de marcher en hauteur.

clopin-clopant : en boitant.

L'ibis

L'ibis,
c'est comme un 2
qui passe
debout sur des échasses,

un 2 en noir et blanc
qui va clopin-clopant,
clopin-clopant, clopin-clopant.

Pierre Coran,
« L'ibis », © Pierre Coran.

Je comprends le poème

1. Explique ce qu'est un ibis. (v. 1)
Aide-toi de la sculpture.

2. À quoi le poète compare-t-il l'ibis ?
Pourquoi ?

3. Le poème présente d'autres caractéristiques physiques de l'ibis. Lesquelles ?

4. À quoi les deux derniers vers du poème (v. 6 et 7) te font-ils penser ?

Je découvre la forme du poème

5. Qu'est-ce qui différencie ce poème de celui sur les flamants ?

6. Pourquoi le poète utilise-t-il le chiffre « 2 » ?

7. À quoi les traits noirs sous le « 2 » te font-ils penser ?

J'enquête sur le vocabulaire

8. L'ibis et le flamant sont des oiseaux « échassiers ». Explique ce mot.

→ Recopie les mots « échasses » et « échassier », et leur définition dans ton **carnet personnel**. Apprends-les.

Je lis à voix haute en équipes

9. Par groupes de deux, l'un(e) lit le poème à voix haute et l'autre mime la démarche de l'ibis.

Nouveaux trésors de la poésie pour enfants, anthologie de Georges Jean

Georges Jean, *Nouveaux trésors de la poésie pour enfants*, anthologie, © Le Livre de Poche, 2005.

Le sais-tu ?

- Un **recueil de poèmes** est un livre qui réunit, qui « recueille », un ensemble de poèmes.
- On dit aussi une **anthologie**. Ce nom vient de deux mots grecs : *anthos* « fleur » et *legein* « choisir ». C'est un choix de « poèmes-fleurs », un **florilège**.

Je découvre la table des matières

1. Ouvre le recueil à la fin (p. 245 à 252) et observe la table des matières.

2. Repère les grands titres. Cite les quatre grandes parties du recueil.

3. Lis les titres de la partie consacrée aux animaux.

a. Combien de poèmes cette partie compte-t-elle ?

b. En combien de sous-parties ces poèmes sont-ils classés ?

4. Liste les animaux qui apparaissent dans les titres des poèmes.

Mon carnet personnel

As-tu aimé les poèmes sur les animaux contenus dans ce recueil ? Pourquoi ?

Je lis et j'analyse les poèmes consacrés aux animaux

5. Feuillette les pages du recueil consacrées aux poèmes sur les animaux (p. 151 à 180).

6. Réponds aux questions **4** à **7** de la photofiche distribuée par ton (ta) professeur.

J'offre une lecture à la classe

7. Choisis un poème que tu as envie de lire à tes camarades.

a. Entraîne-toi à lire ce poème. Pense à dire le titre, à bien articuler et à respecter le rythme des vers.

b. Entraîne-toi à expliquer pourquoi tu as choisi ce poème.

Mon carnet personnel

- Choisis ton poème préféré. Recopie-le.
- Explique ce que tu as aimé, ce qui t'a ému(e), ce qui t'a amusé(e).

Contes des « pourquoi… ? »

Stéphane Sénégas,
Pourquoi les libellules ont le corps si long,
© Éditions Kaléidoscope,
2002.

Catherine Zarcate,
Pourquoi le tigre ne grimpe pas aux arbres,
illus. He Zhihong,
© Éditions Seuil Jeunesse,
2013.

Rudyard Kipling,
L'Enfant d'éléphant,
illus. May Angeli,
© Éditions Le Sorbier,
2009.

Je choisis un livre et je le lis

1. Observe les couvertures de ces livres.
Choisis celle que tu préfères.

2. Lis ce livre.

Je réalise une fiche documentaire

3. Fais des recherches sur l'animal principal de l'histoire que tu as choisie : son corps, son habitat, sa nourriture…

4. Réalise une fiche documentaire qui présente cet animal.

a. Liste ses principales caractéristiques physiques.

b. Écris deux ou trois phrases sur son mode de vie.

Je raconte à la manière d'un(e) conteur/conteuse

5. Raconte l'histoire à tes camarades comme le ferait un(e) conteur/conteuse. Pour cela :
– repère les différentes étapes de l'histoire ;
– décris avec précision les animaux et les lieux ;
– parle lentement et distinctement ;
– regarde ton public. Varie le ton et le rythme de tes paroles.
Tu capteras mieux l'attention.

6. Choisis l'illustration que tu préfères dans le livre.
Présente-la à tes camarades et justifie ton choix.

Mon carnet personnel

- Écris le titre du livre et le nom de son auteur.
- À partir de ta fiche documentaire, présente ton animal en quatre ou cinq phrases.
- Dessine-le.

Le chameau

sauna : pièce où l'on prend des bains de vapeur.

Un chameau entra dans un sauna.

Il eut chaud,
Très chaud,
Trop chaud.

Il sua,
Sua,
Sua.

Une bosse s'usa,
S'usa,
S'usa.

L'autre bosse ne s'usa pas.

Le chameau, dans le désert
Se retrouva dromadaire.

Pierre Coran, « Le chameau »,
in *Amuserimes*,

Je comprends le poème

1. a. Combien de bosses un chameau a-t-il ?

b. Où les chameaux vivent-ils ?

2. a. Que cherche à expliquer Pierre Coran dans son poème ?

b. Prends-tu cette explication au sérieux ?

3. De quel texte du chapitre peux-tu rapprocher ce poème ? Pourquoi ?

Mon carnet personnel

- Recopie le poème.
- Illustre-le par un dessin ou un collage.

Je mémorise le poème

4. Repère les vers et les mots qui se répètent dans le poème.

5. Apprends le poème par vers ou par groupes de vers qui forment une phrase.

Je récite le poème

6. Récite le poème comme si tu racontais une histoire. Insiste sur les répétitions et sur l'effet de surprise final.

Caractéristiques animales

Pour l'ensemble de cette page, pense à utiliser un dictionnaire.
→ Leçons 52 et 53 p. 204 et 206

1 Que sais-je déjà ?
Liste au moins trois noms de mammifères, d'oiseaux, de poissons et d'insectes.

Un mot à découvrir : « animal »

Le nom « **animal** » est apparu en français au XIIe siècle.
→ Il vient du latin *animal* qui signifie « être vivant ».
→ Il est formé à partir du nom *anima* qui signifie le « souffle de vie ».
→ Il a donné naissance à une famille de mots : « animalier, animalerie... ».
→ Il est à la fois un nom et un adjectif.
Le chien est un **animal**. Ce scientifique étudie le règne **animal**.

2 Complète oralement le texte avec ces mots : animaux, animalier, animalerie.
Ludovic a acheté un lapin nain dans une .... Il y découvre d'autres ..., comme le caméléon, qui ont chacun un comportement ... particulier.

3 Écris un synonyme du nom « animal ».

4 Relie chaque nom de mâle au nom de femelle qui lui correspond.

un cheval •	• une guenon
un cerf •	• une oie
un mouton •	• une biche
un singe •	• une jument
un jars •	• une brebis

5 Associe chaque nom de petit d'animal à celui de sa mère : un chiot, un poulain, un veau, un ânon, un faon, un caneton, un chaton, un poussin.
une jument • une biche • une vache • une chatte • une cane • une poule • une chienne • une ânesse

6 Attribue à chaque animal les parties du corps qui permettent de le décrire : une crinière, un bec, une gueule, un pelage, des écailles, une queue, un plumage, des pattes, des nageoires, des ouïes, des griffes.

a. 
b. 
c. 

7 Devine quels sont ces animaux.
a. J'ai une trompe. Je suis un é... .
b. Nous vivons en meute. Nous sommes des l... .
c. Nous vivons en essaim. Nous sommes des a... .

8 Recopie chaque animal et son lieu de vie.

• le cheval • la vache • le chien
• le lièvre • l'abeille • l'oiseau

• un nid • une écurie • un terrier
• un chenil • une ruche • une étable

9 Complète ces phrases avec le verbe qui convient : hennit, aboie, brait, rugit, bourdonne, roucoule, coasse, croasse, miaule.
a. L'abeille ... .
b. Le cheval ... .
c. La grenouille ... .
d. Le pigeon ... .
e. Le lion ... .
f. Le corbeau ... .
g. Le chien ... .
h. Le chat ... .
i. L'âne ... .

10 Complète oralement ces phrases avec le verbe qui convient : butine, lape, broute, picore.
a. Le mouton ... l'herbe.
b. L'abeille ... les fleurs.
c. Le chaton ... le lait.
d. La poule ... le grain.

Des mots à retenir

→ Prends ton **carnet personnel**.
• Choisis trois noms d'animaux et recopie-les.
• Écris leur lieu de vie et le verbe correspondant à leur cri.

Écrire des poèmes

Écris un poème à la manière de…

L'escargoéland

Avec ses deux ailes
Qui traînent à terre
Comme des haltères
Au bout de bretelles,
L'escargoéland
Jamais ne se presse :
Il sait que sans cesse
L'escargoéland.

haltères : instruments de musculation formés de deux poids réunis par une barre.

Poème d'**Olivier Salon**, extrait de « Le petit Oulipo, anthologie de textes de l'Oulipo », réunis par Paul Fournel, © éditions Rue du monde.

Préparer l'écrit

Étape 1 Découvrir le poème

1. Lis le poème, puis réponds oralement aux questions.

2. À partir de quels mots le titre du poème est-il formé ?

3. a. À quel animal les vers écrits en bleu renvoient-ils ?
b. À quel animal les vers écrits en noir renvoient-ils ?

Étape 2 Enrichir le vocabulaire

4. Classe ces noms d'animaux dans le tableau. Tu peux t'aider du dictionnaire.
un lapin • une mouche • un ouistiti • un flamant • un chameau • un blaireau • un kangourou • une otarie • un tigre • une mangouste • un rouget • un cheval • une pintade

oiseaux	mammifères	poissons	insectes
…	…	…	…

5. Utilise les noms d'animaux du tableau pour former des noms d'animaux fantaisistes.
Aide-toi de l'exemple. un la**pin** + une **pin**tade } un(e) la**pin**tade

6. Choisis un animal fantaisiste.
a. Fais une recherche documentaire sur les deux animaux qui le composent.
b. Écris deux caractéristiques physiques pour chacun.

Rédiger au brouillon

Étape 3 Écrire le brouillon

7. Écris le titre de ton poème. C'est le nom de l'animal fantaisiste que tu as choisi à la question 6.

8. Écris ton poème en utilisant les caractéristiques physiques que tu as listées à la question 6.

Rédiger au propre

Étape 4 Écrire au propre

9. a. Recopie ton poème au propre. Soigne ton écriture (ou ta saisie sur clavier) et la présentation.
b. Pour illustrer ton poème, dessine ton animal.

Ballade du kangourou de Nogent-le-Rotrou

À Nogent-le-Rotrou
Vivait un kangourou,
Un kangourou tout roux,
Dans le fond de son trou.

De peur du loup-garou,
Ce kangourou tout roux
Ne sortait de son trou
Qu'au matin du 4 août.

Le matin du 4 août,
Le fameux loup-garou
De Nogent-le-Rotrou
Part pour Châteauroux.
[…]

Jean-Luc Moreau, « Ballade du kangourou de Nogent-le-Rotrou », *Poèmes à saute-mouton*, © Le Livre de Poche Jeunesse.

Préparer l'écrit

Étape 1 Découvrir le poème

1. Lis le poème à voix haute.
2. a. Quel son entends-tu le plus ?
   b. Quel son entends-tu à la rime ?
   c. Où retrouves-tu ce son dans le titre du poème ?

Étape 2 Enrichir le vocabulaire

3. Lis les mots des listes A et B.
   a. Quel est le son commun aux mots de chaque liste ?
   b. Classe les mots dans le tableau selon la place du son.

A chanson, caméléon, honteux, pont, rond, caleçon, allonger, (ils) font, bond, enfoncer

long	content	raconter	pantalon
…	…	…	…

B maintenir, chemin, désinfecter, demain, (il) éteint, ceinture, plein, mincir, épingle, saint

teint	rincer	labyrinthe	prochain
…	…	…	…

Rédiger au brouillon

Étape 3 Écrire le brouillon

4. Choisis un de ces titres, puis recopie-le :
   – « Ballade du mouton de Lyon » ;
   – « Ballade du lapin de Berlin ».
5. Écris ton poème en jouant avec les sons du titre que tu as choisi à la question 4 et des mots de la question 3.

Rédiger au propre

Étape 4 Écrire au propre

6. Recopie ton poème au propre. Soigne ton écriture (ou ta saisie sur clavier) et la présentation.

Chapitre 3
Merveilleuse mythologie

Oral

Lecture

Lecture et compréhension

Lecture guidée d'une œuvre complète

Lectures personnelles en réseau

Poésie

Vocabulaire

Écriture

Écriture guidée

★ Liste de référence cycle 3, ministère de l'Éducation nationale et de la Jeunesse, 2018.

Le sais-tu ?

Une **mosaïque** est un assemblage de petits morceaux de pierre multicolores. Ils sont collés par un ciment et forment un dessin. Les Romains utilisaient l'art de la mosaïque pour décorer le sol de leurs maisons.

Thésée tuant le Minotaure

Dans la mythologie grecque, Minos était le roi de Crète, une île de la mer Égée.
En grec ancien, le mot tauros *signifie « taureau ».*

Thésée tuant le Minotaure, mosaïque romaine de Loigersfelder, IVe siècle après Jésus-Christ, 410 × 420 cm, musée d'Histoire de l'art de Vienne (Autriche).

Détail de la mosaïque (image centrale).

Je décris la mosaïque

1. Observe l'image (à gauche) et son détail (à droite).
2. a. Quelles formes vois-tu ?
   b. Qui sont les personnages ?
   c. Que se passe-t-il dans la scène centrale ?

J'enquête sur le vocabulaire

3. Le dessin géométrique qui entoure la scène centrale représente un « labyrinthe ». Explique ce qu'est un labyrinthe.
4. La scène centrale représente le combat de Thésée, un jeune Grec, contre le Minotaure. Observe le Minotaure et décris-le.

Je comprends la légende de l'image

5. Le texte qui est écrit sous l'image s'appelle une « légende ». Il donne des informations sur l'œuvre d'art.
   a. De quelle œuvre d'art s'agit-il ?
   b. De quand date-t-elle ?
   c. Quelle est sa taille ?
   d. Dans quel musée est-elle conservée ?

Thésée et le Minotaure

Bande dessinée.
Luc Ferry, **Didier Poli**, **Clotilde Bruneau** et **Mauro De Luca**,
Thésée et le Minotaure,
© Éditions Glénat, 2016.

Je présente la mosaïque en suivant une méthode

6. Présente la mosaïque en suivant cette méthode.

MÉTHODE

a. Lis la légende.
b. Repère les informations importantes sur l'œuvre d'art :
– le titre ;
– la date ou l'époque ;
– l'artiste ;
– la nature (tableau, sculpture, photographie, couverture de livre…) ;
– les dimensions ;
– le lieu de conservation (musée, galerie d'art, collection…).
c. Décris ce que l'œuvre d'art représente.

Je présente le dessin en suivant la méthode

7. Présente le dessin de la couverture de la bande dessinée en suivant la méthode de la question 6.

Je raconte à partir des images

8. Observe à nouveau la mosaïque et le dessin de la couverture. Imagine ce qui arrive à Thésée et au Minotaure.

Le sais-tu ?
La **mythologie** est l'ensemble des mythes et des légendes d'un pays ou d'un peuple.

La mythologie en bande dessinée

Dans la mythologie grecque, Égée était le roi d'Athènes et Minos régnait sur l'île de Crète.
Minos avait demandé à l'architecte Dédale de construire un labyrinthe pour y enfermer un monstre dévoreur de chair humaine : le Minotaure.

Je comprends le contexte

1. Qu'as-tu appris sur le Labyrinthe de Minos et sur le Minotaure grâce à la mosaïque (p. 50) ?

2. Lis l'introduction à la bande dessinée.
a. Qu'apprends-tu de nouveau sur le Labyrinthe et sur le Minotaure ?
b. Quel personnage mythologique a donné son nom à une mer en Grèce ?

Je comprends la bande dessinée

3. Observe les vignettes 1 et 2.
a. Qui est Androgée ?
b. Quels sont les peuples en guerre ?

4. Observe la vignette 3.
a. Qui remporte la guerre ?
b. Qu'arrive-t-il à Androgée ?

5. Observe les vignettes 4 et 5.
Résume ce qu'elles racontent.

6. Observe la vignette 6.
Quel personnage s'exprime ?

tribut : « taxe » payée par un peuple vaincu au peuple vainqueur.

Béatrice Bottet et **Émilie Harel**,
La Mythologie en BD, « Thésée et le Minotaure »,
© Casterman, 2019.

J'enquête sur le vocabulaire

7. Recopie la signification de chaque expression. Aide-toi du contexte pour choisir.

a. rendre la monnaie de sa pièce :
prendre sa revanche — donner de l'argent

b. tenir à sa merci : remercier — dominer

c. donner en pâture :
donner à dévorer — donner comme compagnon

8. a. Qu'est-ce qu'un « tribut » (vignette 4) ?
b. Quel tribut Minos impose-t-il aux Athéniens ?

→ Recopie le nom « tribut » et sa définition dans ton **carnet personnel**. Apprends-les.

Je lis à voix haute en équipes

9. a. Avec tes camarades, répartissez-vous les rôles : les différents personnages et le narrateur.
b. Lisez la bande dessinée à plusieurs de façon à animer le récit.

J'écris

10. En trois ou quatre phrases, résume l'épisode de la mythologie qui est raconté dans cet extrait de bande dessinée.

Thésée rencontre le Minotaure

Épisode 1

Égée, le roi d'Athènes, a perdu la guerre contre Minos, le roi de Crète. Son tribut est de donner en offrande chaque année sept jeunes hommes et sept jeunes filles. Ils seront dévorés par le Minotaure.
Thésée, le fils d'Égée, se propose d'affronter le monstre. Il entre dans le Labyrinthe et découvre le Minotaure.

Ce que Thésée venait de voir dépassait l'imagination. Le Minotaure était doté d'une énorme tête de taureau, posée sur un corps d'homme. Une longue chevelure broussailleuse lui descendait jusqu'au milieu du dos. Il avait des muscles si saillants qu'on aurait dit une cuirasse. Malgré sa répulsion, Thésée ne put s'empêcher d'éprouver une sorte de fascination pour le monstre [...].

Mais ce qui impressionna surtout Thésée, ce furent les deux énormes cornes que le Minotaure était en train d'affûter. Il frottait ses cornes contre la paroi rocheuse, frottait, frottait. Des étincelles parfois en jaillissaient. « C'était ça, le raclement que j'entendais », murmura Thésée, et un frisson lui parcourut le dos. La bête se préparait pour son festin de chair humaine. Thésée, blotti contre la paroi, osait à peine respirer. De longues minutes s'écoulèrent.

La partie du labyrinthe qu'habitait le Minotaure était différente du reste. Ici, pas de coins ni de recoins, juste une pièce ronde, comme un puits. Au centre de la pièce, en levant la tête, on pouvait apercevoir un tout petit bout de ciel. Voilà d'où venait la lueur qui avait conduit Thésée jusque-là. Le monstre ne vivait pas dans le noir complet. On lui avait

saillants : qui dépassent et qui sont bien visibles.

affûter : rendre coupantes.

J'enquête sur le vocabulaire

1. Relie chaque nom à sa signification.

« répulsion » (l. 5) •	• forte attirance
« fascination » (l. 5) •	• sentiment de dégoût

2. Relève dans le texte un synonyme du verbe « affûter » (l. 8).

3. Indique ce que ces bruits provoquent : la peur ou la pitié.
« grognements » (l. 23), « gémissements » (l. 24), « plainte » (l. 24)

4. Selon toi, la « puanteur » (l. 27) est-elle une odeur agréable ou une très mauvaise odeur ?

→ Recopie les mots écrits en vert et leur définition dans ton **carnet personnel**. Apprends-les.

Je compare le texte et les images

5. Reconnais-tu les caractéristiques physiques du Minotaure vues dans les images des pages 50 et 51 ? Justifie ta réponse avec des mots du texte.

6. Compare le Labyrinthe du texte à celui des images des pages 50 et 51.
a. Quelles sont les ressemblances ?
b. Quelles sont les différences ?

posture : attitude du corps.

mufle : extrémité du museau.

tanière : caverne où se cachent les animaux sauvages.

laissé une minuscule source de lumière. Juste assez pour regretter de ne jamais voir le soleil. Juste assez pour imaginer le vol des oiseaux.

Le Minotaure avait cessé d'aiguiser ses cornes. Il s'était assis, dans une posture quasi humaine. De son large mufle sortait ce que Thésée prit d'abord pour des grognements. Mais il s'aperçut bien vite que ce n'étaient pas des grognements. Cela ressemblait plutôt à des gémissements, presque à une plainte. Le Minotaure laissait le menton de sa monstrueuse tête reposer sur sa poitrine ; il avait l'air de pleurer. Thésée en oublia les crânes et les squelettes qui parsemaient le sol de la tanière, et la puanteur de bête. Il en oublia même d'avoir peur. Il fut soudain empli d'une immense pitié pour ce monstre. Les paroles de Nausithoos, le vieux marin, lui revinrent en mémoire : « N'oublie jamais, toi qui pars l'affronter, la grande douleur et l'immense solitude du Minotaure. C'est de vivre dans une prison qui a fait de lui un monstre, et pas l'inverse. » Parce qu'il était né différent, le Minotaure avait été condamné à vie à cet enfermement. Et ce que voyait Thésée, soudain, c'était le monstre en train de pleurer !

Murielle Szac, *Le Feuilleton de Thésée. La mythologie grecque en cent épisodes*, illus. Rémi Saillard, © Bayard Éditions, 2011.

Je comprends le texte et l'illustration

7. Pourquoi le Minotaure affûte-t-il ses cornes ?

8. Lis les lignes 21 à 27.
Complète un tableau à deux colonnes :
– les mots qui montrent que le Minotaure ressemble à un animal ;
– les mots qui montrent que le Minotaure ressemble à un homme.

9. Le Minotaure du dessin te fait-il penser à un homme ou à un monstre ? Pourquoi ?

10. Quels sentiments Thésée éprouve-t-il successivement devant le Minotaure ?

11. Selon toi, que signifient les paroles du vieux marin Nausithoos (l. 32 à 36) ?

12. La présentation du Minotaure dans ce texte correspond-elle à ce que tu sais déjà du personnage ? Explique ta réponse.

Je débats

13. « Parce qu'il était né différent, le Minotaure avait été condamné à vie à cet enfermement. » (l. 36 à 39).
a. Que signifie cette phrase ?
b. Qu'en pensez-vous ?

J'écris

14. À ton avis, que va-t-il se passer maintenant ? Écris la suite du récit en cinq ou six phrases.

Thésée affronte le Minotaure

Épisode 2

trébucha : perdit l'équilibre.

injectés : remplis.

se rua : s'élança brusquement et violemment.

Bouleversé, Thésée trébucha légèrement. Le Minotaure, surpris, redressa la tête. Son regard, d'une tristesse infinie, croisa celui de Thésée. **L'instant d'après**, le Minotaure était debout, prêt à se battre. Le voile de tristesse dans ses yeux avait disparu. Ils étaient maintenant injectés de sang. Face à un homme, il ne connaissait que l'affrontement à mort. Il baissa la tête et bondit vers Thésée, ses cornes pointées comme des épées. Thésée n'eut que le temps de se jeter sur le côté pour éviter de se faire embrocher. Le Minotaure se retourna, et se rua à nouveau sur lui.

J'enquête sur le vocabulaire

1. « embrocher » (l. 8) signifie « enfiler sur une broche de cuisson ». Avec quoi le Minotaure peut-il embrocher Thésée ?
2. Donne un synonyme du nom « assaut » (l. 12).
3. Que signifie « il chargea » (l. 15) : « il remplit quelque chose » ou « il fonça pour attaquer » ?

→ Recopie les mots écrits en vert et leur définition dans ton **carnet personnel**. Apprends-les.

Je comprends le texte

4. Rappelle-toi l'épisode **1** « Thésée rencontre le Minotaure » (p. 54-55). Comment le Minotaure apparaissait-il à Thésée à la fin du récit ?
5. Lis les lignes 3 à 10. Le Minotaure se comporte-t-il comme un homme ou comme un monstre ? Justifie ta réponse avec les mots du texte.
6. Lis le deuxième paragraphe (l. 11 à 15). Comment le combat se déroule-t-il ?

Il poussait des mugissements sauvages. Toute trace d'humanité l'avait quitté.

Thésée chercha **longtemps** à éviter leur corps-à-corps. Quelque chose en lui se refusait au combat. Il se contentait d'esquiver les assauts du Minotaure, sans le frapper. Cette lutte, qui n'en était pas une, durait. Le Minotaure était puissant, mais Thésée était rapide. Il l'évitait. Le Minotaure commença à s'essouffler. Peu à peu, il chargea moins furieusement.

C'est alors que se produisit un événement tout à fait extraordinaire : brusquement, le Minotaure cessa ses attaques. Il fixa Thésée avec intensité, comme s'il voulait lui dire quelque chose. Dans la caverne, on n'entendait plus que le souffle rauque du monstre. Et Thésée eut l'impression qu'il parlait. Sans un mot, le Minotaure lui adressait une supplique. Il n'en pouvait plus. Il n'avait plus envie de vivre cette vie.

Thésée comprit le message. Il hocha la tête pour faire signe qu'il acceptait le combat. **Alors**, le Minotaure se rua sur lui. Et cette fois, Thésée ne chercha pas à l'éviter. Lorsque le Minotaure arriva à sa hauteur, le jeune homme bondit, l'agrippa par les cheveux et lui tordit brutalement le cou. Les cornes pointues manquèrent une nouvelle fois leur cible. Thésée se battait à mains nues. Il se mit à frapper le monstre juste entre les deux cornes. Une pluie de coups de poing, de plus en plus violents. Thésée frappait comme si le Minotaure lui avait transmis sa propre sauvagerie. Le Minotaure ne se dégagea pas. Il poussa un mugissement de bête blessée et s'affaissa sur le sol. Thésée crut voir de la reconnaissance dans son regard. Mais peut-être l'espérait-il seulement... Le Minotaure ferma les yeux pour toujours.

esquiver : éviter.

rauque : grave et enroué.

supplique : prière insistante.

s'affaissa : s'écroula.

Murielle Szac, *Le Feuilleton de Thésée. La mythologie grecque en cent épisodes*, illus. Rémi Saillard,

7. a. Quel événement « extraordinaire » (l. 16) se produit ?
b. Que veut le Minotaure ?

8. Quelle décision Thésée prend-il alors ?

9. De quelles qualités Thésée fait-il preuve ?

10. Comment le combat se finit-il ?

Je lis à voix haute

11. Lis à voix haute le dernier paragraphe (l. 22 à 32) en rendant le combat très vivant. Pense à marquer les pauses après chaque virgule et chaque point pour rythmer ta lecture.

Je résume le texte

12. Résume les quatre étapes du combat en quatre phrases. Aide-toi des groupes de mots en gras dans le texte.

Je comprends l'illustration

13. a. À quel passage du texte l'illustration correspond-elle ?
b. Le Minotaure est-il effrayant ? Pourquoi ?

Dédale et Icare

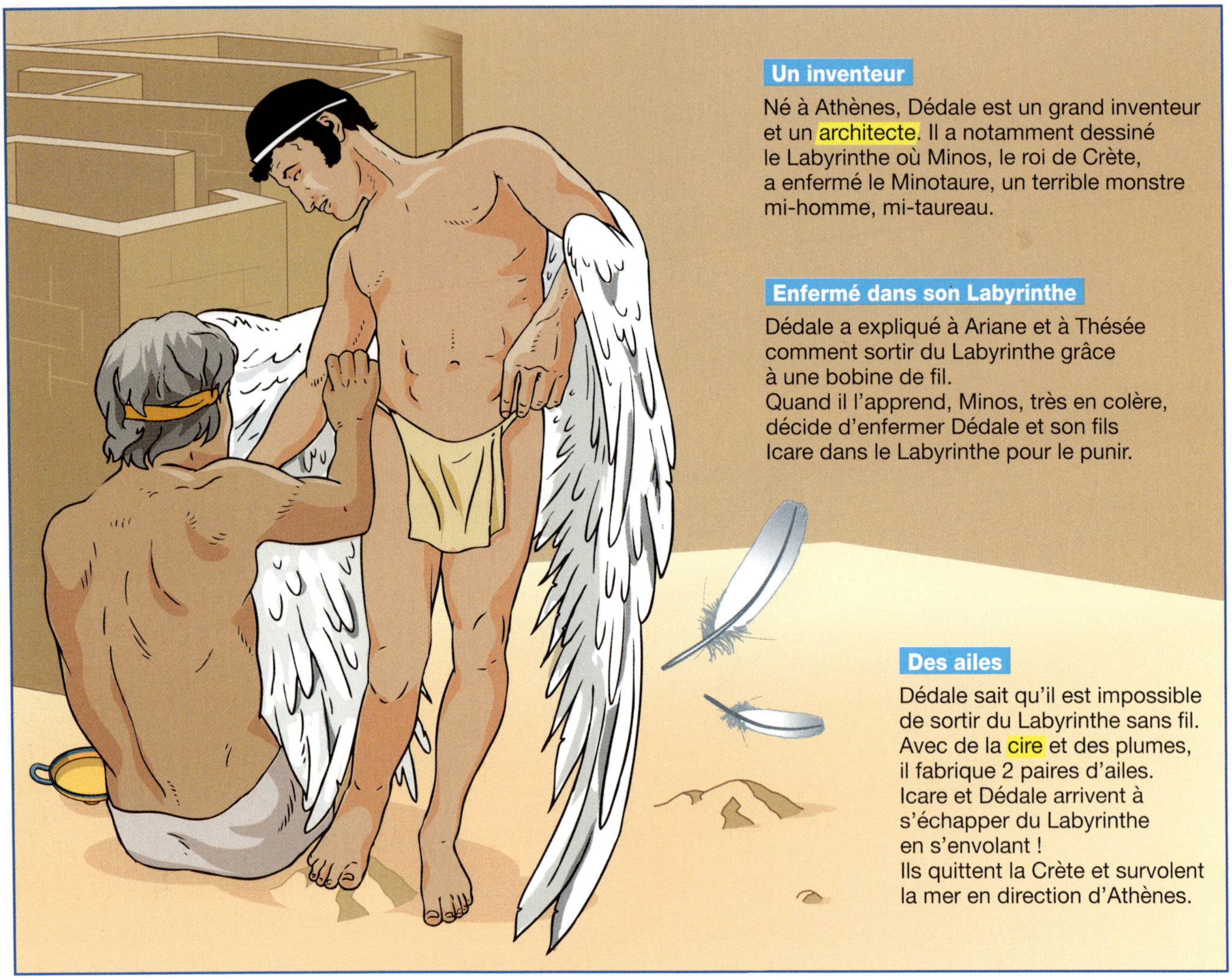

Un inventeur

Né à Athènes, Dédale est un grand inventeur et un architecte. Il a notamment dessiné le Labyrinthe où Minos, le roi de Crète, a enfermé le Minotaure, un terrible monstre mi-homme, mi-taureau.

Enfermé dans son Labyrinthe

Dédale a expliqué à Ariane et à Thésée comment sortir du Labyrinthe grâce à une bobine de fil.
Quand il l'apprend, Minos, très en colère, décide d'enfermer Dédale et son fils Icare dans le Labyrinthe pour le punir.

Des ailes

Dédale sait qu'il est impossible de sortir du Labyrinthe sans fil. Avec de la cire et des plumes, il fabrique 2 paires d'ailes. Icare et Dédale arrivent à s'échapper du Labyrinthe en s'envolant !
Ils quittent la Crète et survolent la mer en direction d'Athènes.

Je comprends le document

1. Observe cet article de magazine documentaire.
   a. Repère les différentes parties qui composent cet article. Décris-les.
   b. À quoi les groupes de mots écrits sur un fond bleu servent-ils ?
   c. Pourquoi certains mots sont-ils surlignés en jaune ?
2. Qui est Dédale ?
3. a. Qui est Icare ?
   b. À quoi le reconnais-tu sur les dessins ?
4. Te souviens-tu de Thésée dans les pages 54 à 57 ? Rappelle en quelques mots qui il est.
5. Reconstitue l'histoire en mettant ces phrases dans l'ordre :
   ❶ Icare s'approche trop près du soleil : ses ailes fondent et il tombe dans la mer.
   ❷ Dédale fabrique des ailes pour son fils et pour lui-même.
   ❸ Thésée s'enfuit du Labyrinthe grâce à l'aide d'Ariane et de Dédale.
   ❹ Dédale construit le Labyrinthe pour enfermer le Minotaure.
   ❺ Minos punit Dédale et l'enferme avec Icare dans le Labyrinthe.
   ❻ Dédale et Icare parviennent à s'enfuir par les airs.
6. Qu'arrive-t-il à Minos ?

La chute d'Icare

Dédale explique à son fils qu'il ne faut pas voler trop bas au-dessus de la mer, car l'humidité alourdit les plumes. Il ne faut pas non plus voler trop haut, car le soleil fait fondre la cire des ailes. Mais Icare vole de plus en plus haut… La cire se met à fondre. Icare tombe dans la mer et se tue. Dédale atterrit sur une île voisine pour retrouver le corps de son fils.

La mort de Minos

Après la mort d'Icare, Dédale se réfugie chez le roi de Sicile, Cocalos. Mais Minos poursuit toujours Dédale. Cocalos refuse de livrer Dédale à Minos. Il invite le roi de Crète à un banquet. Avant de passer à table, Cocalos propose à Minos de prendre un bain. Dédale envoie alors de l'eau bouillante dans les tuyaux : Minos est tué !

À retenir

❶ Dédale est un inventeur et un architecte. Il a dessiné le Labyrinthe où est enfermé le Minotaure, un monstre mi-homme, mi-taureau.

❷ Puni pour avoir aidé Thésée à sortir du Labyrinthe, Dédale y est enfermé avec son fils, Icare.

❸ Dédale a l'idée de fabriquer des ailes avec de la cire et des plumes, pour s'échapper en volant.

❹ Mais Icare vole trop haut et le soleil fait fondre la cire de ses ailes. Icare tombe dans la mer et se tue.

Dico

Architecte : personne qui dessine les plans de bâtiments et dirige leur construction.
Cire : ici, produit gras fabriqué par les abeilles.
Livrer : ici, donner quelqu'un pour qu'il soit fait prisonnier.
Banquet : repas de fête.

« Dédale et Icare », *Les Docs de Mon Quotidien*, n° 50 / Spécial mythologie, © PlayBac Presse.
Mon Quotidien, pour les 10-13 ans : 10 minutes de lecture chaque jour, www.playbacpresse.fr

Je débats

7. a. Que pensez-vous du personnage de Dédale ?
b. Que pensez-vous du personnage d'Icare ?

J'enquête sur le vocabulaire

8. Dans l'article, le mot « Labyrinthe » commence par une majuscule. C'est un nom propre. Que signifie le nom commun « labyrinthe » ?

9. Un « dédale » est un réseau compliqué de rues dans lequel on se perd facilement.
a. Explique l'origine de ce nom.
b. Quel nom de même sens as-tu appris dans ce chapitre ?

10. Lis attentivement les mots surlignés en jaune dans le document et leur définition.
a. Quel autre sens du verbe « livrer » connais-tu ?
b. Manuel fermé, explique les mots du document : « architecte », « cire », « livrer » et « banquet ».

→ Recopie les mots « labyrinthe », « dédale », et « architecte » et leur définition dans ton **carnet personnel**. Apprends-les.

J'écris

11. Décris le personnage d'Icare en trois ou quatre phrases.

Des Monstres et des Héros d'Hélène Kirillis

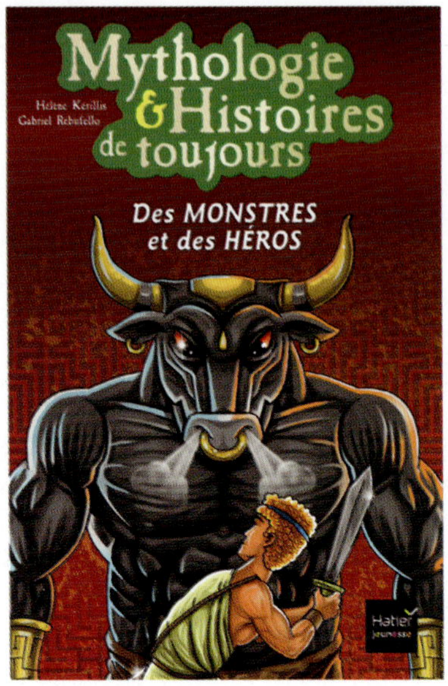

Hélène Kérillis, *Mythologie & histoires de toujours*, vol. 1 : « Des Monstres et des Héros », illus. Gabriel Rebufello, © Éditions Hatier, 2016.

Je réactive mes connaissances pour mieux lire

1. a. Lis la table des matières (p. 7).
b. Quel mythe connais-tu déjà ?

2. Quels personnages penses-tu retrouver dans ce récit ?

3. Lis ce récit.
Prends ton **carnet personnel** et résume l'histoire en dix lignes maximum.

Je comprends les récits mythologiques

4. Lis au moins deux récits de ce livre.

5. Réponds aux énigmes des pages illustrées.

6. Réponds aux questions qui correspondent aux récits que tu as lus, sur la photofiche distribuée par ton (ta) professeur.

Je teste ma mémoire de lecteur

7. Réponds au quiz de la photofiche distribuée par ton (ta) professeur.
Tu peux relire les histoires pour trouver les réponses.

Je partage mes plaisirs de lecteur

8. Explique à voix haute ton choix de récit à tes camarades.

9. a. Par groupes de deux ou trois, faites la liste des monstres rencontrés dans ces récits mythologiques.
b. Chacun(e) à votre tour, expliquez celui qui vous a le plus étonné(e).

Mon carnet personnel

- Choisis ton récit préféré.
- Explique ton choix en trois ou quatre phrases.
- Recopie un extrait de ce récit (environ dix lignes).

Récits mythologiques

Hélène Kérillis, *Ma Première Mythologie*, vol. 15 : « Midas et ses oreilles d'âne », illus. Grégoire Vallancien, coll. « Premières Lectures », © Hatier Jeunesse, 2019.

Hélène Kérillis, *Ma Première Mythologie*, vol. 4 : « Le Talon d'Achille », illus. Grégoire Vallancien, coll. « Premières Lectures », © Hatier Jeunesse, 2016.

Béatrice Bottet et **Émilie Harel**, *La Mythologie en BD*, « Les Douze Travaux d'Héraclès », © Casterman, 2019.

Je choisis un livre et je le lis

1. Observe les couvertures de ces livres (albums et bande dessinée). Choisis celle que tu préfères.
2. Lis ce livre.

Je présente deux personnages mythologiques

3. a. Choisis un personnage que tu aimes. ☺
   b. Choisis un personnage que tu détestes. ☹
4. Entraîne-toi à les présenter à la classe en deux ou trois minutes et à expliquer tes choix.

Mon carnet personnel

- Au fil de ta lecture, écris tes impressions et tes sentiments face aux personnages et aux lieux mythologiques.
- Partage-les avec un(e) camarade en échangeant vos carnets personnels.
- Posez-vous des questions.

Chanson du Minotaure

Certains disent : Le Minotaure,
Ça n'est jamais qu'un gros minou.
Comme ils ont tort ! Comme ils ont tort !
Un minotaure, un minotaure
Ça n'est pas ça, pas ça du tout.
Un minotaure, un minotaure,
Ça n'a rien d'un petit matou.

Le Minotaure est grand, grand, grand,
Il a la taille d'un géant.
Le Minotaure est gros, gros, gros,
Il a la tête d'un taureau.
Mais un taureau c'est herbivore,
Or

Un minotaure, c'est carnivore,
Un minotaure, c'est carnassier,
Un minotaure, ça vous dévore
Et ça n'est jamais rassasié.

D'autres disent : Au Minotaure
On n'a qu'à dire : « Au pied, Médor ! »
Comme ils ont tort ! Comme ils ont tort !
Un minotaure, un minotaure,
Ça n'est pas ça, pas ça du tout.
Un minotaure, un minotaure
Ça n'a rien d'un gentil toutou.

Le Minotaure est grand, grand, grand,
Il est grand comme un éléphant.
Le Minotaure est gros, gros, gros,
Il a les cornes d'un taureau.
Mais un taureau c'est herbivore,
Or

Un minotaure, c'est carnivore,
Un minotaure, c'est carnassier,
Un minotaure, ça vous dévore
Et ça n'est jamais rassasié.

Paroles de **Jean-Luc Moreau**
et musique de **Julien Joubert**, 2015.

herbivore : qui se nourrit d'herbe.

carnivore : qui se nourrit de viande.

carnassier : qui se nourrit de chair.

Je comprends la chanson

1. Qu'est-ce qui rapproche une chanson d'un poème ?

2. a. Quelle différence y a-t-il entre les adjectifs « carnivore » (v. 14), « carnassier » (v. 15) et l'adjectif « herbivore » (v. 12) ?
b. Que signifie « rassasié » (v. 17) ?

3. Es-tu d'accord avec ce que le refrain (écrit en bleu) dit du Minotaure ?

Mon carnet personnel

- Recopie la chanson. Écris le refrain d'une couleur différente.
- Illustre cette chanson par un dessin du Minotaure.

Je mémorise la chanson

4. Apprends le refrain (écrit en bleu).

5. Apprends chaque couplet et récite-les en fermant les yeux.

6. Apprends la chanson en entier.

7. Imagine des gestes et des attitudes pour accompagner la chanson.

Je récite la chanson

8. Récite la chanson. Articule bien, parle fort et fais des gestes.

La mythologie au quotidien

Pour l'ensemble de cette page, pense à utiliser un dictionnaire.
Leçons 52 et 53 p. 204 et 206

1 Que sais-je déjà ?
Dans ce chapitre, tu as découvert deux noms communs venant d'un personnage et d'un lieu mythologiques. Lesquels ?

Un mot à découvrir : « mythologie »

Le nom « **mythologie** » est composé de deux éléments grecs :
mythos (« myth- ») et *logos* (« -logie »).

- Un « mythe » est un récit imaginaire qui met en scène des phénomènes naturels ou des créatures extraordinaires. Il cherche à expliquer les aspects du monde et de la vie (origines, géographie, hommes...). C'est un récit qui a d'abord été transmis oralement, puis qui a été écrit.
- « -logie » signifie « histoire, étude, science » et sert à former de nombreux mots : « biologie, écologie... ».
- La mythologie est l'ensemble des mythes et des légendes d'un pays ou d'un peuple.

2 Quel adjectif est formé à partir du nom « mythologie » ?

3 a. Écris le nom commun qui vient de chacune de ces créatures mythologiques. Fais-le précéder d'un déterminant.

b. Explique oralement chaque nom commun en utilisant la description du personnage.
- Narcisse : jeune homme qui s'est transformé en fleur.
- Écho : jeune fille qui ne pouvait que répéter les paroles des autres.
- Atlas : géant qui portait la terre sur ses épaules.
- Méduse : femme qui avait des cheveux de serpents.

4 Dans la mythologie, le Pactole est un fleuve rempli de paillettes d'or.
Que signifie l'expression « toucher le pactole » ?

5 Dans la mythologie, la mère d'Achille plonge son bébé dans un fleuve magique pour le rendre immortel. Elle le tient par le talon droit. Aucune blessure ne pourra l'atteindre, sauf par ce talon resté hors de l'eau.
Que désigne l'expression « talon d'Achille » : le point faible ou le point fort de quelqu'un ?

6 Dans la mythologie, Hercule est frappé de folie car il a tué sa femme et ses enfants. Sa punition est d'affronter de nombreux monstres au cours de douze travaux.
a. Une « force herculéenne » est-elle une grande ou une petite force ?
b. Un « travail d'Hercule » est-il facile ou difficile à réaliser ?

7 Des noms du calendrier viennent de ceux de créatures mythologiques romaines :
Mars, Junon, Mercure, Jupiter (Jovis), Vénus.
Retrouve le nom de deux mois et de quatre jours formés à partir de ces noms.

Des mots à retenir

→ Prends ton **carnet personnel**.
- Recopie ces mots et leur définition : « mythe », « mythologie », « écho » et « atlas ». Apprends-les.
- Choisis une expression d'origine mythologique dans cette page. Recopie-la et illustre-la par un dessin.

Raconter un des travaux d'Hercule

Décris le combat entre Hercule et un monstre en six ou sept phrases.

1 Le combat d'Hercule contre Cerbère, le chien à trois têtes, gardien de l'entrée des Enfers.

2 Le combat d'Hercule contre les oiseaux du lac Stymphale.

Préparer l'écrit

Étape 1 Choisir l'adversaire d'Hercule

1. Observe les deux illustrations et lis leur légende.
   a. Nomme l'adversaire d'Hercule et décris-le.
   b. Décris Hercule.
2. Discute avec tes camarades pour comparer vos propositions.
3. Choisis le combat d'Hercule que tu préfères. Tu vas le raconter.

Étape 2 Enrichir le vocabulaire

Des mots pour décrire Hercule

4. Classe ces adjectifs selon qu'ils caractérisent le physique ou le comportement d'Hercule.
   vigoureux • vaillant • puissant • héroïque • courageux • brave • robuste • intrépide
5. Choisis trois groupes verbaux dans chaque liste. Tu les utiliseras pour raconter le combat d'Hercule que tu as choisi à la question 3.
   • affronter, faire face à, se planter devant, attaquer, résister à, se précipiter sur
   • lancer une chaîne, attraper, étrangler, tendre son arc, viser l'ennemi, lancer des flèches

Des mots pour décrire les adversaires d'Hercule

6. Recopie les groupes nominaux qui désignent l'adversaire d'Hercule dans le combat que tu as choisi à la question 3. Tu les utiliseras pour éviter les répétitions.
   le/les monstre(s) • les volatiles • le chien à trois têtes • la/les bête(s) • la/les créature(s) • l'/les animal/animaux

7. Recopie les groupes nominaux qui caractérisent cet adversaire.
des gueules béantes • des piaillements assourdissants • des crocs acérés • des ailes déployées • des becs menaçants • des yeux exorbités • une nuée de volatiles • des pattes griffues

8. Choisis trois adjectifs qui qualifient cet adversaire.
terrifiant • monstrueux • effrayant • énorme • effroyable • gigantesque

9. Choisis cinq verbes ou groupes verbaux qui correspondent aux actions de cet adversaire.
battre des ailes • foncer sur • cracher des flammes • gronder • aveugler • bondir • siffler • déchiqueter

Rédiger au brouillon

Étape 3 Écrire le brouillon

10. Écris ton histoire au brouillon. Suis ces conseils :
– raconte le combat d'Hercule contre son adversaire ;
– emploie le vocabulaire que tu as travaillé aux questions 4 à 9 ;
– raconte l'histoire au présent ;
– écris au moins trois phrases pour chaque personnage ;
– termine ton récit par la victoire d'Hercule.

Étape 4 Vérifier la construction

11. a. Pose-toi ces questions :
– mon récit rend-il l'adversaire d'Hercule effrayant ?
– mon récit exprime-t-il le courage d'Hercule ? Le héros est-il vainqueur ?
– mon récit compte-t-il le nombre de phrases demandées ?
b. Modifie ton brouillon si c'est nécessaire.

Étape 5 Améliorer le récit

12. a. Vérifie ce que tu as écrit :
– as-tu ponctué les phrases ?
– as-tu respecté l'accord des verbes avec leur sujet ? → Leçons 36 et 37 p. 172 et 174
– as-tu bien conjugué les verbes irréguliers au présent de l'indicatif ? → Leçons 6 à 8 p. 114 à 118
– as-tu accordé les noms et les adjectifs en genre et en nombre ? → Leçons 31 et 33 p. 162 et 166
b. Corrige ton brouillon si c'est nécessaire.

Rédiger au propre, se relire et s'autoévaluer

Étape 6 Écrire au propre

13. Recopie ton texte au propre. Soigne ton écriture ou ta saisie sur clavier.

Étape 7 Se relire et s'autoévaluer

14. a. Relis plusieurs fois ton texte en t'aidant de la grille distribuée par ton (ta) professeur.
b. Discute avec un(e) camarade pour vérifier :
– la ponctuation ;
– l'accord des verbes avec leur sujet ;
– la conjugaison des verbes ;
– l'accord des noms et des adjectifs.

Chapitre 4
Vaillantes petites héroïnes

Oral

Lecture

Lecture et compréhension

Lecture guidée d'une œuvre complète

Lectures personnelles en réseau

Poésie

Vocabulaire

Écriture

Écriture guidée

★ Liste de référence cycle 3, ministère de l'Éducation nationale et de la Jeunesse, 2018.

Une aventure de la jeune Yoko Tsuno

Roger Leloup, *Yoko Tsuno*, vol. 16 : « Le Dragon de Hong Kong »,
Dupuis, p. 6, © Roger Leloup.

Je décris le dessin

1. Observe la vignette de bande dessinée.

2. Où la scène se passe-t-elle ?

3. a. Repère l'héroïne de l'histoire, Yoko Tsuno.
b. Quels autres personnages repères-tu ?

4. a. Quels sentiments Yoko Tsuno et ses compagnons éprouvent-ils ? À quoi le vois-tu ?
b. À ton avis, pourquoi éprouvent-ils ces sentiments ?

Je raconte la scène

5. Observe à nouveau la vignette. Raconte la scène.

J'imagine et je raconte la suite de l'histoire

Organisez-vous par équipes de deux.

Préparation

6. Échangez pour imaginer la suite de l'histoire.
a. Que peut faire Yoko Tsuno pour faire face au dragon avec courage ?
b. Imaginez deux ou trois étapes.

Récit à deux voix

7. À deux, racontez la suite de l'histoire en enchaînant bien les étapes du récit et vos prises de parole. Pensez à mettre en valeur le courage de l'héroïne Yoko Tsuno.

Le handisport

Le sais-tu ?

- Le nom « **handisport** » est formé à partir du nom « handicap » et du nom « sport ».
- Le handisport est l'ensemble des activités sportives adaptées aux personnes handicapées.

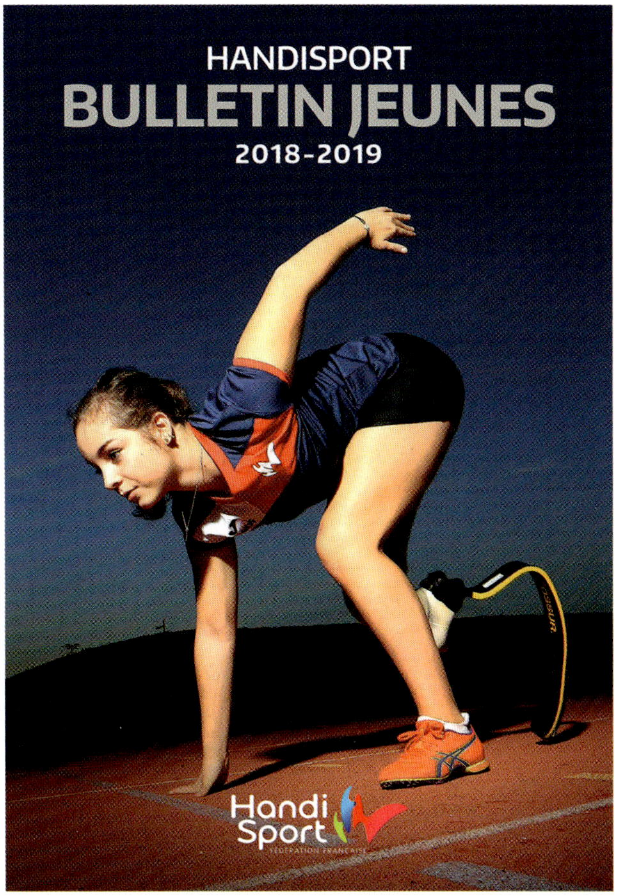

Bulletin Jeunes, Fédération Française Handisport (FFH), 2018-2019.

J'explique et je commente la photographie

Organisez-vous par équipes de deux.

Équipes A

1. Que voyez-vous sur la photographie ?
2. Décrivez précisément la photographie : le visage de la jeune fille, son corps, sa position, ses vêtements, la lumière...
3. Quelle impression se dégage de la photographie ? Aidez-vous du visage et de la position du corps.
4. Quel message la Fédération Française Handisport veut-elle faire passer ?
5. Cette jeune fille semble-t-elle gênée par son handicap ? Expliquez.

Équipes B

1. Qu'est-ce qui attire le regard dans la photographie ?
2. Décrivez précisément la photographie.
3. Quelle impression se dégage de la photographie ?
4. Quel message la Fédération Française Handisport veut-elle faire passer ?
5. Cette jeune fille peut-elle être considérée comme une « vaillante petite héroïne » ? Pourquoi ?

J'exprime mon point de vue

6. Observe à nouveau les images présentant Yoko Tsuno et la jeune sportive. Laquelle de ces deux jeunes filles admires-tu le plus ? Pourquoi ?

Le sais-tu ?

- **Vassilissa** et l'ogresse **Baba-Yaga** sont des personnages présents dans de nombreux contes de Russie et d'Europe de l'Est (Ukraine, Pologne...).
- La **Baba-Yaga** est une sorcière réputée pour sa cruauté. Elle vit dans la forêt.

Vassilissa et la Baba-Yaga

Épisode 1

La femme d'un marchand mourut alors que leur fille, Vassilissa la toute belle, atteignait ses huit ans. Sur son lit de mort, la maman confia à Vassilissa une poupée dont elle lui recommanda de prendre grand soin. Elle devait la traiter comme un être vivant, et même lui donner à manger.

Le marchand, avant de se remarier, prit toutes les précautions possibles : il choisit une veuve qui avait déjà deux petites filles à peu près de l'âge de la sienne. Mais Vassilissa la toute belle méritait bien son surnom. Sa beauté éclipsait tellement celle des filles de la veuve que celle-ci la prit en grippe. Elle lui faisait faire les corvées les plus rebutantes, dans l'espoir que cela l'enlaidirait.

Mais, Vassilissa, même accablée de travail, ne cessait d'embellir, tandis que la marâtre et ses filles, qui ne faisaient pourtant rien de leurs dix doigts, séchaient d'envie. Ce qu'elles ignoraient, c'est que Vassilissa, elle non plus, ne se tuait pas à la tâche. À table, elle gardait les meilleurs morceaux pour la poupée de sa maman. Celle-ci, reconnaissante, lui faisait son travail et la fillette lui confiait ses malheurs.

veuve : femme dont le mari est mort.

corvées : travaux pénibles et obligatoires.

rebutantes : repoussantes.

accablée : surchargée.

séchaient d'envie : mouraient de jalousie.

Je partage mes connaissances

1. Cite trois ou quatre contes que tu connais déjà.
2. Quels mots associes-tu à l'univers des contes ?
3. Quels personnages se trouvent souvent dans les contes ?

Je comprends le texte

Lecture entendue

4. Ferme les yeux et écoute le début de l'histoire.
5. a. Qui est le personnage principal ?
   b. Que lui arrive-t-il ?
6. a. Qui sont les autres personnages ?
   b. À ton avis, sont-ils sympathiques ? Pourquoi ?

Lecture silencieuse

7. Lis silencieusement les lignes 1 à 5.
   a. Quels conseils la petite fille reçoit-elle ?
   b. Qui les lui donne ?
8. Lis silencieusement les lignes 6 à 17.
   a. Quel sentiment la seconde femme du marchand éprouve-t-elle pour Vassilissa ? Pourquoi ?
   b. Que lui fait-elle faire ? Dans quel but ?
   c. Obtient-elle ce qu'elle veut ? Explique ta réponse.
9. Lis silencieusement les lignes 18 à 35.
   a. Qu'apprends-tu sur la Baba-Yaga ?
   b. Où la femme du marchand s'installe-t-elle ? Pour quelle raison ?
   c. Obtient-elle ce qu'elle veut ? Explique ta réponse.
10. Quels éléments caractéristiques des contes reconnais-tu dans ce début d'histoire ?

Une fois que le marchand était parti pour un long voyage, sa femme alla s'installer dans une maison située en bordure d'une forêt. Dans cette forêt vivait la Baba-Yaga, une ogresse qui dévorait tous ceux qui passaient à sa portée. La marâtre espérait qu'à force d'envoyer Vassilissa dans la forêt, la fillette finirait bien par s'égarer et par tomber entre les doigts crochus de la Baba-Yaga. Mais ses espoirs furent longtemps déçus, car la poupée, toujours sur ses gardes, guidait les pas de la fillette.

Robert Giraud,
14 Contes de Russie,
© Éditions Flammarion Jeunesse, 2011.

J'enquête sur le vocabulaire

11. Le verbe « éclipser » (l. 9) signifie-t-il « cacher » ou « montrer » ? Aide-toi de cette phrase : La Lune éclipse parfois le Soleil.

12. a. Quel lien familial relie la « marâtre » (l. 13) à Vassilissa ?
b. Dans ce conte, la marâtre est-elle un personnage méchant ou gentil ?

13. Le verbe « s'égarer » (l. 29) signifie-t-il « se perdre » ou « trouver son chemin » ?

14. a. Relie chaque expression à sa définition.

prendre en grippe •	• Devenir prisonnier de.
être sur ses gardes •	• S'épuiser.
se tuer à la tâche •	• Se méfier.
tomber entre les doigts (mains) de •	• Se mettre à détester.

b. Reformule oralement les phrases du texte qui comportent ces expressions.

→ Recopie les mots et expression « marâtre », « s'égarer » et « être sur ses gardes », et leur définition dans ton **carnet personnel**. Apprends-les.

Je débats

15. Selon vous, Vassilissa est-elle en danger ? Pourquoi ? Échangez vos points de vue.

Je lis à voix haute

16. a. Choisis le paragraphe du texte que tu préfères.
b. Lis-le à voix haute de façon fluide. Pense à respecter la ponctuation et les liaisons.

Je décris l'illustration

17. Observe l'illustration.
a. Quelles caractéristiques physiques de la Baba-Yaga l'illustratrice montre-t-elle ?
b. Cette illustration correspond-elle au portrait du conte ?

Vassilissa et la Baba-Yaga

Épisode 2

Un soir d'automne, la marâtre, décidément bien égoïste, était partie se coucher, laissant les trois filles travailler à la lumière d'une unique bougie. Mais soudain, un courant d'air souffla la bougie, et la maison se trouva plongée dans l'obscurité. Ses demi-sœurs commandèrent alors à Vassilissa d'aller chercher du feu chez la Baba-Yaga. Vassilissa, épouvantée, demanda conseil à sa poupée. Celle-ci la rassura, lui disant que tant que la petite la garderait avec elle, elle n'aurait rien à craindre.

Cependant, tandis qu'elle s'enfonçait dans la forêt, Vassilissa tremblait comme une feuille. Et sa peur s'accrut encore quand elle entendit le galop d'un cheval. Elle se cacha derrière un tronc. Un cavalier blanc, vêtu de blanc, monté sur un cheval blanc, la dépassa sans lui prêter attention. Puis ce fut le tour d'un cavalier rouge, vêtu de rouge, monté sur un cheval rouge, et enfin d'un cavalier noir, vêtu de noir, monté sur un cheval noir. Peu après, Vassilissa atteignit la maison de la Baba-Yaga, qui était entourée d'ossements humains, sans doute ceux des malheureux qu'elle avait dévorés. La maison était protégée par une solide palissade formée de gros pieux. Sur chaque pieu était planté un crâne, au fond des orbites duquel brillaient des lumières qui s'allumaient le soir et s'éteignaient le matin.

palissade : clôture faite de planches ou de pieux.

pieux : piquets de bois ou de fer enfoncés dans le sol.

Robert Giraud, *14 Contes de Russie*, © Éditions Flammarion Jeunesse, 2011.

Je résume oralement

1. Rappelle-toi l'épisode **1** (p. 70-71).
a. Quels sont les personnages principaux de l'histoire ?
b. Résume ce qui s'est passé dans l'épisode **1**.

Je comprends le texte

2. Lis l'épisode **2**. Résume-le oralement.

3. Relis cette phrase du texte (l. 6-7) et observe les couleurs :
« Celle-ci la rassura, lui disant que tant que la petite la garderait avec elle, elle n'aurait rien à craindre. »
De quelle couleur sont les pronoms personnels et groupes nominaux qui désignent Vassilissa ? la poupée ?

4. a. Quel sentiment Vassilissa éprouve-t-elle ?
b. Relève les mots qui expriment ce sentiment.
c. Pourquoi la petite fille l'éprouve-t-elle ?

5. a. Combien de personnages Vassilissa croise-t-elle ?
b. Qui sont-ils ?

6. a. Quelle atmosphère règne dans cet épisode ?
b. Correspond-elle à l'idée que tu te fais d'un conte ? Explique ta réponse.

J'enquête sur le vocabulaire

7. « sa peur s'accrut » (l. 9).
Quel est le synonyme du verbe « s'accroître » : « augmenter » ou « diminuer » ?

8. a. Que signifie « prêter attention » (l. 11) ?
b. Remplace « prêter » par un autre verbe en gardant le même sens.
c. Quel autre sens du verbe « prêter » connais-tu ?

9. a. À ton avis, que désignent les « orbites » (l. 17) ? Aide-toi du texte et de l'illustration.
b. Cherche dans le dictionnaire ce qu'est l'« orbite » d'une planète.

→ Recopie les mots écrits en vert et leur définition dans ton **carnet personnel**. Apprends-les.

Je décris l'illustration

10. Observe l'illustration.
a. Décris-la. Tu peux t'aider du texte.
b. Quelle caractéristique de la maison (qui n'est pas évoquée dans le texte) y vois-tu ?

Je débats

11. Pensez-vous que la maison de la Baba-Yaga est accueillante ? Pourquoi ?

J'écris

12. Imagine la suite de cette histoire. Écris-la en quatre ou cinq phrases.

J'exprime mes impressions à partir d'une musique

13. Écoute le début de la musique *La Cabane sur des pattes de poule*. Elle est l'œuvre du compositeur russe Modest Moussorgski. Il s'est inspiré du tableau du même nom et du conte *Vassilissa et la Baba-Yaga*.
a. Que ressens-tu en entendant cette musique ? Explique tes impressions. Si tu veux, fais un dessin pour illustrer ce que tu ressens.
b. Cette musique correspond-elle à l'illustration et à l'atmosphère du conte ? Pourquoi ?

Vassilissa et la Baba-Yaga

Épisode 3

Bientôt arriva la Baba-Yaga en personne. À la différence des sorcières de chez nous, elle ne chevauchait pas un balai. Elle avait pour moyen de transport un mortier qu'elle faisait avancer à l'aide d'un pilon.

Aussitôt elle s'écria :

— Ça sent la chair de Russie, ici ! Que l'intrus se nomme !

La fillette, tremblante, lui dit qui elle était et ce qui l'amenait.

— Bien, reprit la Baba-Yaga. Tu devras travailler pour moi. Si tu accomplis mes ordres, je te donnerai du feu. Sinon, je te mangerai.

Le lendemain, en quittant la maison, la Baba-Yaga lui donna à faire le ménage, à trier le grain, à préparer le souper. À son retour, le soir, le ménage était fait, le grain trié, le souper préparé. Vassilissa était debout auprès de la table, prête à la servir. La Baba-Yaga lui demanda :

— On ne t'entend pas beaucoup. Serait-ce que tu ne veux pas me parler ?

— Je n'ose. Mais si vous me le permettiez, je vous poserais bien quelques questions.

— Des questions ? Hum… Il est parfois dangereux d'en savoir trop. Enfin, interroge toujours, on verra bien.

— Je voulais vous demander qui était le cavalier blanc, vêtu de blanc, sur un cheval blanc, que j'ai vu en venant ici.

— La lumière du jour qui m'éclaire.

— J'ai vu aussi un cavalier rouge, vêtu de rouge, sur un cheval rouge, et un cavalier noir, vêtu de noir, sur un cheval noir.

— C'étaient le couchant, qui empourpre le ciel, et la nuit, qui l'obscurcit. Heureusement que tu m'as questionnée sur ce que tu as vu

intrus : personne qui ne devrait pas être là.

trier le grain : choisir les grains de blé à moudre pour la farine.

Je résume oralement

1. Rappelle-toi l'épisode **2** (p. 72-73). Résume-le.

J'enquête sur le vocabulaire

2. Quel nom d'animal reconnais-tu dans le verbe « chevauchait » (l. 2) ?

3. Voici un « mortier » et un « pilon » (l. 3) :

a. Retrouve-les dans l'illustration.
b. Quel usage la Baba-Yaga en fait-elle ?

4. Que signifie le verbe « empourprer » (l. 23) : « devenir noir » ou « devenir rouge » ?

→ Cherche les verbes « chevaucher » et « empourprer » dans le dictionnaire. Recopie leur définition dans ton **carnet personnel**. Apprends-les.

Je comprends le texte

5. Quel genre de sorcière la Baba-Yaga est-elle ? Justifie ta réponse avec des mots du texte.

en dehors de ma maison, car je n'aime pas les curieux qui veulent mettre le nez dans mes affaires. Et maintenant, à mon tour de t'interroger. Comment as-tu fait pour accomplir toutes les tâches que je t'avais données ?

tâches : travaux qu'on a à faire.

Robert Giraud, *14 Contes de Russie*, © Éditions Flammarion Jeunesse, 2011.

Baba Yaga volant dans son mortier, Ivan Yakovlévitch Bilibine, aquarelle et encre sur papier, 15 × 22,5 cm, Moscou.

6. a. Combien d'ordres la sorcière donne-t-elle à Vassillissa ?

b. Quels sont ces ordres ?

c. La fillette réussit-elle à les accomplir ? Explique ta réponse. Tu peux t'aider en relisant l'épisode **1** (p. 70-71).

7. Que représentent chaque cavalier et son cheval ?

Je débats

8. Que pensez-vous du comportement de Vassilissa face à la Baba-Yaga ?

Je lis à voix haute en équipes

9. Par équipes de trois, répartissez-vous les rôles : le narrateur, la Baba-Yaga et Vassilissa. Lisez cet épisode en adaptant votre ton à votre personnage. Pensez à respecter la ponctuation et les liaisons.

J'écris

10. Résume l'épisode **3** en trois ou quatre phrases.

Vassilissa et la Baba-Yaga

Épisode 4

Vassilissa se dit qu'elle se devait d'être aussi prudente que la Baba-Yaga, et qu'elle n'était pas obligée de lui révéler tous ses secrets.

— Ma mère, en mourant, m'a laissé sa bénédiction. C'est elle qui me vient en aide.

— Je n'aime ni les saints, ni les anges, ni les bénédictions et n'ai rien à faire d'une fille bénie. Fiche-moi le camp d'ici !

Elle chassa Vassilissa, mais, respectueuse de sa promesse, elle lui remit, en paiement du travail que la fillette avait accompli pour elle, un des crânes aux yeux flamboyants qui ornaient la clôture.

À son retour, Vassilissa trouva la maison froide et obscure. Ni la marâtre ni ses filles n'avaient pu y allumer le moindre feu ; le bois refusait de s'enflammer. Quand Vassilissa apporta le crâne dans la salle, les yeux du crâne se fixèrent sur les trois méchantes, les poursuivant partout où elles essayaient de se cacher. Au matin elles avaient été réduites en cendres.

Vassilissa n'avait aucune envie de rester dans cette demeure maudite. Aidée par sa poupée, elle rejoignit son père. Quant à la poupée, elle en prit soin jusqu'à la fin de sa vie.

Voilà le conte terminé, à boire au conteur il faut verser, il l'a bien mérité.

Robert Giraud, *14 Contes de Russie*,

Je résume oralement

1. Rappelle-toi l'épisode **3** (p. 74-75). Résume-le.

Je comprends le texte

2. De quelle qualité Vassilissa fait-elle preuve au début de l'épisode **4** ?

3. a. La Baba-Yaga récompense-t-elle Vassilissa pour son travail ? De quelle manière ?
b. T'attendais-tu à cette attitude de la Baba-Yaga ? Explique ta réponse.

4. a. Comment l'histoire se finit-elle ?
b. Cette fin correspond-elle à ce que tu avais imaginé ? Pourquoi ?

5. a. Rends la dernière phrase plus compréhensible en changeant l'ordre des groupes de mots.
b. D'après cette phrase, un conte est-il une histoire transmise plutôt par oral ou plutôt par écrit ?

6. Quels éléments magiques montrent que cette histoire est un conte ?

7. « vaillante » signifie « courageuse ». Une « héroïne » est une fille ou une femme courageuse qui surmonte les obstacles sans avoir peur. Ces mots s'appliquent-ils à Vassilissa ? Justifie ta réponse.

J'enquête sur le vocabulaire

8. a. Observe le découpage de ces deux noms : « béné/diction » (l. 3), « malé/diction ».
b. Quel mot se cache dans la partie soulignée du premier nom ? du second nom ?
c. Lequel de ces noms évoque des « paroles pour protéger » ? des « paroles pour attirer le malheur » ?

9. « maudite » (l. 15) signifie « qui est détestable ». Pourquoi la maison est-elle « maudite » ?

→ Recopie les mots « maudit(e) » et « malédiction », et leur définition dans ton **carnet personnel**. Apprends-les.

Je débats

10. Parmi les illustrations des pages 70 à 77, laquelle, selon toi, représente le mieux ce conte ? Pourquoi ?

Je raconte à la manière d'un(e) conteur/conteuse

11. Raconte l'histoire à tes camarades comme le ferait un(e) conteur/conteuse. Pour rendre ton récit vivant, varie le ton et le rythme.

J'écris

12. Prends ton **carnet personnel**. Combien d'étoiles, de une à quatre, donnes-tu à ce conte ? Justifie ton choix en quatre ou cinq phrases.

La Magie de Lila de Philip Pullman

Philip Pullman, *La Magie de Lila*, illus. Peter Bailey, « Folio Cadet premiers romans », © Gallimard Jeunesse, 2018.

Dans un royaume d'Orient, la jeune Lila rêve de devenir fabricante de feux d'artifice, comme son père. Mais celui-ci ne l'entend pas de cette oreille car, pour devenir maître dans l'art de la pyrotechnie, il faut subir de périlleuses épreuves : gravir le volcan Merapi, affronter le démon du feu et rapporter le soufre royal. Passionnée et courageuse, Lila relève le défi, aidée de ses deux amis, Chulak et Hamlet l'éléphant blanc.

Je découvre la quatrième de couverture

1. Le dos d'un livre s'appelle la « quatrième de couverture ». Lis le texte de présentation du livre qui s'y trouve.

2. À quel genre d'histoire t'attends-tu : conte, récit mythologique, policier, d'aventures ?

3. a. Qui sont les personnages principaux ?
b. Qu'apprends-tu à leur sujet ?

4. Pourquoi certains mots sont-ils écrits en vert ?

5. Qu'est-ce que la « pyrotechnie » ? Aide-toi du texte pour répondre.

Mon carnet personnel

- Écris le titre du livre et le nom de son auteur.
- Écris ce que tu as retenu de ce roman.

Je lis le récit par étapes

6. Lis le récit en t'arrêtant à chaque étape.

- **Étape 1** (p. 5 à 19) : Lis le chapitre 1.
- **Étape 2** (p. 20 à 38) : Lis le chapitre 2.
- **Étape 3** (p. 39 à 63) : Lis le chapitre 3.
- **Étape 4** (p. 64 à 90) : Lis les chapitres 4 et 5.
- **Étape 5** (p. 91 à 141) : Lis les chapitres 6 et 7.

7. Réponds aux questions **1** à **22** de la photofiche distribuée par ton (ta) professeur.

J'échange sur le sens de l'histoire

Organisez-vous par équipes de trois ou quatre pour répondre aux questions suivantes.

8. Lila est-elle une vaillante héroïne ? Pourquoi ?

9. Relisez le chapitre 7 (p. 105 à 141). Quels sont les trois Dons ?

10. Que pensez-vous des relations entre le père et sa fille ? Partagez vos réponses avec les autres groupes.

Des récits et leurs héroïnes

Marie-José Segura,
Courir pour Zoé,
© Éditions SEDRAP Jeunesse, 2016.

Agnès Laroche,
Derrière la porte,
coll. « Flash Fiction »,
© Rageot, 2017.

Malala Yousafzai,
Le Crayon magique de Malala,
illus. Kerascoët,
© Gautier-Languereau, 2017.

Je choisis un livre et je le lis

1. Observe les couvertures de ces livres (romans et récit). Choisis celle que tu préfères.
2. Lis ce livre à ton rythme, par exemple chapitre par chapitre.

J'explique le livre

3. Explique le combat mené par l'héroïne.
4. Présente ses rêves.
5. Explique le titre du livre.
6. Relis un passage que tu as particulièrement aimé. Explique ton choix.

Mon carnet personnel

- Écris le titre du livre et le nom de son auteur.
- Choisis et écris cinq adjectifs qui caractérisent, pour toi, le mieux le personnage principal.
- Recopie une phrase ou un court passage du texte qui t'a marqué(e). Explique pourquoi.

Je suis une enfant des fées

Je cours contre le vent,
les branches m'agressent.
Je cours, je ne sens rien
ni les griffes aiguës des épineux,
ni le froid de novembre.
Mes cheveux flottent
comme un drapeau.
Mes pensées s'entrechoquent,
mon souffle s'affole.
Je ne veux pas que l'on m'enferme.
J'ai peur des murs et des barreaux.
Je suis une enfant des fées.
Je voudrais m'envoler,
être un oiseau.
Je cours, je cours,
je bats des ailes,
je vole, oui, je vole, je...
je tombe...
l'herbe me recueille.
Je ne veux pas que l'on m'enferme.
Je suis une enfant des arbres,
je suis une enfant du bleu,
ne me coupez pas les ailes.

Anne-Marie Derèse,
in *Les Plus Beaux Poèmes d'hier et d'aujourd'hui*,

Je comprends le poème

1. Qui est le personnage qui dit « je » ?

2. À ton avis, est-elle une vaillante petite héroïne ?

3. À quel(s) personnage(s) du chapitre te fait-elle penser ? Pourquoi ?

Mon carnet personnel

- Recopie le poème.
- Illustre-le par un dessin.

Je mémorise le poème

4. Lis le poème en exprimant le rythme de la course.

5. Varie le ton selon les couleurs. Exprime :

- l'appel de la liberté dans les vers écrits en bleu ;
- la peur de la petite fille dans les vers écrits en rouge.

6. Apprends le poème. Entraîne-toi en fermant les yeux.

Je récite le poème

7. Récite le poème.
Articule bien et parle fort.
Pense à varier le ton et le rythme.

Le courage

Pour l'ensemble de cette page, pense à utiliser un dictionnaire.
→ Leçons 52 et 53 p. 204 et 206

1 Que sais-je déjà ?
Quels mots de la famille de « courage » connais-tu ?

Un mot à découvrir : « courage »

Le nom « **courage** » est apparu en français au XIe siècle.
→ Il vient du nom « cœur ».
→ Il est composé du suffixe *-age* qui sert à exprimer un comportement.
→ Il a deux significations : **1.** Force morale qui permet de faire face aux dangers ou aux difficultés. **2.** Ardeur à faire quelque chose.

2 a. Découpe ces mots de la famille de « courage » en préfixe/radical/suffixe.
encouragement • encourager • découragement • décourager
b. Que signifient les verbes « encourager » et « décourager » ?

3 Complète oralement les phrases avec ces verbes : s'armer, n'écouter que, donner, manquer.
a. Les applaudissements du public vont ... du courage à l'équipe.
b. Ce lâche va ... de courage dans l'épreuve qui l'attend.
c. Une héroïne sait ... son courage face au danger.
d. Il va devoir ... de courage pour se mettre au travail.

4 Écris quatre phrases en utilisant chacune des expressions de la question 3.

5 a. Cherche dans le dictionnaire le genre de chacun de ces noms. Puis complète-les avec un article défini.
bravoure • vaillance • héroïsme • intrépidité
b. Ces noms sont-ils des synonymes ou des antonymes de « courage » ?
→ Leçons 57 et 58 p. 214 et 216
c. Quel adjectif correspond à chacun de ces noms ?

6 a. Quelles expressions conviennent à une vaillante héroïne ? Recopie-les.
se laisser abattre • faire preuve de sang-froid • braver le danger • affronter un obstacle • céder à la peur • prendre son courage à deux mains
b. Écris une phrase avec chaque expression que tu as retenue.

7 Classe oralement ces mots dans la rubrique qui convient.

courage	lâcheté

trembler • déterminé(e) • vaciller • la peur • affronter • vaillant(e)

Des mots à retenir

→ Prends ton **carnet personnel**.
• Reproduis cette corolle lexicale du nom « courage ». Puis classe les mots dans le pétale qui convient.

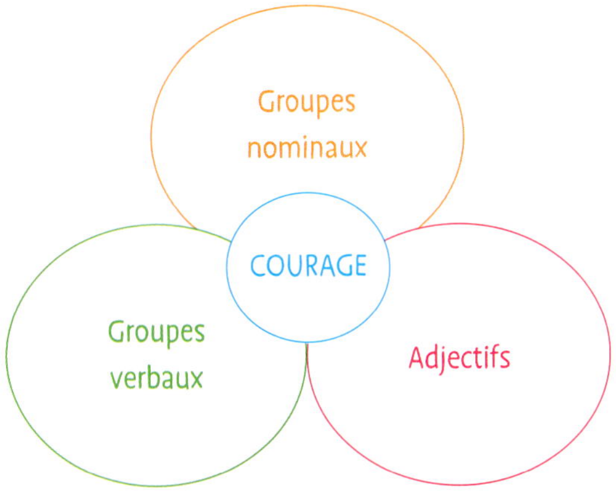

la vaillance • intrépide • audacieux • courageux • affronter le danger • braver le danger • l'héroïsme • s'exposer au danger • la bravoure
• Apprends les mots que tu as recopiés.

Imaginer un récit d'aventure

Jeanne part à la recherche de son grand-père qui a disparu dans le Grand Nord.
Elle doit affronter des dangers.

Imagine l'aventure de Jeanne en une dizaine de phrases.

Préparer l'écrit

Étape 1 Raconter oralement

1. Avec un(e) camarade, observez les illustrations.
2. Échangez sur :
   - les types de dangers représentés ;
   - les autres dangers possibles ;
   - l'aspect effrayant de ces dangers ;
   - le comportement de l'héroïne ;
   - les sentiments de l'héroïne.
3. Racontez oralement l'aventure de Jeanne.

Étape 2 Enrichir le vocabulaire

Des mots pour décrire les dangers

4. Reproduis cette corolle lexicale du mot « danger ».

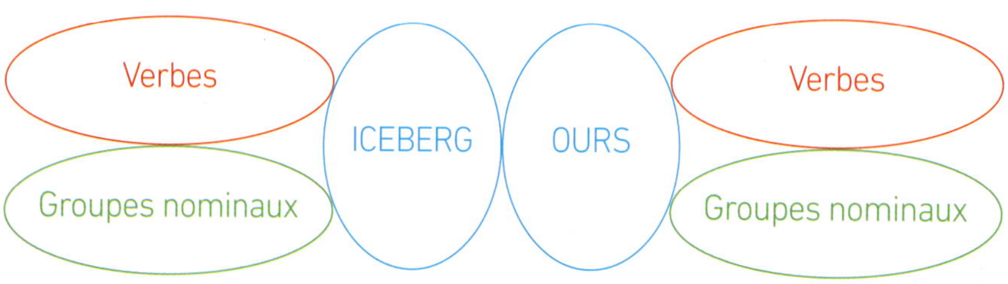

Classe ces verbes et groupes nominaux dans le pétale qui convient. Certains appartiennent aux deux dangers.

les verbes
craquer • gronder • menacer • s'abattre • s'effondrer • se fendre • foncer • dominer • se dresser • se détacher • se briser • grogner

les groupes nominaux
un corps imposant • une muraille de glace • un bloc de glace • un mur impressionnant • des pattes épaisses • des crocs effrayants • des griffes acérées • une silhouette puissante • une falaise menaçante • une masse gigantesque

Des mots pour décrire les attitudes

5. Recopie les mots et groupes de mots qui expriment des manifestations physiques de la peur.
trembler • être paralysé(e) • faire un clin d'œil • hurler • s'enfuir à toutes jambes • sourire • avoir la gorge nouée • être enthousiaste • se figer

Rédiger au brouillon

Étape 3 Écrire le brouillon

6. Écris ton histoire au brouillon. Suis ces conseils :
– Jeanne doit affronter au moins deux dangers ;
– emploie le vocabulaire que tu as travaillé aux questions 4 et 5 ;
– écris au moins trois phrases par danger ;
– exprime la peur et le courage de Jeanne.

Étape 4 Vérifier la construction

7. a. Pose-toi ces questions :
– mon récit respecte-t-il le sujet ?
– mon récit comporte-t-il au moins deux dangers ?
– Jeanne éprouve-t-elle de la peur ?
– Jeanne fait-elle preuve de courage ?
b. Modifie ton brouillon si c'est nécessaire.

Étape 5 Améliorer le récit

8. a. Vérifie ce que tu as écrit :
– as-tu ponctué les phrases ? → Leçons 21 et 22 p. 144 et 146
– as-tu respecté l'accord des verbes avec leur sujet ? → Leçons 36 à 38 p. 172 à 176
– as-tu respecté les accords dans le groupe nominal ? → Leçon 35 p. 170
– as-tu utilisé le vocabulaire du courage ? → Vocabulaire p. 81
b. Corrige ton brouillon si c'est nécessaire.

Rédiger au propre, se relire et s'autoévaluer

Étape 6 Écrire au propre

9. Recopie ton texte au propre. Soigne ton écriture ou ta saisie sur clavier.

Étape 7 Se relire et s'autoévaluer

10. a. Relis plusieurs fois ton texte en t'aidant de la grille distribuée par ton (ta) professeur.
b. Discute avec un(e) camarade pour vérifier :
– la ponctuation ;
– l'accord des verbes avec leur sujet ;
– les accords dans le groupe nominal ;
– l'emploi et l'orthographe des mots du courage.

Chapitre 5
Trouver sa place

Le sais-tu ?

La « Journée mondiale contre le travail des enfants » est organisée chaque année, le 12 juin.

Le travail des enfants dans le monde

Le travail des enfants désigne le travail qui est interdit aux enfants soit en raison de leur âge, soit en raison de la nature des tâches à accomplir. Les enfants sont privés de leur droit à l'enfance, à une bonne éducation et à grandir en sécurité et à l'abri du danger.

Aujourd'hui, parmi les enfants âgés de 5 à 17 ans

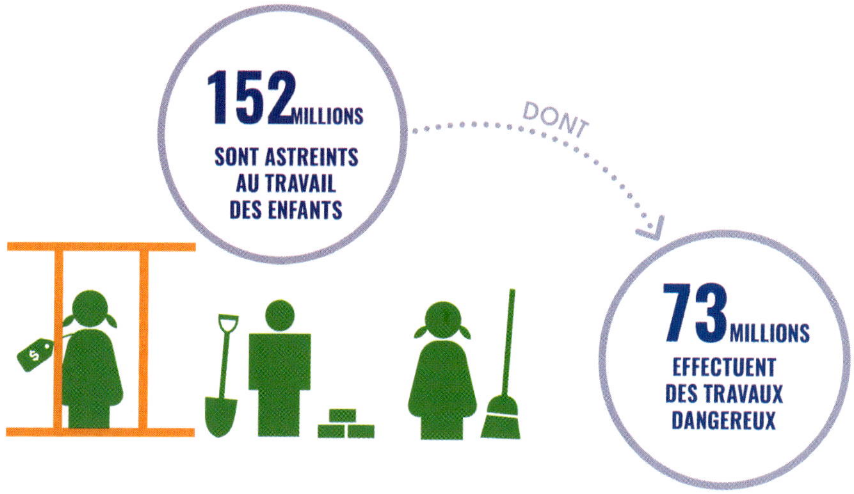

Estimations mondiales du travail des enfants, brochure de l'**Organisation internationale du Travail (OIT)**, février 2019. www.ilo.org/ChildLabourWorldDay

Je comprends le document

1. Décris ce que tu vois dans les dessins en vert.
2. Que représentent ces dessins ?

J'enquête sur le vocabulaire

3. Comment comprends-tu le mot « astreints » écrit dans le cercle ?

→ Recopie le mot « astreint » et sa définition dans ton **carnet personnel**. Apprends-les.

J'explique l'ensemble du document

4. De qui est-il question dans ce document ?
5. **a.** Quel type de travail le texte évoque-t-il ?
   b. Ce type de travail est-il recommandé ou condamné ?
6. Donne des exemples de travaux dangereux pour des enfants.

Je commente le document

7. D'après ce document, la place d'un(e) enfant est-elle au travail ? Explique ta réponse.

LA SEULE CHOSE QU'UN ENFANT DEVRAIT FAIRE TRAVAILLER EST SON IMAGINATION!

Journée mondiale contre le travail des enfants 2019, affiche de l'**Organisation internationale du Travail (OIT)**, février 2019. www.ilo.org/ChildLabourWorldDay

J'échange pour comprendre le message de l'affiche

Organisez-vous par équipes de deux.

Équipes A

1. a. Que fait l'enfant dessiné ?
   b. Que fait l'enfant photographié ?
2. a. Que signifie l'expression « faire travailler son imagination » ?
   b. Lequel des deux enfants fait travailler son imagination ?
3. Qu'est-ce qui représente le mieux a. la réalité, b. le rêve : la photographie ou le dessin ?
4. Pour quelle occasion cette affiche a-t-elle été réalisée ?
5. Cette affiche transmet-elle le même message que le document ?

Équipes B

1. Que fait chaque enfant ?
2. Quel enfant fait travailler son imagination ?
3. Pourquoi l'un des enfants est-il photographié et l'autre dessiné ?
4. Quel message cette affiche transmet-elle ?
5. Quel(s) lien(s) faites-vous entre cette affiche et le document ?

Le sais-tu ?

Le **diabète** est une maladie liée à un taux de sucre trop important dans le sang. Un diabétique doit très souvent mesurer ce taux en se piquant le bout des doigts ou, depuis peu de temps, en utilisant d'autres méthodes moins pénibles. Aujourd'hui, on peut vivre avec le diabète grâce à des traitements particuliers.

Des petits trous au bout des doigts

Épisode 1

Le jour de ma sortie d'hôpital, maman a décidé de prendre les choses en main. Elle m'a traîné derrière elle, à petits pas stressés, me présentant à tous ceux qui me connaissaient déjà : la boulangère, la bibliothécaire, le maître nageur, la dame de la circulation… Elle est même allée dire à mon entraîneur que j'arrêtais l'escrime pour quelque temps.

Elle m'a emmené partout, réduisant à néant tous mes efforts d'autonomie :

— Il est diabétique, ne le laissez jamais seul.

M'enlevant le peu de dignité qu'on accorde à un enfant de mon âge :

— Il doit pouvoir faire pipi quand il veut !

Emplissant l'air de son anxiété :

— … Et surtout, n'hésitez pas à appeler les pompiers.

Répandant autour de moi une ambiance inquiétante :

— S'il manque de sucre, il va s'évanouir !

Ce jour-là, je suis devenu Paul le diabétique. Pas Paul le bon en math, Paul le nul en fleuret, Paul le timide ou Paul le bon copain. Non, j'étais : Paul le diabétique. Voire même : le diabétique. […]

escrime : sport qui oppose deux adversaires à l'épée, au fleuret ou au sabre.

réduisant à néant : détruisant.

dignité : respect.

fleuret : sorte d'épée à lame très fine.

voire : et.

Je comprends le texte

1. Pour quelle raison Paul a-t-il été hospitalisé ?
2. **a.** Que fait la maman de Paul le jour de sa sortie de l'hôpital ?
   b. Pourquoi agit-elle ainsi ?
3. Paul apprécie-t-il l'attitude de sa maman ? Explique ta réponse.
4. Quand Paul retourne à l'école, à ton avis, que ressent-il devant ses camarades ? Pourquoi ?
5. Qui est Théo ?
6. Pourquoi Paul possède-t-il une carte ?
7. **a.** Comment Paul présente-t-il sa carte à Théo ?
   b. Quelle est son intention ?

J'enquête sur le vocabulaire

8. Que signifie un « effort d'autonomie » (l. 6) : la recherche d'une aide ou la volonté de se débrouiller seul(e) ? Aide-toi du texte pour répondre.

Quand tout le monde fut mis au courant, maman m'a laissé retourner à l'école en bourrant mes poches de morceaux de sucre. Je n'y suis pas allé tout seul comme avant. Non, elle a traversé la cour en me tenant la main devant tous les copains pour aller voir la maîtresse. Pendant qu'elle lui donnait une liste de recommandations longue comme une récitation difficile, je me suis échappé pour retrouver Théo.

Il m'a regardé approcher avec un petit sourire inquiet.

— Salut…

— Salut.

On s'est dévisagés un long moment et j'ai sorti une carte de ma poche. Un carton plastifié expliquant que je suis malade et donnant des consignes d'urgence.

— C'est quoi ?

— C'est ma carte d'agent secret. Si tu veux, je ferai une photocopie et on mettra ta photo.

Il l'a regardée. À la maison, j'avais gribouillé les lettres de « diabétique » pour écrire « diabolique » à la place. Théo a approuvé :

— On dessinera des lunettes de soleil sur la photo pour pas qu'on nous reconnaisse !

— Génial.

diabolique : méchant comme un diable.

Marion Achard,
Des Petits Trous au bout des doigts,
© Actes Sud, 2014.

9. « Emplissant l'air de son anxiété » (l. 10). La maman exprime-t-elle un sentiment de bonheur ou de crainte ?

→ Recopie l'expression et le mot écrits en vert, et leur définition dans ton **carnet personnel**. Apprends-les.

Je débats

10. À sa sortie de l'hôpital, Paul trouve-t-il sa place auprès des autres ? Échangez vos points de vue.

Je lis à voix haute

11. Par groupes de trois (Paul le narrateur, sa mère et Théo), lisez le texte de façon à exprimer les sentiments des personnages.

J'écris

12. Si tu étais un(e) ami(e) de Paul, que ferais-tu lors de son retour à l'école ? Explique ta réponse en quelques phrases.

Le sais-tu ?
À l'origine, un « **copain** » était une personne avec laquelle on partageait le pain (« co » vient du latin *cum* qui signifie « avec »). Aujourd'hui, « copain » est un mot utilisé à l'oral comme synonyme de « camarade ».

Des petits trous au bout des doigts

Épisode 2

Suite aux moqueries de ses camarades d'école, Paul a arrêté son traitement contre le diabète et a dû retourner à l'hôpital. Il est en compagnie d'Arthur, un autre jeune malade, et il reçoit la visite de son amie Anaïs, qui est accompagnée de sa grand-mère Madeleine.

Je n'avais pas envie de rentrer. J'avais envie de rester comme ça toujours. Avec Arthur, avec les monstres sur les murs, avec les visites de ceux qui m'aiment.

Arthur m'a poussé du coude :

— T'es pas content ?

J'ai haussé les épaules sans répondre, mais devant leurs regards intrigués, j'ai dû m'expliquer :

— Je déteste la récré. Depuis que je suis malade, rien n'est plus pareil. Ici au moins, je suis…

Je n'ai pas trouvé le mot. Arthur a complété :

— … protégé ?

— C'est ça… Quand je suis dehors, je voudrais qu'on m'oublie.

Madeleine a demandé :

— Qu'on t'oublie ou qu'on oublie que t'es malade ?

Je n'ai pas su répondre. Elle a continué :

— Ta maladie est difficile à comprendre. Tu ne la vois pas. Tu ne la sens pas. Mais elle t'attaque. C'est une maladie silencieuse… Tu dois parler à sa place !

Je l'ai regardée sans saisir.

les monstres sur les murs : des monstres amusants peints sur les murs de l'hôpital.

saisir : comprendre.

Je comprends le texte

1. Rappelle-toi l'épisode **1** (p. 88-89). Résume-le oralement.
2. Lis l'épisode **2**. Où se passe la première partie (l. 1 à 32) ? la seconde partie (l. 33 à 46) ?
3. Paul est-il heureux de quitter l'hôpital ? Pourquoi ?
4. Que penses-tu de la question de Madeleine (l. 14) ?
5. **a.** Quel conseil Madeleine donne-t-elle à Paul ? Pourquoi ?
   b. Paul suit-il ce conseil ? Pour quelle raison ?
6. « Je leur ai tout expliqué. » (l. 33)
   a. Quels personnages sont désignés par le pronom personnel « leur » ?
   b. Quelles explications Paul donne-t-il ?
7. Paul trouve-t-il sa place auprès de :
   a. ses camarades ?
   b. la maîtresse ?
   c. sa mère ?
   Explique tes réponses.

— Fais quelque chose pour que tes copains comprennent ce que tu vis. Tu sais, quand les gens sont ignorants, ils disent des bêtises. Alors, explique-leur.

Arthur s'est redressé sur sa chaise :

— T'as qu'à faire un exposé !

Tout le monde a trouvé l'idée formidable, sauf moi. Ils ont tous insisté pour me convaincre et Anaïs a proposé qu'on se réunisse chez elle mercredi prochain pour le préparer ensemble. Madeleine a approuvé. Arthur aussi.

Les retrouver la semaine prochaine ? J'ai souri de plaisir à cette idée, et j'ai accepté. […]

Je leur ai tout expliqué. Avec mes panneaux accrochés au tableau de la maîtresse et les clins d'œil d'Anaïs pour m'encourager, j'ai fait mon exposé devant toute la classe.

J'ai raconté mes petits trous au bout des doigts et tous ces chiffres qu'il faut comprendre pour que j'aille bien. J'ai parlé du sucre qui circule dans mon sang. J'ai imité ma mère quand elle s'inquiète et là, tout le monde a rigolé.

mes petits trous au bout des doigts : les traces des piqûres qui permettent de mesurer le taux de sucre dans le sang.

À la fin, je leur ai confirmé que j'étais le même. Le même qu'avant. La maladie en plus. Et ils m'ont tous écouté. C'était incroyable. Pendant une heure, ils sont restés là, sur leur chaise. Sans m'interrompre, sans bavarder, en levant le doigt pour poser une question.

Quand j'ai terminé, la maîtresse a applaudi et je suis retourné m'asseoir en évitant de justesse la petite tape affectueuse qu'elle a voulu me donner sur la tête.

C'est ce jour-là aussi que j'ai dit à ma mère que je voulais reprendre l'escrime. Et que je ne voulais pas qu'elle m'accompagne pour le dire à l'entraîneur.

Marion Achard, *Des Petits Trous au bout des doigts*,

Je débats

8. a. Qu'a appris Paul dans cet épisode ?
b. Qu'en pensez-vous ? Échangez vos points de vue.

J'enquête sur le vocabulaire

9. Que signifie des « regards intrigués » (l. 6) : des regards jaloux, tristes ou curieux ? Aide-toi du texte pour répondre.

➜ Recopie le mot écrit en vert et son synonyme dans ton **carnet personnel**. Apprends-les.

Je lis à voix haute

10. Entraîne-toi à lire la seconde partie de cet épisode (l. 33 à 46) en exprimant la force des sentiments de Paul.

J'écris

11. Cette histoire change-t-elle ton regard sur les enfants malades ? Explique ta réponse en quelques phrases.

Lecture et compréhension

Le sais-tu ?

- Une pièce de théâtre est divisée en **scènes**.
- Le nom de chaque personnage est écrit devant ses paroles, les **répliques**.
- Des **passages écrits en italique** (écriture penchée) renseignent sur les lieux, sur les vêtements et les actions des personnages. Ils ne sont pas dits par les comédiens.

culottes courtes : pantalon qui s'arrête au-dessus des genoux.

L'Ogrelet

Scène 1

La rentrée

C'est le jour de la rentrée. L'Ogrelet est vêtu de neuf, il porte des culottes courtes et une chemise repassée. Il est grand et ses jambes nues sont celles d'un homme.

Sa mère est en train de mettre cahiers et crayons dans un sac d'école.

MÈRE DE L'OGRELET. — Redis-moi la date de ton anniversaire, mon petit ?

L'OGRELET. — Le 3 décembre, maman.

MÈRE DE L'OGRELET. — Dis-moi maintenant : quel âge tu as eu le 3 décembre dernier ?

L'OGRELET. — Six ans, maman.

MÈRE DE L'OGRELET. — Que fais-tu si la maîtresse te dit : « Tu es trop grand pour venir à l'école » ?

L'OGRELET. — Je lui réponds : « Tous les enfants de six ans ont droit à l'école libre et gratuite. » Qu'est-ce que ça veut dire, maman, « libre et gratuite » ?

MÈRE DE L'OGRELET. — Que tous les enfants de six ans, sans exception, doivent aller à l'école... Et que l'école doit les accepter. Que dis-tu après « libre et gratuite » ?

J'enquête sur le vocabulaire

1. a. Un « oiselet » est un petit oiseau. Un « jardinet » est un petit jardin. Une « maisonnette » est une petite maison. À ton avis, qu'est-ce qu'un « Ogrelet » (l. 1) ?
b. Le suffixe *-et/-ette* indique-t-il une taille plus grande ou plus petite ?

2. Trouve les mots formés avec le suffixe *-et/-ette* qui correspondent à ces définitions :
a. un petit garçon ; **c.** un petit mur ;
b. une petite fille ; **d.** une petite hache.

→ Recopie les noms « Ogrelet » et « oiselet », et leur définition dans ton **carnet personnel**. Apprends-les.

Je comprends le texte

3. Observe le texte sans le lire. Quels éléments te permettent de reconnaître un texte de théâtre ?

4. Où et quand la scène se passe-t-elle ?

5. Qui sont les personnages de la scène ?

6. Un des personnages s'appelle l'« Ogrelet ». Recopie des mots ou expressions du texte qui justifient ce nom.

7. Quelles recommandations la mère fait-elle à son fils avant le départ pour l'école ? Pourquoi ?

8. Pour quelles raisons la mère dit-elle à son fils : « Demande à la maîtresse de manger seul dans la classe... les premiers jours. » (l. 32-34) ?

9. Quels traits de caractère de l'Ogrelet découvres-tu dans cette scène ?

Je débats

10. Pensez-vous que l'Ogrelet trouvera facilement sa place à l'école ? Échangez vos points de vue.

L'OGRELET. — Si vous ne me croyez pas, écrivez un mot à maman, elle est à la maison. Nous n'avons pas le téléphone, mais elle…

MÈRE DE L'OGRELET. — … Elle vous expliquera notre situation. Tu sauras le dire ?

L'OGRELET. — Oui, maman.

MÈRE DE L'OGRELET. — (*lui tendant son sac d'école*) Tu ne mets pas les doigts dans ton nez, tu écoutes la maîtresse, tu réponds « oui madame », « non madame » et tu regardes le tableau.

L'OGRELET. — C'est quoi un tableau ?

MÈRE DE L'OGRELET. — Tu le reconnaîtras en le voyant. Voilà ton goûter et ton déjeuner, mon Ogrelet. Demande à la maîtresse de manger seul dans la classe… les premiers jours. Dis-lui que ce serait mieux pour toi.

L'OGRELET. — Tu me l'as déjà dit, maman. Je ne pourrai pas jouer au ballon comme les enfants du livre que tu me lis le soir pour m'endormir ?

MÈRE DE L'OGRELET. — Attends de connaître les jeux et la fragilité des enfants pour jouer avec eux. Tu es tellement fort et tellement grand. Tu pourrais les blesser sans le vouloir.

L'OGRELET. — À ce soir, maman.

Suzanne Lebeau, *L'Ogrelet*, © Éditions Théâtrales, coll. « Théâtrales Jeunesse », 2003.

Je joue la scène

11. Organisez-vous par équipes de deux.

Équipes A

a. Relisez les lignes 1 à 24.
b. Répartissez-vous les personnages.
c. Échangez pour trouver le ton à adopter pour chaque réplique.
d. Apprenez chacun(e) les répliques de votre personnage.
e. Relisez les passages écrits en italique pour trouver les gestes à faire. Vous pouvez vous aider d'accessoires.
f. Entraînez-vous à jouer cette partie de la scène.

Équipes B

a. Relisez l'ensemble de la scène **1**.
b. Répartissez-vous les personnages.
c. Cherchez le ton qui correspond le mieux aux répliques de votre personnage.
d. Apprenez chacun(e) vos répliques.
e. Entraînez-vous à jouer la scène.

J'écris

12. Imagine le début de la scène **2** : l'Ogrelet arrive à l'école et fait face à ses camarades. Rédige quelques répliques en inventant des noms pour chaque personnage. Pense à respecter la disposition d'un dialogue de théâtre.

L'Ogrelet

Scène 3

Au dîner, la mère de l'Ogrelet lui demande de raconter sa première journée d'école.

pupitre : bureau d'écolier.

Où l'Ogrelet découvre qu'il est différent

[…]

L'OGRELET. — La maîtresse a dit, de sa voix douce encore : « Qu'est-ce que je vais faire avec toi, tu es tellement différent des autres enfants ? »

MÈRE DE L'OGRELET. — Différent ?

L'OGRELET. — Mes mains sont plus larges que la page du cahier neuf que tu as mis dans mon sac.

MÈRE DE L'OGRELET. — Tu leur as dit qu'il faut des mains larges et fortes pour couper le bois ?

L'OGRELET. — Pas vraiment…

MÈRE DE L'OGRELET. — Ne t'inquiète pas, j'écrirai une lettre à ta maîtresse.

L'OGRELET. — « Tu es grand comme mon père » ont dit les enfants et ils sont partis jouer dans la cour. Je suis resté seul à mon pupitre pendant toute la récréation.

MÈRE DE L'OGRELET. — Petit ou grand, la maîtresse sera contente si tu aimes les mots et les chiffres.

L'OGRELET. — C'est ce qu'elle a dit pour me consoler. Je peux faire mon devoir tout de suite ?

Pendant que la mère enlève les assiettes, l'Ogrelet sort de son sac d'école cahiers, crayons et gomme à effacer.

Je comprends le texte

1. Rappelle-toi la scène **1** (p. 92-93). Résumé-la oralement.

2. Lis la scène **3**. Où et quand la scène se passe-t-elle ?

3. **a.** Quelle attitude les écoliers ont-ils eue face à l'Ogrelet ?
b. Comment expliques-tu cette attitude ?

4. « tu es tellement différent des autres enfants » (l. 2)
a. Comment comprends-tu cette réplique de la maîtresse ?
b. Comment la maîtresse a-t-elle réagi face au nouvel élève ?
c. Que penses-tu de cette réaction ?

5. **a.** Quel devoir la maîtresse a-t-elle donné à l'Ogrelet ?
b. Ce devoir est-il facile ou difficile pour lui ? Explique ta réponse.

6. Comment expliques-tu la réplique de la mère (l. 29 à 32) ?

7. **a.** Quel prénom l'Ogrelet se choisit-il ? Pour quelles raisons ?
b. Ce prénom convient-il à la mère ? Explique ta réponse.

8. Quels sentiments la mère éprouve-t-elle pour son enfant à la fin de cette scène ?

Je débats

9. L'Ogrelet s'est-il bien intégré à l'école ? À quoi le voyez-vous ?

Je dois écrire mon nom dix fois sur la première page et sur les lignes.

Elle nettoie la table, regardant son petit de temps à autre. Le crayon en l'air, l'Ogrelet a le regard rêveur.

MÈRE DE L'OGRELET. — Tu n'écris pas mon Ogrelet ?

L'OGRELET. — Je n'avais pas mon nom dans le cahier de la maîtresse, comme les autres, et je dois choisir quel nom écrire.
Lequel de mes noms me va le mieux, maman ?
Nogrelet,
Togrelet,
Logrelet…

MÈRE DE L'OGRELET. — Mon Ogrelet,
Mon petit Ogrelet
et l'Ogrelet sont des mots doux entre toi et moi.
Jamais tu ne dois les prononcer à l'école et encore moins les écrire.

L'OGRELET. — Je peux écrire « Simon » ?

MÈRE DE L'OGRELET. — Simon ?

L'OGRELET. — C'est un nom que tu dis parfois dans ton sommeil.

MÈRE DE L'OGRELET. — Simon est un joli prénom.

L'OGRELET. — J'écrirai Simon, c'est court et ça sonne bien. La maîtresse a dit que tu dois le faire une fois.

La mère de l'Ogrelet écrit.

MÈRE DE L'OGRELET. — S-I-M-O-N. Simon te va comme un gant. C'est doux comme de la soie… (*pour elle-même*) … chargé de souvenirs.

Suzanne Lebeau, *L'Ogrelet*, © Éditions Théâtrales, coll. « Théâtrales Jeunesse », 2003.

Je joue la scène

10. Organisez-vous par équipes de deux.

Équipes A

a. Relisez les lignes 17 à 41.
b. Répartissez-vous les personnages.
c. Échangez pour trouver le ton à adopter pour chaque réplique.
d. Apprenez les répliques de votre personnage.
e. Relisez les passages écrits en italique pour trouver les gestes à faire. Vous pouvez vous aider d'accessoires pour jouer ce passage.
f. Entraînez-vous à jouer ce texte.

Équipes B

a. Relisez l'ensemble de la scène 3.
b. Répartissez-vous les personnages.
c. Cherchez le ton qui correspond le mieux aux répliques de votre personnage.
d. Apprenez chacun(e) vos répliques.
e. Entraînez-vous à jouer la scène.

J'écris

11. Imagine ce que la mère a envie d'écrire à la maîtresse.
Rédige une lettre d'au moins cinq phrases.

Contact
de Malorie Blackman

Malorie Blackman,
trad. A. Delcourt,
Contact, coll. « Flash Fiction »,
© Rageot, 2017.

Je découvre la première de couverture

1. La couverture d'un livre s'appelle la « première de couverture ». Observe celle de ce roman.

2. a. Combien de personnages vois-tu ?
b. À ton avis, quel âge peuvent-ils avoir ?
c. Que font-ils ?
d. Décris leur tenue. Qu'a-t-elle de particulier ?

3. Où l'action se passe-t-elle ?

4. Comment comprends-tu le titre du roman à partir du dessin de la couverture ?

5. Le mot anglais *flash* signifie « rapide ». Une « fiction » est une histoire inventée. Quelle sorte de romans penses-tu lire dans la collection « Flash Fiction » ?

Je fais connaissance avec les personnages

6. Lis les deux pages de présentation des personnages (p. 6-7).

7. Réponds aux questions **1** à **4** de la photofiche distribuée par ton (ta) professeur.

J'imagine l'histoire à partir des titres de chapitres

8. Lis les titres des chapitres sur la page « Sommaire » (p. 9).

9. Réponds aux questions **5** et **6** de la photofiche distribuée par ton (ta) professeur.

Mon carnet personnel

- À partir des titres des chapitres, imagine ce que pourrait être l'histoire.
- Rédige quelques phrases.

Je lis le roman par chapitre

10. Lis ce roman au rythme indiqué par ton (ta) professeur, chapitre par chapitre.

11. Réponds aux questions **7** à **26** de la photofiche distribuée par ton (ta) professeur.

Mon carnet personnel

- As-tu aimé ce roman ? Pourquoi ?
- Son titre te paraît-il bien choisi ? Écris ton avis en quelques phrases.

Récits d'enfance

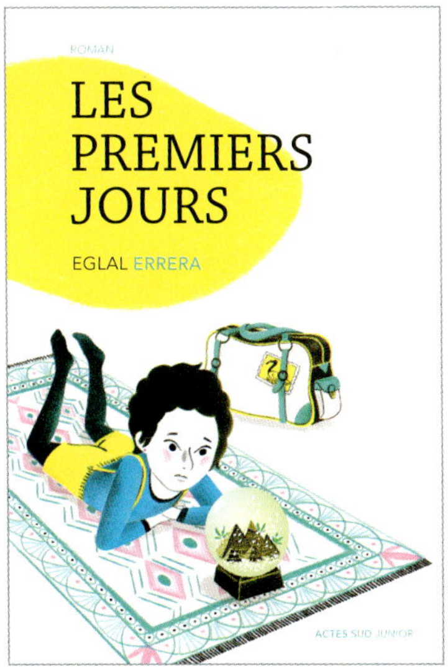

Eglal Errera, *Les Premiers Jours*, © Actes Sud Junior, 2014.

Kay Haugaard, *La Petite Fille au kimono rouge*, illus. Cécile Gambini, © Le Livre de Poche Jeunesse, 2014.

Alex Cousseau, *Déguisés en rien*, illus. Nathalie Choux, © Éditions du Rouergue, 2017.

Je choisis un livre et je le lis

1. Observe les couvertures de ces livres.
   Choisis celle que tu préfères.
2. Lis ce livre à ton rythme, par exemple chapitre par chapitre.

J'échange sur le personnage principal

Préparation

3. Liste les difficultés auxquelles doit faire face le personnage principal pour trouver sa place.
4. a. Cherche deux qualités qui aident le personnage principal à trouver sa place.
   b. Choisis un épisode du livre qui illustre chacune de ces qualités.

Échange

5. Avec tes camarades, échangez vos points de vue sur :
   – les difficultés rencontrées par le personnage principal ;
   – les qualités qui l'aident à trouver sa place.
   Pensez à respecter la parole de chacun(e).

Mon carnet personnel

- Écris le titre du livre et le nom de son auteur.
- Explique ce qui t'a plu et/ou déplu dans ce récit.
- Trouves-tu le personnage principal sympathique ? Pourquoi ?

Le Cancre

cancre : écolier paresseux et très mauvais élève.

Il dit non avec la tête
mais il dit oui avec le cœur
il dit oui à ce qu'il aime
il dit non au professeur
il est debout
on le questionne
et tous les problèmes sont posés
soudain le fou rire le prend
et il efface tout
les chiffres et les mots
les dates et les noms
les phrases et les pièges
et malgré les menaces du maître
sous les **huées** des enfants **prodiges**
avec les craies de toutes les couleurs
sur le tableau noir du malheur
il dessine le visage du bonheur.

Jacques Prévert, *Paroles*,
© Éditions Gallimard.

huées : cris agressifs.

prodiges : exceptionnellement doués.

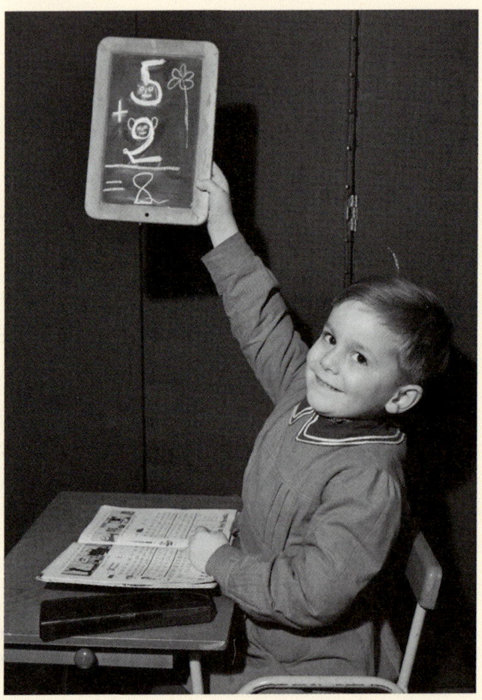

© Jean Dieuzaide,
Enfant – Une addition, 1955.

Je comprends le poème

1. Quels sont les personnages du poème ?
2. Le poète éprouve-t-il de la sympathie pour un personnage ? Si oui, lequel ?
3. Le Cancre trouve-t-il facilement sa place ? Pourquoi ?

Mon carnet personnel

- Recopie le poème.
- Illustre-le par un dessin, un collage...

Je mémorise le poème

4. Lis le poème en variant le ton selon les couleurs.
   - Vers 1 à 4 : Souligne les oppositions par des gestes de la tête.
   - Vers 8 à 13 : Accélère le rythme.
   - Vers 14 à 16 : Ralentis le rythme.
   - Vers 17 : Prends le ton d'une révélation.
5. Apprends le poème. Entraîne-toi en fermant les yeux. Tu peux mimer certains vers pour t'aider à les retenir.

Je récite le poème

6. Récite le poème. Articule bien et parle fort. Pense à varier le ton et le rythme.

Les relations avec les autres

Pour l'ensemble de cette page, pense à utiliser un dictionnaire.
Leçons 52 et 53 p. 204 et 206

1 **Que sais-je déjà ?** Cite des catégories de personnes avec lesquelles tu es en relation.
ton (ta) professeur, tes ami(e)s…

Un mot à découvrir : « autre »

Le mot « **autre** » est apparu en français au Xe siècle.
→ Il vient du latin *alter* qui signifie « autre, différent ».
→ Il sert à former les mots d'une famille à deux radicaux *-autr-* et *-alter-* : « autrui » (un autre, les autres) ; « altérer » (abîmer, changer en autre chose de moins bien) ; « alterner » (se succéder avec une autre chose différente).
→ Il est employé comme adjectif (qui signifie « différent » ou « supplémentaire ») et comme nom.
C'est un **autre** problème. Chacun doit respecter les **autres**.

2 Complète les phrases avec ces verbes : altérer, alterner.
a. Dans les pays tempérés, on voit les saisons froides … avec les saisons chaudes.
b. Ajouter du sel dans la pâte risque d'… le goût du gâteau.

3 Retrouve oralement l'adverbe qui correspond à chaque définition. Utilise le radical « autre ».
a. Dans le temps passé.
b. D'une manière différente.

4 Recopie les synonymes du nom « relation ».
désunion • connexion • détachement • rapport • lien • correspondance • union Leçon 57 p. 214

5 Trouve l'antonyme de chaque nom.
a. la bonté : la méch…
b. l'indulgence : la sévér…
c. la générosité : l'égo…
d. la sincérité : l'hypocr…
e. la sympathie : l'anti…
Leçon 58 p. 216

6 Classe oralement ces noms dans la rubrique qui convient : amitié inimitié.
attirance • tendresse • haine • affection • dégoût • rejet

7 Lis ces noms à voix haute.
affection • jalousie • générosité • amitié
Trouve l'adjectif qui correspond à chaque nom, puis complète oralement ces phrases.
a. Cet enfant partage ses bonbons avec ses camarades : il est … .
b. Ce garçon … est déçu de ne pas avoir le même vélo que son frère.
c. Ce fils … se montre tendre avec ses parents.
d. Léo accueille ses invités par un sourire … .

8 Associe oralement ces adjectifs au symbole qui convient : ☺ ☹.
fâché • épanoui • rieur • boudeur • rayonnant • radieux • grognon

9 Recopie les mots qui correspondent à une relation amicale.
l'écoute • la trahison • la colère • le respect • la vengeance • la solidarité • la confiance • la délicatesse • l'incompréhension

10 Relie chaque mot à son synonyme.

générosité •	• dégrader
affectueux •	• bonté
altérer •	• tendre

Leçon 57 p. 214

Des mots à retenir

→ Recopie les mots de l'exercice 10 et leur synonyme dans ton **carnet personnel**. Apprends-les.

Raconter la naissance d'une amitié

Raconte la naissance d'une amitié entre deux enfants dont l'un(e) est timide. Écris une quinzaine de lignes.

Préparer l'écrit

Étape 1 Raconter oralement

1. Trouve des idées pour ton histoire en répondant à ces cinq questions en couleur :
- **Qui ?** Quels sont les deux enfants ? Comment s'appellent-ils ? Quel âge ont-ils ?
- **Où ?** À quel endroit cette amitié naît-elle ?
  → chez l'un des enfants / à l'école / sur un terrain de sport...
- **Quand ?** À quelle occasion cette amitié naît-elle ?
  → pendant un travail en classe / une activité sportive / une fête d'anniversaire...
- **Pourquoi ?** Pour quelle(s) raison(s) cette amitié naît-elle ?
  → un caractère, un (des) goût(s) commun(s) aux deux enfants / une différence de caractère ou de goût(s) qui crée une complémentarité entre les deux enfants...
- **Comment ?** De quelle(s) manière(s) cette amitié se manifeste-t-elle ?
  → par des gestes / des attitudes / des paroles...

2. Par groupes de trois ou quatre, raconte oralement et brièvement ton histoire.

3. Discute avec tes camarades pour vérifier que ton récit répond aux cinq questions.

Étape 2 Enrichir le vocabulaire

Des mots pour exprimer des caractères opposés

4. Classe ces groupes nominaux selon qu'ils désignent le caractère d'un(e) enfant timide ou d'un(e) enfant confiant(e). Tu peux t'aider du dictionnaire.
la gêne • l'assurance • l'embarras • la confusion • l'hésitation • l'audace • la honte • l'aisance

la timidité	la confiance
...	...

5. Quel adjectif correspond à chacun de ces noms ?
confusion • audace • honte

6. Classe ces actions dans la rubrique qui convient.
les actions d'un(e) enfant timide — les actions d'un(e) enfant confiant(e)
prendre facilement la parole • baisser la tête • affronter les regards • parler fort • rire bruyamment • raser les murs • trembler • faire de grands gestes

Des mots pour exprimer l'amitié

7. a. Recopie en bleu les marques d'amitié qui expriment une attitude amicale.
b. Recopie en vert les marques d'amitié qui expriment une parole amicale.
prendre par les épaules • encourager • complimenter • sourire • partager un secret • tenir le bras • tendre la main • féliciter • marcher au même pas • écouter • rendre service • expliquer

8. Échange avec un(e) camarade pour choisir le vocabulaire que tu utiliseras dans ton histoire.

Rédiger au brouillon

Étape 3 Écrire le brouillon

9. Écris ton histoire au brouillon. Suis ces conseils :
– emploie le vocabulaire que tu as travaillé aux questions 4 à 8 ;
– veille à ce que ton récit réponde aux cinq questions du 1 ;
– raconte l'histoire au présent ;
– écris une quinzaine de lignes.

Étape 4 Vérifier la construction

10. a. Pose-toi ces questions :
– mon récit correspond-il aux cinq questions ?
– mon récit est-il écrit au présent ?
b. Modifie ton brouillon si c'est nécessaire.

Étape 5 Améliorer le récit

11. a. Vérifie ce que tu as écrit :
– as-tu ponctué les phrases ? → Leçons 21 et 22 p. 144 et 146
– as-tu respecté l'accord des verbes avec leur sujet à la 3e personne ? → Leçons 36 à 38 p. 172 à 176
– as-tu respecté les chaînes d'accords dans le texte ? → Leçon 39 p. 178
– as-tu bien conjugué les verbes au présent de l'indicatif ? → Leçons 4 à 8 p. 110 à 118
– as-tu utilisé le vocabulaire des relations avec les autres ? → Vocabulaire p. 99
b. Corrige ton brouillon si c'est nécessaire.

Rédiger au propre, se relire et s'autoévaluer

Étape 6 Écrire au propre

12. Recopie ton texte au propre. Soigne ton écriture ou ta saisie sur clavier.

Étape 7 Se relire et s'autoévaluer

13. a. Relis plusieurs fois ton texte en t'aidant de la grille distribuée par ton (ta) professeur.
b. Discute avec un(e) camarade pour vérifier :
– la ponctuation ;
– l'accord des verbes avec leur sujet ;
– les chaînes d'accords ;
– la conjugaison des verbes ;
– l'emploi et l'orthographe des mots exprimant les relations avec les autres.

Étude de la langue

1 Le verbe : que sais-je déjà ?

Nous observons, nous classons et nous manipulons

A Classez oralement ces verbes dans la rubrique qui convient. Expliquez vos choix.

verbes conjugués — verbes à l'infinitif

je marche • partir • escalader • elles visitent • grimper • vous découvrez • il agit • tu enjambes • camper • poursuivre

B **1.** Recopiez ces phrases. Entourez le mot qui explique la terminaison des verbes écrite en bleu.

Nous pénétrons dans la forêt. Margot montre le chemin et tu écoutes ses explications. Margot et toi, vous observez les champignons. Ils ressemblent à des lutins.

2. Quelle est la fonction des mots que vous avez entourés ?

3. Récrivez le texte en commençant par La semaine dernière. Quels mots du texte devez-vous faire varier ?

C **1.** Observez ces deux phrases. Recopiez-les.

a. L'explorateur traverse le torrent. b. L'explorateur ne traverse pas le torrent.

2. Dans la phrase b, entourez les mots de la négation.

3. Transformez ces deux phrases sur le modèle de la phrase b.

c. Ces scientifiques partent en expédition. d. Ce bateau navigue vers le pôle Sud.

D **1.** Relevez oralement les verbes conjugués.

Jules trouve une vieille carte, il la regarde et il repère une croix tracée près d'un lac.

2. Ces verbes indiquent-ils ce que font les sujets écrits en bleu ou ce qu'ils sont ?

E **1.** Relevez oralement les verbes conjugués.

Jules est un garçon curieux. Il semble pressé de découvrir des trésors.

2. Ces verbes indiquent-ils ce que font les sujets écrits en bleu ou ce qu'ils sont ?

J'apprends la leçon

→ Un verbe peut être **conjugué** (*je* parlais) ou à l'**infinitif** (parler).

→ Un verbe est formé d'un **radical** et d'une **terminaison**.

chant*er* — *je* chant*e* — *nous* chant*ions*

La **terminaison** d'un verbe conjugué varie :

- selon le **sujet** : *je* danse — *tu* danses — *nous* dansons
- selon le **temps** : *ils* dansaient (imparfait) — *ils* dansent (présent) — *ils* danseront (futur)

→ Un verbe conjugué peut être encadré par une **négation** : Tu ne vas pas à la mer.

→ Un verbe sert à dire :

- ce que **fait le sujet** : Max attrape le ballon.
- ce qu'**est le sujet** : Max est un enfant charmant.

Je m'entraîne

1 ★ **Recopie ces verbes conjugués et écris leur infinitif.**

je découvre • tu campes • elles arrivent • nous partons • il revenait • vous étiez • il sort

2 ★ **Relève oralement les verbes conjugués.**

a. Cyril monte sur une planche à voile.

b. Ce lac est très agréable.

c. Nous empruntons souvent cette piste cyclable.

d. Ces amies reviennent d'un tour en barque.

3 ★ **Recopie ces phrases. Souligne les verbes conjugués et entoure les verbes à l'infinitif.**

a. Pour traverser le désert, les chameliers organisent des caravanes.

b. À midi, la chaleur est écrasante.

c. La caravane va faire une halte dans une oasis.

d. Les animaux marchent en file afin de suivre la piste.

4 ★ **Recopie et complète chaque phrase avec un verbe à l'infinitif.**

a. Ce sportif n'aime pas .... .

b. L'entraîneur encourage les joueurs à .... .

c. Ce soir, l'équipe de basket doit .... .

d. Les athlètes rentrent sur le terrain pour .... .

5 ★ **Recopie ces verbes et entoure leur radical.**

vous réussissez • elle discute • nous dansons • ils prennent • tu plantes • elles réagissent

6 Top chrono

Écris le plus vite possible cinq verbes conjugués en utilisant un élément de chaque liste.

A **sujets** : je • nous • ils • tu • vous

B **radicaux** : regard- • pouv- • grandiss- • sauv- • all-

C **terminaisons** : -e • -ions • -es • -ez • -aient

7 ★ **Récris ces phrases en remplaçant le sujet écrit en bleu par celui entre parenthèses.**

a. L'écureuil croque une noisette. (Tu)

b. Nous marchons en forêt. (Vous)

c. Ce chêne fait de l'ombre. (Ils)

d. Les promeneurs ramassent des noix. (Nous)

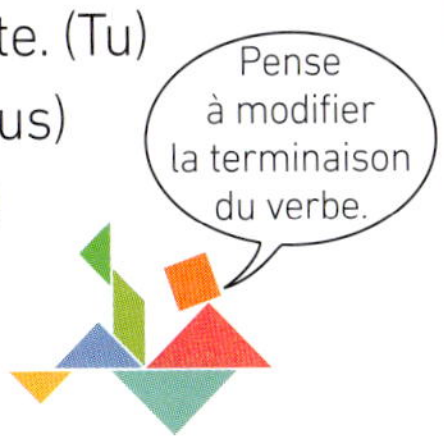

8 ★ **Récris ces phrases en les commençant a. par Hier, b. par Demain.**

a. La fillette écoute les histoires racontées par son père.

b. Tu invites tes amis et vous allez vous baigner.

9 ★ **Recopie ces phrases en encadrant les verbes par la négation ne ... pas.**

a. Ce soir, tu dîneras chez ton oncle.

b. Les enfants participent à un concours de chant.

c. Elle ferme la porte à clé.

d. Vous préparerez une fête.

10 ★★ **Relève en deux listes :**

a. les verbes qui disent ce que fait le sujet ;

b. le verbe qui dit ce qu'est le sujet.

Cal repoussa sa combinaison d'un coup de pied. Il était maintenant en short et en maillot, avec les bottes de sa combinaison. Il inspira à fond et leva les mains vers le ciel.

M. Blackman, trad. A. Delcourt, *Contact*, coll. « Flash Fiction », © Rageot, 2017.

Dictée préparée

11 **Recopie ce texte en soulignant chaque verbe et en reliant par une flèche sa terminaison au mot ou groupe de mots qui l'explique.**

Ce soir, nous allons au cirque en famille. Mon petit frère aime les clowns et leurs pitreries. Mes parents préfèrent les funambules sur la corde. Moi, je préfère les dompteurs car ils affrontent les grands fauves.

12 Top chrono

Choisis une page de dictionnaire au hasard et note le premier verbe que tu rencontres. Continue pour trouver le plus vite possible quatre autres verbes.

J'écris

13 **Écris deux phrases contenant chacune un des verbes relevés à l'exercice 10. Conjugue-les à l'imparfait.**

2 Les régularités des marques de personne au pluriel

Nous observons et nous manipulons

A 1. Lisez ce texte.

> Avec mes camarades de classe, nous **préparons** la fête de l'école. Quand nous **serons** prêts, nous **inviterons** nos parents. Les professeurs **informent** les élèves : « L'an dernier, vous **étiez** nombreux à participer. Cette année, pour réaliser un jeu, vous **découperez** des boîtes en carton. Vos parents **apporteront** des gâteaux. »

2. Quelle est la terminaison des verbes dont le sujet est surligné en rose ?
À quelle personne et à quels temps ces verbes sont-ils conjugués ?

3. Quelle est la terminaison des verbes dont le sujet est surligné en bleu ?
À quelle personne et à quels temps ces verbes sont-ils conjugués ?

4. Quelle est la terminaison des verbes dont le sujet est surligné en vert ?
À quelle personne et à quels temps ces verbes sont-ils conjugués ?

B 1. Recopiez ces groupes sujet/verbe et récrivez-les aux temps indiqués.

a. nous préparons (imparfait • futur)
b. vous découperez (présent • imparfait)
c. les professeurs informent (imparfait • futur)

2. Dans chaque série de verbes, entourez les lettres finales communes aux trois temps.

C VRAI ou FAUX ?
Répondez en vous appuyant sur ce que vous avez observé en **B**.

a. -**ons** est la terminaison régulière des verbes à la 1re personne du pluriel au présent, à l'imparfait et au futur.
b. -**ez** est la terminaison régulière des verbes à la 2e personne du pluriel au présent, à l'imparfait et au futur.
c. Tous les verbes se terminent par -**nt** à la 3e personne du pluriel au futur.

J'apprends la leçon

→ Aux **trois personnes du pluriel**, tous les verbes conjugués ont les **mêmes marques de personne** au présent, à l'imparfait et au futur de l'indicatif.

	nous	*vous*	*ils/elles*
PRÉSENT	march**ons**	march**ez**	march**ent**
IMPARFAIT	grandiss**ions**	grandiss**iez**	grandiss**aient**
FUTUR	viendr**ons**	viendr**ez**	viendr**ont**
terminaison régulière	**-ONS**	**-EZ**	**-NT**

→ Certains verbes sont **irréguliers** au présent de l'indicatif. Il faut les apprendre par cœur ♥.

- *nous* sommes (être)
- *vous* êtes (être) *vous* faites (faire) *vous* dites (dire)

Je m'entraîne

1 ★ Observe les pronoms personnels sujets et complète ces verbes avec la terminaison du présent qui convient.

a. nous port... • nous expliqu... • nous finiss... • nous all...

b. vous organis... • vous voul... • vous réagiss... • vous pren...

c. elles parl... • ils surgiss... • elles dis... • ils fix...

2 ★ Récris ces verbes à l'imparfait à la personne du pluriel correspondante. Entoure les terminaisons.

a. je lavais • je posais • je tirais → nous ...

b. tu obéissais • tu avais • tu venais → vous ...

c. elle agissait • il formait • elle visitait → ils/elles ...

3 ★ Ajoute oralement le pronom personnel sujet qui convient pour chaque verbe conjugué au futur.

analyserons • apporteront • définiront • viendrons • dirons • seront • verrons

4 ★★ Récris ces phrases en mettant au pluriel les sujets écrits en bleu. Entoure les terminaisons des verbes.

a. Je choisirai un livre à la bibliothèque.

b. Tu laisseras les cahiers sur le bureau.

c. Elle écoutera une chanson douce.

d. Il prendra une leçon de piano.

5 ★★ Récris ces phrases en remplaçant le sujet écrit en bleu par celui entre parenthèses.

a. Le moineau picore des miettes. (Ils)

b. Nous cherchions le souterrain. (Vous)

c. L'oiseau arrivera au bord de l'étang. (Nous)

d. J'accompagnerai les enfants. (Elles)

e. Tu dis la vérité. (Vous)

f. Je suis au supermarché. (Nous)

6 *Top chrono* Retrouve le plus vite possible ces verbes dont les lettres ont été mélangées.

a. nous, futur • E I C D N O S É D R

b. vous, imparfait • U Z C E D O É R V I

c. elles, présent • T N N N E V E I R E

7 ★★★ Récris ces phrases en conjuguant le verbe a. à l'imparfait, b. au futur.

a. En randonnée, nous transportons nos sacs à dos.

b. Tes fleurs parfument le salon.

c. Pendant les vacances, vous visitez une région de France.

8 ?? *Le jeu des 7 erreurs* Récris et corrige ce passage écrit par un élève distrait.

Les camions stationnes en ville depuis ce matin. Quand nous arrivont sur la place, les forains installes les manèges. Ils montes le chapiteau. Si vous venez samedi, vous pourraient monter sur la grande roue. Les parents achèterons des tickets et leurs enfants découvrirons les attractions.

Dictée négociée

9 a. Avec un(e) camarade, discute pour compléter chaque verbe au temps demandé en tenant compte du sujet souligné.

Hier matin, nous march... (imparfait) dans la rue où des voitures klaxonn... (imparfait). Dans quelques années, les véhicules voler... (futur) et vous prendr... (futur) un bus aérien pour aller à l'école. Pour l'instant, les écoliers travers... (présent) les rues en marchant.

b. Apprends le texte et récite-le par écrit.

J'écris

10 Décris cette image en quelques phrases. Tu emploieras des verbes à la 3ᵉ personne du pluriel et tu les souligneras.

3 Les trois groupes de verbes

Nous observons, nous classons et nous manipulons

A **1.** Lisez ce texte.

> Ensuite un grondement sourd semble monter de la terre.
> « Ano ! Les bisons ! Ils arrivent ! »
> Ano et Killik se cachent derrière le genévrier. Au travers des branches épineuses, ils voient apparaître une masse brune, lancée au galop dans un immense nuage de poussière. […]
> Killik, exalté, serre les poings. Il vibre tout entier. Les bisons se rapprochent.
>
> F. Reynaud, *Le Premier Dessin du monde*, © Le Livre de Poche Jeunesse, 2001.

2. Quel est l'infinitif du verbe surligné ?

3. Ce verbe appartient au 1er groupe.
Relevez dans le texte les autres verbes du 1er groupe. Comment les avez-vous repérés ?

B **1.** Lisez ces verbes.

nous finissons • nous sentons • nous agissons • nous arrondissons • nous dormons • nous sortons • nous grossissons • nous partons • nous courons • nous punissons

2. Recopiez ces verbes et écrivez leur infinitif entre parenthèses.

3. Le verbe *finir* appartient au 2e groupe.
Entourez dans votre liste les autres verbes du 2e groupe.

4. Comment reconnaissez-vous un verbe du 2e groupe ? Expliquez avec vos mots.

C VRAI ou FAUX ?
Répondez en vous appuyant sur ce que vous avez observé en **A** et **B**.

a. Les verbes du 1er groupe ont un infinitif terminé par -**er**.

b. Tous les verbes du 2e groupe ont un infinitif terminé par -**ir** et la 1re personne du pluriel au présent en -**issons**.

c. Tous les verbes dont l'infinitif est terminé par -**ir** appartiennent au 2e groupe.

J'apprends la leçon

→ Les verbes sont classés en **trois groupes**.

1er groupe	2e groupe	3e groupe
Verbes dont l'infinitif se termine en -er, sauf *aller*.	Verbes dont l'infinitif se termine en -ir et la 1re personne du pluriel au présent en -**issons**.	Tous les autres verbes et *aller*.
chanter, épouser, crier, saluer	finir (*nous* finissons), obéir (*nous* obéissons)	venir, vouloir, faire, prendre

→ Pour conjuguer un verbe, il faut connaître son **groupe** et suivre le verbe « **modèle** » du groupe.

Chanter est le verbe « modèle » des verbes du 1er groupe.

Je m'entraîne

1 ★ Classe ces verbes dans le groupe auquel ils appartiennent.

1er groupe | 2e groupe | 3e groupe

bâtir • construire • scier • clouer • faire • fixer • réunir • joindre • décorer • creuser • ajuster • voir • choisir • poser • déplacer • dire

2 ★ Trouve l'intrus dans chaque série. Recopie-le.

a. sentir • frémir • partir • devenir

b. voyager • accepter • aller • cacher

c. définir • agir • réussir • mentir

3 *Top chrono*

Par deux, un(e) élève donne l'infinitif du verbe de chaque phrase et l'autre indique le groupe du verbe. Répondez le plus vite possible.

a. Lise franchit facilement l'obstacle.

b. Les enfants arrivent au stade avec leur professeur.

c. Vous cuisinez un plat de légumes.

d. Paul reçoit les félicitations de ses camarades.

e. Tu fais des efforts en gymnastique.

4 ★★ **a.** Repère les verbes conjugués du texte.

Un loup entre un jour dans une bergerie. Il fait attention au moindre bruit et marche doucement vers le fond du bâtiment. Il voit alors un vêtement qui bouge, fixé à un crochet le long du mur. Il prend peur et imagine qu'un berger va lui tirer dessus. Il réfléchit puis fonce sur la veste, attaque à pleines dents et parvient à déchirer le vêtement vide.

b. Recopie ce tableau et classes-y les verbes repérés ainsi que leur infinitif entre parenthèses.

verbes du 1er groupe	verbes du 2e groupe	verbes du 3e groupe
...	...	...

5 ★★ **a.** Quels verbes de la liste appartiennent au même groupe que *chanter* ?

accompagner • vouloir • traverser • féliciter • peindre • vivre • bondir • faire

b. Écris une phrase au futur avec chaque verbe repéré.

6 ★★ **a.** Quels verbes de la liste appartiennent au même groupe que *finir* ?

agir • sentir • punir • endormir • agrandir • élargir • ressentir

b. En suivant le modèle du verbe *finir*, conjugue oralement les verbes relevés au présent, à toutes les personnes.

je finis, tu finis, il/elle finit, nous finissons, vous finissez, ils/elles finissent

7 *Jeu orthographique*

a. Recopie les verbes qui appartiennent au 2e groupe.

sortir • trahir • atterrir • partir • subir • venir • saisir • épaissir • sentir • réfléchir • dormir

b. Trouve un verbe du 1er groupe à partir de la première lettre de chaque verbe recopié.

Mémo dictée

8 **a.** Retrouve dans cette grille quatre verbes du 1er groupe et trois verbes du 2e groupe.

C	S	A	O	D	Y	E
I	O	J	U	G	E	R
T	N	V	W	B	L	I
E	N	V	A	H	I	R
R	E	A	G	I	R	E
P	R	J	I	O	E	B
U	G	A	R	E	R	F

b. Apprends ces verbes et récite-les par écrit.

J'écris

9 Rédige la recette de ton gâteau préféré en utilisant des verbes à l'infinitif. Indique leur groupe entre parenthèses.

4 Le présent de l'indicatif des verbes du 1er groupe

Nous observons, nous classons et nous manipulons

A **1.** Observez ces verbes conjugués au présent.

escalader

elles escalad**ent**
vous escalad**ez**
il escalad**e**
*j'*escalad**e**
tu escalad**es**
nous escalad**ons**

marcher

nous march**ons**
je march**e**
vous march**ez**
tu march**es**
elle march**e**
ils march**ent**

2. Comment appelez-vous la partie du verbe écrite en noir ? en rouge ?

B Le radical du verbe est-il le même à toutes les personnes ?

C Les terminaisons sont-elles les mêmes pour les deux verbes ?

D **1.** Recopiez et complétez ce tableau avec les terminaisons du présent que vous avez repérées.

	singulier	pluriel
1re personne	...	...
2e personne	...	...
3e personne	...	...

2. Comparez deux par deux les terminaisons du singulier et du pluriel.
Ces terminaisons varient-elles ?

E **1.** Prononcez à voix haute la conjugaison du verbe *marcher* au présent.

2. Quelles formes du verbe se prononcent de la même façon ? Recopiez-les.

J'apprends la leçon

→ Le **présent** de l'indicatif = **radical** du verbe à l'infinitif + **terminaison** -**e**,-**es**, -**e**, -**ons**, -**ez**, -**ent**

chanter (radical : **chant-**)	
SINGULIER	**PLURIEL**
je chant**e** *tu* chant**es** *il/elle* chant**e**	*nous* chant**ons** *vous* chant**ez** *ils/elles* chant**ent**

→ **De l'oral à l'écrit**

Au **présent** de l'indicatif, quatre formes des verbes du 1er groupe **se prononcent de la même façon mais ne s'écrivent pas toutes de la même manière.**

je chant**e** *tu* chant**es** *il/elle* chant**e** *ils/elles* chant**ent**

Je m'entraîne

1 ★ Recopie et complète ces verbes avec les terminaisons du présent.

a. je rêv… • je lèv… • je film… • je mont…
b. tu port… • tu ramass… • tu cherch…
c. il saut… • elle comport… • il cass… • il parl…
d. nous pleur… • nous ador… • nous regard…
e. vous soulev… • vous observ… • vous scrut…
f. ils dans… • elles laiss… • elles touch…

2 ★ Conjugue ces verbes au présent à la personne indiquée.

a. poser (vous)
b. assister (tu)
c. avaler (elles)
d. garder (je)
e. regarder (nous)
f. téléphoner (il)

3 ★ Complète ces verbes avec la terminaison qui convient : -e, -es ou -ent.

a. j'approch…
b. elles grimp…
c. tu roul…
d. il arriv…
e. ils expliqu…
f. elle calcul…

4 ★ Propose un pronom personnel sujet pour chaque verbe.

a. … vise • … visent • … vises
b. … organisent • … organise • … organises
c. … pleures • … pleure • … pleurent

5 ★★ Conjugue ces verbes à la personne du pluriel indiquée.

a. je dessine → nous …
b. elle accuse → elles …
c. il ferme → ils …
d. tu sauves → vous …
e. tu cuisines → vous …
f. je ressemble → nous …

6 ★★ Conjugue ces verbes à la personne du singulier indiquée.

a. nous lavons → je …
b. elles précisent → elle …
c. vous ajoutez → tu …
d. ils creusent → il …
e. ils croisent → il …
f. vous dégustez → tu …

7 ★★★ Recopie et complète ces phrases en conjuguant les verbes au présent. Entoure les terminaisons.

a. Il (montrer) un objet bizarre.
b. Nous (sauter) de joie.
c. Je (dévorer) toutes sortes de romans d'aventures.
d. Tu (amuser) les enfants.
e. Elles (traverser) le désert.

8 ★★★ Recopie ce texte en conjuguant les verbes au présent.

Elle (expliquer) sa recette à son amie : « Tu (préparer) le sucre, les œufs et la farine. Tu (mixer) les ingrédients. Tu (verser) la pâte dans un moule. Tu (laisser) cuire pendant trente minutes. »

9 ?? *Jeu orthographique*

Retrouve le nom d'un animal à partir de la première lettre de chaque verbe conjugué au pluriel.

manges • travaille • signent • regardes • décores • nagent • dresses • donne • parles • emportent • imaginent • acceptes • grattent • organise • brille

Dictée négociée

10 a. Par deux, échangez pour savoir comment écrire au présent chaque verbe écrit en bleu.

Nous (observer) le chat. Il (guetter) sa proie. Il (chercher) à voir si l'oiseau (reculer) ou (avancer). Le matou (sembler) endormi mais il n'en est rien. Il (approcher) doucement pour saisir le volatile. Mais, soudain, le moineau (s'envoler) à tire-d'aile. Pauvre chat !

b. À tour de rôle, sous la dictée de ton (ta) camarade, écris ce texte en vérifiant les verbes conjugués au présent.

J'écris

11 Rédige trois phrases en employant ces verbes au présent.

escalader • tirer • aider

5 Le présent de l'indicatif des verbes du 2e groupe

Nous observons, nous classons et nous manipulons

A **1.** Observez ce verbe conjugué au présent.

rugir
je rug**is**, *tu* rug**is**, *il/elle* rug**it**
nous rugiss**ons**, *vous* rugiss**ez**, *ils/elles* rugiss**ent**

2. Comment appelez-vous la partie du verbe écrite en noir ? en rouge ?

B Quel est le radical du verbe *rugir* aux trois personnes du singulier ? aux trois personnes du pluriel ?

C Le radical du verbe est-il le même au singulier et au pluriel ?

D **1.** Prononcez à voix haute la conjugaison du verbe *rugir* au présent aux trois personnes du singulier.
2. Ces trois formes du verbe *rugir* se prononcent-elles de la même façon ?
3. À quelle personne le verbe *rugir* s'écrit-il différemment des autres ?

E **1.** Recopiez et complétez ce tableau avec les terminaisons du présent que vous avez repérées.

	singulier	pluriel
1re personne	...	...
2e personne	...	...
3e personne	...	...

2. Comparez deux par deux les terminaisons du singulier et du pluriel.
Ces terminaisons varient-elles ?

F **1.** Comparez ces terminaisons avec celles des verbes du 1er groupe. → Leçon 4 p. 110
2. Recopiez celles qui sont identiques pour les deux groupes de verbes.

J'apprends la leçon

→ Le **présent** de l'indicatif = **radical** du verbe conjugué au singulier ou au pluriel + **terminaison** -**is**, -**is**, -**it**, -**ons**, -**ez**, -**ent**

finir	
SINGULIER (radical : **fin-**)	**PLURIEL** (radical : **finiss-**)
je fin**is**	*nous* finiss**ons**
tu fin**is**	*vous* finiss**ez**
il/elle fin**it**	*ils/elles* finiss**ent**

→ **De l'oral à l'écrit**
Au **présent** de l'indicatif, les trois formes du singulier des verbes du 2e groupe **ont une prononciation identique mais la 3e s'écrit différemment des deux autres.**

je fin**is**, *tu* fin**is** *il/elle* fin**it**

Je m'entraîne

1 ★ Parmi ces verbes, recopie ceux qui appartiennent au 2e groupe.

nous gémissons • nous sortons • vous partez • vous répartissez • nous agissons • nous venons • elles démolissent • ils définissent

2 ★ Recopie et complète ces verbes avec les terminaisons du présent.

a. je franch... • je roug...
b. tu sais... • tu blanch...
c. il défin... • elle jaun...
d. nous agiss... • nous rétréciss...
e. vous bâtiss... • vous noirciss...
f. ils frémiss... • elles réussiss...

3 ★ Complète ces verbes en piochant les terminaisons dans le sac.

a. je réfléch...
b. il faibl...
c. elle rebond...
d. tu bât...
e. je sal...
f. tu fin...

4 ★ Propose un pronom personnel sujet pour chaque verbe.

a. ... choisit • ... choisis
b. ... maigris • ... maigrit
c. ... réagit • ... réagis
d. ... alunit • ... alunis

5 ★★ Conjugue ces verbes à la personne du pluriel qui convient.

j'adoucis → nous adoucissons

a. je désobéis → ...
b. tu faiblis → ...
c. il franchit → ...
d. elle grandit → ...
e. tu agis → ...
f. je ralentis → ...

6 ★★ Conjugue ces verbes à la personne du singulier qui convient.

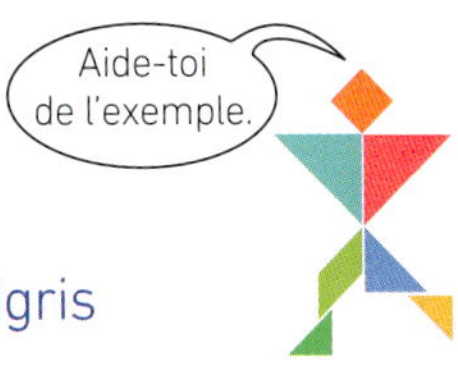

nous maigrissons → je maigris

a. nous définissons → ...
b. vous grossissez → ...
c. ils ralentissent → ...
d. elles mincissent → ...
e. ils alourdissent → ...
f. vous applaudissez → ...

7 ★★ Conjugue ces verbes au présent à la personne indiquée.

a. frémir (vous)
b. saisir (je)
c. agrandir (elles)
d. définir (tu)
e. obéir (nous)
f. réussir (il)

8 ★★ Recopie et complète ces phrases en conjuguant les verbes au présent. Entoure les terminaisons.

a. Il (aplatir) la pâte à tarte avec un rouleau.
b. Nous (approfondir) la leçon de mathématiques.
c. J'(assortir) mon chapeau à ma tenue.
d. Vous (assourdir) vos voisins en jouant de la trompette.
e. Tu (atterrir) dans un buisson.
f. Elles (bondir) hors de la cage.

9 ★★ Recopie ce texte en conjuguant les verbes au présent.

Le coureur se concentre, il (saisir) sa chance, il (agir) avec précision. Il ne (ralentir) pas sa course quand il (franchir) la ligne d'arrivée. Nous (frémir) devant l'exploit et nous (applaudir) sa performance.

Dictée négociée

10 **a.** Par deux, récrivez ce texte en le complétant avec ces verbes conjugués au présent.

agir • faiblir • fléchir • franchir • gémir • réussir • saisir

Les athlètes s'entraînent pour le concours. Ils ... avec méthode. Les uns après les autres, ils ... leur perche. Ils ... les genoux mais ils ... sous la douleur. Leurs forces les abandonnent, elles ... à vue d'œil. Mais vous ... à leur redonner courage et chacun ... la barre sans effort.

b. Écris ce texte sous la dictée de ton (ta) professeur.

J'écris

11 Invente trois phrases dans lesquelles tu emploieras ces verbes conjugués au présent.

fournir • surgir • obéir

6 Le présent de l'indicatif des verbes *avoir, être, aller*

Nous observons, nous comparons et nous trions

A Récitez la conjugaison des verbes *avoir* et *être* au présent :
1. oralement,
2. par écrit.
Si vous hésitez, cherchez dans la boîte les formes verbales qui vous manquent.

il est	*j'*ai
nous sommes	*tu* es
ils ont	*vous* êtes
nous avons	*je* suis
tu as	*elles* sont
elle a	*vous* avez

B **1.** Conjuguez le verbe *aller* au présent, oralement puis par écrit.
2. Par deux, comparez vos réponses.
3. Comparez vos réponses aux tableaux de conjugaison du manuel.
4. Quelle(s) forme(s) verbale(s) pose(nt) problème ? Pourquoi ?

C Tous ensemble, récitez à voix haute la conjugaison des verbes *avoir*, *être* et *aller* au présent.

D Quelle(s) terminaison(s) régulière(s) repérez-vous aux personnes du pluriel :
1. du verbe *avoir* ?
2. du verbe *aller* ?

E Conjuguez au présent de l'indicatif aux six personnes celui de ces trois verbes (*avoir*, *être*, *aller*) pour lequel vous hésitez encore.

J'apprends la leçon

→ Au **présent** de l'indicatif, les verbes ***avoir***, ***être*** et ***aller*** ont une conjugaison particulière, à apprendre par cœur ♥.

avoir	être	aller
*j'*ai	*je* suis	*je* vais
tu as	*tu* es	*tu* vas
il/elle a	*il/elle* est	*il/elle* va
nous avons	*nous* sommes	*nous* allons
vous avez	*vous* êtes	*vous* allez
ils/elles ont	*ils/elles* sont	*ils/elles* vont

Je m'entraîne

1 ★ Propose oralement un pronom personnel sujet pour chaque verbe.

a. ... est • ... es
b. ... va • ... vas
c. ... a • ... as
d. ... ai • ... suis

2 ★ Conjugue ces verbes à la personne du pluriel qui convient.

je suis → nous sommes

a. j'ai → ...
b. tu vas → ...
c. il a → ...
d. elle est → ...
e. tu es → ...
f. je vais → ...
g. elle va → ...
h. tu as → ...

3 ★ Conjugue ces verbes à la personne du singulier qui convient.

nous avons → j'ai

a. nous sommes → ...
b. vous allez → ...
c. ils vont → ...
d. elles ont → ...
e. nous allons → ...
f. vous êtes → ...
g. vous avez → ...
h. ils sont → ...

4 ★ En piochant dans le sac des radicaux, conjugue le verbe *aller* au présent aux six personnes **a.** oralement, **b.** par écrit.

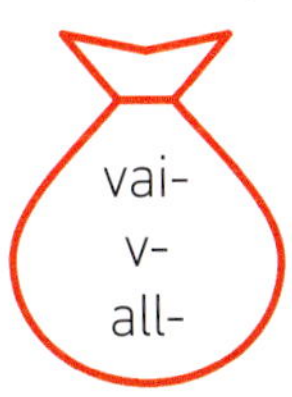

5 Top chrono

Par groupes de trois, chaque élève conjugue le plus vite possible au tableau un de ces verbes.

avoir • être • aller

6 Mots croisés

Complète cette grille en conjuguant les verbes au présent à la personne demandée.

1. avoir (vous)
2. aller (tu)
3. aller (vous)
4. être (nous)
5. avoir (je)
6. avoir (nous)
7. aller (je)
8. être (je)
9. être (elles)

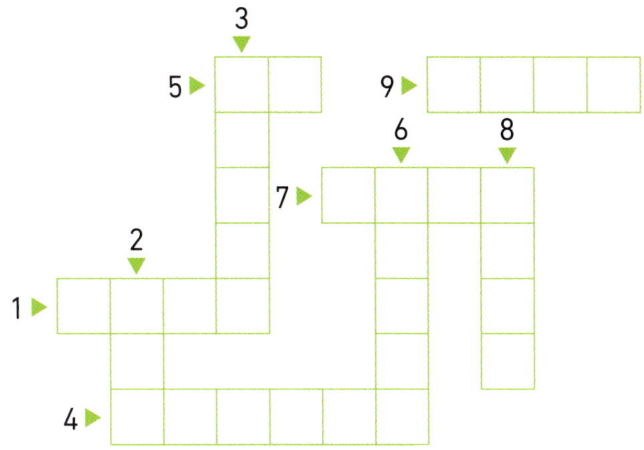

Mémo dictée

7 Apprends la conjugaison des verbes de l'exercice 6 au présent. Récite-les par écrit.

8 ★★ Recopie et complète ces phrases en conjuguant les verbes au présent.

a. Elles (aller) à la piscine.
b. Vous (avoir) de la chance.
c. Je (aller) prendre le train à la gare.
d. Il (aller) chez ses cousins cet après-midi.
e. Vous (être) en forme.
f. Tu (aller) souvent au cinéma.
g. Elles (avoir) leurs préférences.
h. Tu (avoir) beaucoup d'amis.
i. Nous (être) à l'école.
j. Nous (aller) au gymnase.

J'écris

9 Pour chaque verbe, invente une phrase dans laquelle tu l'emploieras au présent.

avoir • être • aller

7 Le présent de l'indicatif des verbes *dire, faire, venir, voir*

Nous observons, nous comparons et nous trions

A **1.** Retrouvez oralement la conjugaison des verbes *dire* et *faire* au présent en piochant dans la valise.

vous faites — *tu* dis
ils font — *nous* disons
elle fait — *elles* disent
je fais — *il* dit
tu fais — *nous* faisons
vous dites — *je* dis

2. Recopiez ces deux conjugaisons.

3. À quelles personnes du pluriel ces deux verbes ont-ils une terminaison régulière ?

4. Entourez les deux formes verbales particulières au pluriel.

B Tous ensemble, récitez à voix haute la conjugaison des verbes *dire* et *faire* au présent.

C **1.** Observez la conjugaison des verbes *venir* et *voir*.

je vien**s**, *tu* vien**s**, *il* vien**t**, *nous* ven**ons**, *vous* ven**ez**, *elles* vienn**ent**

je voi**s**, *tu* voi**s**, *elle* voi**t**, *nous* voy**ons**, *vous* voy**ez**, *ils* voi**ent**

2. Comment appelez-vous la partie du verbe écrite en noir ? en rouge ?

3. Recopiez les terminaisons communes à ces deux verbes.

4. Combien de radicaux différents repérez-vous pour le verbe *venir* ? Écrivez-les.

5. Combien de radicaux différents repérez-vous pour le verbe *voir* ? Écrivez-les.

J'apprends la leçon

→ Au **présent** de l'indicatif, les verbes ***dire***, ***faire***, ***venir*** et ***voir*** ont une conjugaison particulière, à apprendre par cœur ♥.

dire	faire	venir	voir
je di**s**	*je* fai**s**	*je* vien**s**	*je* voi**s**
tu di**s**	*tu* fai**s**	*tu* vien**s**	*tu* voi**s**
il/elle di**t**	*il/elle* fai**t**	*il/elle* vien**t**	*il/elle* voi**t**
nous dis**ons**	*nous* fais**ons**	*nous* ven**ons**	*nous* voy**ons**
vous **dites**	*vous* **faites**	*vous* ven**ez**	*vous* voy**ez**
ils/elles dis**ent**	*ils/elles* **font**	*ils/elles* vienn**ent**	*ils/elles* voi**ent**

→ Ces verbes ont des **terminaisons communes** :
- -**s**, -**s**, -**t** aux trois personnes du singulier ;
- -**ons**, -**ez**, -**nt** aux trois personnes du pluriel (sauf *vous* dites et *vous* faites).

→ Ces verbes ont **plusieurs radicaux** :
- le verbe ***venir*** a trois radicaux : vien-, ven-, vienn- ;
- le verbe ***voir*** a deux radicaux : voi-, voy-.

Je m'entraîne

1 ★ Propose oralement un pronom personnel sujet pour chaque verbe.

a. … dit • … dis

b. … fais • … fait

c. … vient • … viens

d. … vois • … voit

2 ★ Conjugue ces verbes à la personne du pluriel qui convient.

je dis → nous disons

a. je fais → …

b. tu viens → …

c. il voit → …

d. elle fait → …

e. tu dis → …

f. je viens → …

g. elle dit → …

h. tu fais → …

3 ★ Conjugue ces verbes à la personne du singulier qui convient.

nous venons → je viens

a. nous voyons → …

b. vous faites → …

c. ils vont → …

d. elles font → …

e. nous faisons → …

f. vous dites → …

g. vous voyez → …

h. ils viennent → …

4 ★★ En piochant dans le sac des radicaux, conjugue les verbes *venir* et *voir* au présent aux six personnes **a.** oralement, **b.** par écrit.

5 Top chrono Par groupes de quatre, chaque élève conjugue le plus vite possible au tableau un de ces verbes.

dire • faire • venir • voir

6 ★★ Retrouve dans cette grille dix verbes conjugués au présent étudiés dans cette leçon.

B	V	G	V	D	I	V	O	I	T	H
X	F	A	I	I	D	I	T	E	S	J
R	A	Y	E	S	O	E	P	M	E	V
O	I	F	N	O	A	N	Z	D	U	E
R	S	N	S	N	P	N	I	I	S	N
Z	A	Q	C	S	L	E	U	S	G	E
D	V	V	O	I	E	N	T	U	W	Z
O	L	C	E	M	E	T	F	A	I	T

7 ★★ Recopie et complète ces phrases en conjuguant les verbes au présent.

a. Elles (faire) une maquette.

b. Vous (dire) bonjour à vos parents.

c. Il (venir) en Bretagne chaque été.

d. Vous (voir) un film par mois.

e. Tu (venir) souvent au spectacle.

f. Elles (dire) merci pour les cadeaux reçus.

g. Vous (faire) des progrès.

h. Tu (voir) un éclair dans le ciel.

Autodictée

8 Mémorise les cinq premières phrases de l'exercice 7. Récite-les par écrit.

J'écris

9 Pour chaque verbe, invente une phrase dans laquelle tu l'emploieras au présent.

dire • faire • venir • voir

8 Le présent de l'indicatif des verbes *prendre, pouvoir, vouloir*

Nous observons, nous comparons et nous trions

A **1.** Observez la conjugaison du verbe *prendre*.

je prends — *tu* prends — *il/elle* prend — *nous* prenons — *vous* prenez — *ils/elles* prennent

2. Comment appelez-vous la partie du verbe écrite en noir ? en rouge ?

3. Quelles terminaisons régulières repérez-vous aux trois personnes du pluriel ? Écrivez-les.

4. Quelle personne ne comporte pas de terminaison ?

5. Quelle terminaison repérez-vous aux deux 1res personnes du singulier ?

6. Combien de radicaux différents repérez-vous ? Écrivez-les.

B **1.** Retrouvez la conjugaison des verbes *pouvoir* et *vouloir* au présent en piochant dans les ailes.

il peut
nous pouvons
elles peuvent *je* peux
vous pouvez
tu peux

vous voulez
tu veux
nous voulons *je* veux
elle veut
ils veulent

2. Recopiez ces deux verbes conjugués.

3. Entourez leurs terminaisons communes au singulier.

4. Soulignez leurs terminaisons régulières communes au pluriel.

5. Recopiez les différents radicaux de chacun de ces verbes. Combien en comptez-vous ?

C Tous ensemble, récitez à voix haute la conjugaison des verbes *prendre*, *pouvoir* et *vouloir* au présent.

J'apprends la leçon

→ Au **présent** de l'indicatif, les verbes ***prendre***, ***pouvoir*** et ***vouloir*** ont une conjugaison particulière, à apprendre par cœur ♥.

prendre	pouvoir	vouloir
je prends	*je* peux	*je* veux
tu prends	*tu* peux	*tu* veux
il/elle prend	*il/elle* peut	*il/elle* veut
nous prenons	*nous* pouvons	*nous* voulons
vous prenez	*vous* pouvez	*vous* voulez
ils/elles prennent	*ils/elles* peuvent	*ils/elles* veulent

→ Ces verbes :
- ont des **terminaisons communes** aux trois personnes du pluriel : -ons, -ez, -ent ;
- ont chacun **trois radicaux** : prend-, pren-, prenn- ; peu-, pouv-, peuv- ; veu-, voul-, veul-.

→ Les verbes ***pouvoir*** et ***vouloir*** se terminent par -x, -x, -t aux trois personnes du singulier.

Je m'entraîne

1 ★ Propose oralement un pronom personnel sujet pour chaque verbe.

a. … peux • … peut
b. … veut • … veux
c. … prends • … prend

2 ★ Conjugue ces verbes à la personne du pluriel qui convient.

je peux → <u>nous</u> pouvons

a. je prends → …
b. tu peux → …
c. il peut → …
d. elle veut → …
e. elle prend → …
f. tu prends → …
g. tu veux → …
h. je veux → …

3 ★ Conjugue ces verbes à la personne du singulier qui convient.

nous voulons → <u>je</u> veux

a. nous prenons → …
b. vous voulez → …
c. ils peuvent → …
d. elles veulent → …
e. nous pouvons → …
f. vous prenez → …
g. vous pouvez → …
h. ils prennent → …

4 ★ En piochant dans le coussin des radicaux, conjugue les verbes *pouvoir*, *vouloir* et *prendre* au présent aux six personnes **a.** oralement, **b.** par écrit.

voul- peu- pren-
pouv- peuv-
prenn- veu-
veul- prend-

5 Top chrono

Par groupes de quatre, chaque élève conjugue le plus vite possible au tableau un de ces trois verbes.

pouvoir • vouloir • prendre

6 ★ Écris les cinq verbes conjugués au présent de la leçon dont les lettres ont été mélangées.

a. (je) E - N - S - D - R - P
b. (elles) N - N - N - E - E - T - R - P
c. (nous) L - N - O - O - S - U - V
d. (vous) E - P - Z - R - E - N
e. (ils) E - E - V - U - T - N - P

7 ★ Retrouve dans cette grille six verbes conjugués au présent étudiés dans cette leçon.

A	P	R	E	N	D	S	R
D	R	Z	C	J	M	K	P
V	E	U	X	T	Q	I	O
P	N	U	W	I	F	Z	U
I	N	S	O	P	A	S	V
V	E	U	L	E	N	T	E
O	N	B	F	U	P	D	Z
S	T	H	Y	T	L	E	G

8 ★ Recopie et complète ces phrases en conjuguant les verbes au présent.

a. Elles (pouvoir) réussir cette épreuve.
b. Vous (prendre) votre petit déjeuner.
c. Il (vouloir) rencontrer son chanteur préféré.
d. Je (pouvoir) te prêter un livre.
e. Tu (vouloir) choisir ton lieu de vacances.
f. Elles (prendre) leurs vêtements de sport.
g. Ils (vouloir) accomplir un exploit.
h. Tu (pouvoir) monter un numéro de cirque.

Autodictée

9 Mémorise les cinq premières phrases de l'exercice 8. Récris-les.

J'écris

10 Invente une phrase avec chaque verbe conjugué au présent.

prendre • pouvoir • vouloir

9 L'imparfait de l'indicatif

Nous observons et nous manipulons

A **1.** Observez ces verbes conjugués à l'imparfait.

chanter
ils/elles chantaient
je chantais
vous chantiez
tu chantais
il/elle chantait
nous chantions

finir
vous finissiez
tu finissais
je finissais
nous finissions
ils/elles finissaient
il/elle finissait

prendre
je prenais
il/elle prenait
tu prenais
nous prenions
ils/elles prenaient
vous preniez

2. Le radical de chaque verbe est-il le même à toutes les personnes ?

3. Sur le radical de quelle personne du présent le radical de l'imparfait se forme-t-il ?

B **1.** Observez les terminaisons écrites en vert et en rouge. Sont-elles les mêmes pour les trois verbes ?

2. Recopiez et complétez ce tableau avec les terminaisons de l'imparfait que vous avez repérées. Respectez le code couleur : en vert, la marque du temps et en rouge, la marque de personne.

	singulier	pluriel
1re personne	...	...
2e personne	...	...
3e personne	...	...

C Prononcez à voix haute la conjugaison de chaque verbe à l'imparfait.
Quels verbes se prononcent de la même manière ?

J'apprends la leçon

→ L'**imparfait** est un temps qui sert à exprimer le **passé**.

→ Pour **tous les verbes des trois groupes, le radical de l'imparfait est le même à toutes les personnes**. C'est celui de la 1re personne du pluriel au présent de l'indicatif.

→ **Les terminaisons sont les mêmes** pour tous les verbes.
Elles indiquent le **temps** et la **personne** : **-ais**, **-ais**, **-ait**, **-ions**, **-iez**, **-aient**.

chanter		finir		prendre	
PRÉSENT	**IMPARFAIT**	**PRÉSENT**	**IMPARFAIT**	**PRÉSENT**	**IMPARFAIT**
	je chantais		*je* finissais		*je* prenais
	tu chantais		*tu* finissais		*tu* prenais
	il/elle chantait		*il/elle* finissait		*il/elle* prenait
nous chantons	*nous* chantions	*nous* finissons	*nous* finissions	*nous* prenons	*nous* prenions
	vous chantiez		*vous* finissiez		*vous* preniez
	ils/elles chantaient		*ils/elles* finissaient		*ils/elles* prenaient

→ **De l'oral à l'écrit**
À l'**imparfait** de l'indicatif, quatre formes du verbe **ont une prononciation identique mais ne s'écrivent pas toutes de la même manière.**
je chantais, *tu* chantais *il/elle* chantait *ils/elles* chantaient

Je m'entraîne

1 ★ Recopie et complète ces verbes avec les terminaisons de l'imparfait.

a. je rêv... • je lev... • je pens... • je transport... • je pos...

b. tu gagn... • tu ramass... • tu recherch... • tu prépar...

c. il bondiss... • elle ét... • il franchiss... • il voul...

2 ★ Recopie et complète ces verbes avec les terminaisons de l'imparfait.

a. nous dis... • nous ador... • nous voul... • nous pouv...

b. vous préfér... • vous av... • vous all... • vous fais...

c. ils apport... • elles agiss... • elles ven... • elles ferm... • ils voy...

3 ★ Complète ces verbes en piochant dans le sac les terminaisons qui conviennent.

a. j'arriv...

b. elles réussiss...

c. tu déroul...

d. il dis...

e. ils expliqu...

f. elle ten...

4 ★★ Propose oralement un pronom personnel sujet pour chaque verbe.

a. ... révisais • ... révisaient • ... révisait

b. ... bâtissaient • ... bâtissait • ... bâtissais

c. ... venais • ... venait • ... venaient

5 ★★ Conjugue ces verbes à la personne du pluriel qui convient.

a. je gagnais → nous ...

b. tu obéissais → ...

c. il pouvait → ...

d. elle était → ...

e. tu choisissais → ...

f. j'avais → ...

6 ★★ Conjugue ces verbes à la personne du singulier qui convient.

a. nous saisissions → je ...

b. vous ameniez → ...

c. ils rentraient → ...

d. elles disaient → ...

e. ils allaient → ...

f. vous inventiez → ...

7 ★★ Conjugue le verbe à l'imparfait à la personne indiquée.

a. nous arrivons → vous ...

b. nous définissons → elles ...

c. nous venons → nous ...

d. nous faisons → tu ...

e. nous prenons → je ...

f. nous voyons → il ...

8 ★★ Recopie et complète ces phrases en conjuguant les verbes à l'imparfait. Entoure les terminaisons.

a. Il (finir) ses exercices.

b. Nous (bondir) pour saisir le ballon.

c. Je (déguster) un excellent gâteau.

d. Vous (pouvoir) réciter cette leçon par cœur.

e. Tu (aller) au musée.

f. Elles (sembler) heureuses de partir.

g. Ils (venir) à la fête.

Dictée négociée

9 a. Par deux, échangez pour savoir comment écrire à l'imparfait les verbes écrits entre parenthèses.

Depuis la veille, elle (marcher) sur la petite route. À chaque bruit nouveau, elle (frémir) de peur. Soudain, elle croisa deux étranges animaux : ils (avoir) une fourrure grise et ils (porter) une corne sur le front. Ils (faire) penser à des êtres de légende. Ils (aller) et (venir) d'un pas lent.

b. À tour de rôle, écris le texte sous la dictée de ton (ta) camarade. Vérifie bien les verbes conjugués à l'imparfait.

J'écris

10 Pour chaque verbe, invente une phrase dans laquelle tu l'emploieras à l'imparfait.

franchir • réciter • voir

10 Le présent et l'imparfait de l'indicatif des verbes en *-cer* et en *-ger*

Nous observons et nous manipulons

A 1. Prononcez les mots contenus dans chaque étiquette.

1 cave collier escalier coquelicot

2 sorcière cerise citrouille façade façon

2. Étiquette **1** : entendez-vous le son [k] ou le son [s] dans les syllabes écrites en bleu ?
3. Étiquette **2** : entendez-vous le son [k] ou le son [s] dans les syllabes écrites en bleu ?
4. Observez les lettres soulignées.
Quelle modification orthographique entraînent-elles pour la lettre c ?

B En vous appuyant sur vos réponses en **A**, observez la lettre soulignée et récrivez ces verbes avec c ou ç. Aidez-vous de la lettre soulignée.
nous avan...ons • tu avan...es • tu avan...ais • elle avan...ait • nous avan...ions • ils avan...aient

C 1. Prononcez les mots contenus dans chaque étiquette.

1 gare gorille gouffre

2 girafe orangeade bourgeon agile page

2. Étiquette **1** : entendez-vous le son [g] ou le son [ʒ] dans les syllabes écrites en bleu ?
3. Étiquette **2** : entendez-vous le son [g] ou le son [ʒ] dans les syllabes écrites en bleu ?
4. Observez les lettres soulignées.
Quelle modification entraînent-elles pour obtenir la bonne prononciation ?

D En vous appuyant sur vos réponses en **C**, observez la lettre soulignée et récrivez ces verbes avec g ou ge. Aidez-vous de la lettre soulignée.
tu man...es • nous man...ons • je man...ais • elle man...ait • nous man...ions • ils man...aient

J'apprends la leçon

Au **présent** et à l'**imparfait** de l'indicatif :

→ les **verbes en *-cer*** changent la lettre c en ç pour garder le **son** [s], quand la terminaison commence par un o ou un a.
– présent : *je* lance, *tu* lances, *il* lance, *nous* lançons, *vous* lancez, *elles* lancent
– imparfait : *je* lançais, *tu* lançais, *il* lançait, *nous* lancions, *vous* lanciez, *elles* lançaient

→ les **verbes en *-ger*** changent la lettre g en ge pour garder le **son** [ʒ], quand la terminaison commence par un o ou un a.
– présent : *je* change, *tu* changes, *il* change, *nous* changeons, *vous* changez, *elles* changent
– imparfait : *je* changeais, *tu* changeais, *il* changeait, *nous* changions, *vous* changiez, *elles* changeaient

Je m'entraîne

1 ★ Recopie et complète ces verbes avec **c** ou **ç**.

a. j'avan...e • vous tra...ez • nous commen...ons

b. vous rin...iez • elle for...ait • elles per...aient

2 ★ Conjugue ces verbes **a.** au présent, **b.** à l'imparfait.

a. dénoncer (je)
b. forcer (nous)
c. prononcer (tu)
d. influencer (nous)
e. déplacer (elles)

3 ★★ Récris ces phrases à l'imparfait.

a. Je berce mon petit frère.
b. Tu laces tes chaussures.
c. Les nuages annoncent l'orage.
d. Vous percez le mur.
e. La porte du grenier grince.

4 ★ Recopie et complète ces verbes avec **g** ou **ge**.

a. je ran...e • nous plon...ons • vous bou...ez

b. tu voya...ais • elle pié...ait • nous patau...ions

5 ★ Conjugue ces verbes **a.** au présent, **b.** à l'imparfait.

a. bouger (tu)
b. nager (nous)
c. neiger (il)
d. partager (ils)
e. déménager (je)

6 ★★ Conjugue ces verbes à la personne indiquée.

a. je place → nous ...
b. tu déranges → nous ...
c. il épongeait → tu ...
d. je mange → elles ...
e. tu déplaçais → vous ...
f. je dénonce → nous ...

7 ★★ Recopie ces phrases en conjuguant les verbes à l'imparfait.

a. Tu obliges ton chien à marcher sur le trottoir.
b. Le chemin longe la rivière.
c. Je prolonge mon séjour à la ferme.
d. Les adultes nagent dans le grand bassin.
e. Vous songez à partir.

8 ★★★ Recopie ces phrases en conjuguant les verbes à l'imparfait.

a. Nous partageons nos vacances avec nos cousins.
b. Le peintre trace un croquis avant de peindre.
c. Tu endommages le portail.
d. La fillette se balance sous les arbres.
e. Les rats rongent la ficelle.

9 *Top chrono*

Écris le plus vite possible six verbes conjugués en utilisant un élément de chaque liste.

A **sujets** : nous • je • il • vous • tu • elles

B **radicaux** : avanc- • voltige- • arrange- • coinç- • exig- • interroge-

C **terminaisons** : -iez • -aient • -ons • -ais • -es • -ait

Dictée négociée

10 **a.** Par deux, échangez pour savoir comment écrire les verbes au temps demandé.

Hier, les forains (emménager, imparfait) à la sortie du village. Ils (placer, imparfait) les manèges. La musique (commencer, imparfait) à retentir. Aujourd'hui, avec mes amies nous (envisager, présent) d'essayer la grande roue. Nous (commencer, présent) par goûter une barbe à papa puis nous (prolonger, présent) le plaisir par un passage dans le train fantôme.

b. À tour de rôle, sous la dictée de ton (ta) camarade, écris ce texte en vérifiant les verbes.

J'écris

11 Pour chaque verbe, invente une phrase dans laquelle tu l'emploieras **a.** au présent, **b.** à l'imparfait.

avancer • forcer • déranger • mélanger

11 Le futur de l'indicatif

Nous observons et nous classons

A **1.** Observez ces verbes conjugués au futur.

chanter	finir	prendre
tu chanteras	*vous* finirez	*ils/elles* prendront
je chanterai	*je* finirai	*vous* prendrez
ils/elles chanteront	*nous* finirons	*tu* prendras
vous chanterez	*tu* finiras	*nous* prendrons
il/elle chantera	*il/elle* finira	*il/elle* prendra
nous chanterons	*ils/elles* finiront	*je* prendrai

2. Le radical de chaque verbe est-il le même à toutes les personnes ?

B **1.** Observez les marques du temps écrites en vert. Quelle lettre est commune à tous les verbes ?

2. Observez les marques de personne écrites en rouge. Sont-elles les mêmes pour tous les verbes ?

3. Recopiez et complétez ce tableau avec les terminaisons du futur que vous avez repérées. Respectez le code couleur : en vert, la marque du temps (consonne commune à tous les verbes) et en rouge, la marque de personne.

	singulier	pluriel
1re personne	...	...
2e personne	...	...
3e personne	...	...

C Prononcez à voix haute la conjugaison de chaque verbe au futur.
Quels verbes se prononcent de la même manière ?

J'apprends la leçon

→ Le **futur** est un temps qui sert à exprimer l'**avenir**.

→ Au **futur** de l'indicatif, **le radical est le même à toutes les personnes pour tous les verbes** des trois groupes.

→ La **terminaison du futur** = marque du temps toujours le -r- (ou -er-, -ir-) + marques de personne -ai,-as, -a, -ons, -ez, -ont

chanter	finir	prendre
je chanterai	*je* finirai	*je* prendrai
tu chanteras	*tu* finiras	*tu* prendras
il/elle chantera	*il/elle* finira	*il/elle* prendra
nous chanterons	*nous* finirons	*nous* prendrons
vous chanterez	*vous* finirez	*vous* prendrez
ils/elles chanteront	*ils/elles* finiront	*ils/elles* prendront

→ **De l'oral à l'écrit**
Au **futur** de l'indicatif, certaines formes du verbe **se prononcent de la même façon mais s'écrivent différemment.**
tu chanteras, *il/elle* chantera   *nous* chanterons, *ils/elles* chanteront

→ Certains verbes ont un **radical particulier**. → Tableaux de conjugaison

Je m'entraîne

1 ★ Recopie seulement les verbes conjugués au futur. Entoure la marque du temps.

je porterai • nous finissons • tu écouteras • vous monterez • elle respirera • je disais • tu transpireras • il bâtira • elles prépareront • nous prendrons • je grandirai

2 ★ Complète ces verbes en piochant les marques de personne dans le sac.

a. elle ajouter…
b. elles saisir…
c. tu enrouler…
d. nous exposer…
e. il grandir…
f. ils expliquer…

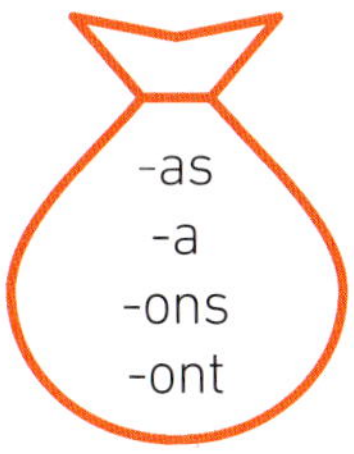

3 ★ Recopie et complète ces verbes avec les marques de personne du futur.

a. je prêter… • je danser… • je fer… • je dir… • je grandir…
b. tu pourr… • tu saisir… • tu chercher… • tu dir…
c. il franchir… • elle emporter… • il ir… • il viser… • il viendr…
d. nous apprendr… • nous rougir… • nous adorer… • nous ser…
e. vous refermer… • vous remplir… • vous dir… • vous parler…
f. ils hurler… • elles bâtir… • elles prendr… • elles saisir… • ils aur…

4 ★★ Conjugue ces verbes à la personne du pluriel qui convient.

je dirai → nous dirons

a. je proposerai → …
b. tu viendras → …
c. il affirmera → …
d. elle franchira → …
e. tu seras → …
f. je verrai → …

5 ★★ Conjugue ces verbes à la personne du singulier qui convient.

Aide-toi de l'exemple.

nous observerons → j'observerai

a. nous établirons → …
b. vous inventerez → …
c. ils envahiront → …
d. elles feront → …
e. ils pourront → …
f. vous verrez → …

6 ★★ Complète ces phrases avec le pronom personnel sujet qui convient.

La 3e personne peut être au masculin ou au féminin.

a. … cherchera le sentier sur la carte.
b. … escaladeront la montagne.
c. … arriverons au refuge avant la nuit.
d. … pousseras un cri de joie d'avoir réussi l'ascension.

7 ★★ Conjugue ces verbes au futur à la personne proposée.

a. raconter (vous)
b. avoir (elles)
c. être (nous)
d. mincir (tu)
e. regarder (je)
f. venir (il)

8 ★★★ Recopie et complète ces phrases en conjuguant les verbes au futur. Entoure les marques de personne.

a. Nous (réussir) l'épreuve.
b. J'(arroser) les fleurs du jardin.
c. Vous (avoir) besoin de réfléchir.
d. Tu (faire) tes exercices.
e. Ils (prendre) leur pyjama.

9 Top chrono

Mélange les lettres de chaque mot pour retrouver le plus vite possible un verbe conjugué au futur.

a. noirs → …
b. tourna → …
c. radis → …
d. riez → …
e. raies → …
f. reposas → …

Autodictée

10 a. Recopie ce texte en conjuguant les verbes au futur.

Quand tu (aller) dans la forêt, tu (ramasser) des branches. Tu (bâtir) une cabane. Tu (faire) un toit de feuilles. Lorsque tu (voir) que la cabane est terminée, tu (rentrer) au village.

b. Apprends ce texte et récite-le par écrit.

11 ★★★ Récris le texte de l'exercice 10 en commençant par Quand vous….

J'écris

12 Rédige trois consignes au futur pour que ton (ta) camarade trouve le trésor caché dans le jardin.

12 Le passé composé

Nous observons et nous trions

A **1.** Observez ces verbes conjugués au passé composé.

1

*j'*ai décidé
tu as décidé
il a décidé
nous avons décidé
vous avez décidé
elles ont décidé

2

je suis allé(e)
tu es allé(e)
il est allé / *elle* est allée
nous sommes allé(e)s
vous êtes allé(e)s
ils sont allés / *elles* sont allées

2. Combien de mots composent chacune des formes verbales écrites en bleu ?

3. Quel verbe souligné reconnaissez-vous dans les formes verbales de la valise **1** ? de la valise **2** ?

4. À quel temps les verbes soulignés sont-ils conjugués ?

5. Quel est l'infinitif du verbe conjugué dans la valise **1** ? la valise **2** ?
Quel mot vous a permis de répondre : le mot souligné ou l'autre mot ?

B En vous appuyant sur vos réponses en **A**, relevez les formes du verbe *marcher* conjuguées au passé composé.

je marchais — nous avons marché — tu as marché — vous marchiez — elle marchera — ils marchent — vous avez marché — elles ont marché

J'apprends la leçon

→ Le **passé composé** est un temps qui sert à exprimer le **passé**.

→ Le **passé composé** = **auxiliaire** *avoir* (ou *être*) conjugué au présent + **participe passé** du verbe conjugué

- La majorité des verbes forment leur passé composé avec l'auxiliaire ***avoir***.

manger

*j'*ai mangé	*nous* avons mangé
tu as mangé	*vous* avez mangé
il/elle a mangé	*ils/elles* ont mangé

- Quelques verbes forment leur passé composé avec l'auxiliaire ***être*** :
aller, *arriver*, *venir*, *rester*, *tomber*.
je suis allé(e), *tu* es arrivé(e), *il* est venu, *nous* sommes tombé(e)s

→ Les **terminaisons** du participe passé sont :

- **-é** pour les verbes du 1er groupe, *aller* et *être* : parlé, allé, été
- **-i** pour les verbes du 2e groupe : fini
- **-is** pour *prendre* : pris
- **-u** pour *avoir, venir, voir, pouvoir, vouloir* : eu, venu, vu, pu, voulu
- **-t** pour *faire* et *dire* : fait, dit

Je m'entraîne

1 ★ **a.** Repère les formes verbales conjuguées au passé composé. Donne leur infinitif.
b. Recopie ces formes verbales en soulignant le participe passé.

il a réfléchi • elles composent • tu as préféré • il venait • nous prenions • j'ai souligné • vous êtes allés • elle demandera

2 ★ Conjugue ces verbes au passé composé en piochant l'auxiliaire et le participe passé dans le ruban qui correspond.

auxiliaires
avons ai a as avez ont

participes passés
dansé eu fermé dit déroulé franchi

a. dire : elles ...
b. fermer : tu ...
c. dérouler : nous ...
d. franchir : elle ...
e. danser : j'...
f. avoir : vous ...

3 ★★ **a.** Complète ce tableau.

infinitif	participe passé	passé composé
parler	...	il ...
proposer	...	elle ...
choisir	...	tu ...
pouvoir	...	elles ...
dire	...	ils ...
prendre	...	nous ...

b. Choisis un de ces verbes et conjugue-le oralement au passé composé.

4 ★★ Complète ces phrases en conjuguant les verbes au passé composé.

a. Nous (**rencontrer**) plusieurs de vos amis.
b. Tu (**regarder**) le match avec attention.
c. Elle (**vouloir**) arriver la première.
d. Ils (**franchir**) tous les obstacles.
e. Vous (**choisir**) votre équipe.
f. J'(**prendre**) un bain.

5 ★★ Complète ces phrases avec un pronom personnel sujet qui convient.

a. ... as observé des insectes.
b. ... avons choisi un cadeau.
c. ... avez chanté un refrain.
d. ... ont acheté une voiture.
e. ... ai fini les exercices.

Autodictée

6 **a.** Recopie ce texte en conjuguant les verbes au passé composé.

Lorsqu'elle (**décider**) de rejoindre ses cousins, elle (**enfiler**) son manteau et elle (**saisir**) son parapluie. En chemin, elle (**rencontrer**) son amie Zoé. Elles (**prendre**) le bus. Elles (**participer**) à la réunion de famille et Zoé (**faire**) connaissance avec tout le monde.

b. Apprends ce texte et récite-le par écrit.

7 Top chrono

Un virus informatique a effacé une partie de ce tableau de conjugaison. Recopie-le et complète-le le plus vite possible.

		passé composé	
verbe	pronom personnel sujet	auxiliaire	participe passé
prendre	j'	ai	...
apporter	nous	...	...
réussir	elles	ont	...
voir	elle	...	...
faire	tu	as	...
franchir	...	avez	...

J'écris

8 Invente trois phrases en conjuguant les verbes au passé composé.

À la boulangerie, j'ai acheté deux croissants et nous avons goûté au parc.

a. À la montagne, tu ...
b. À la fête de l'école, nous ...
c. À la piscine, elles ...

13 Temps simples et temps composés

Nous observons et nous classons

A **1.** Observez les verbes écrits en couleur.

> Le jour de ma sortie d'hôpital, maman a décidé de prendre les choses en main. Elle m'a traîné derrière elle, à petits pas stressés, me présentant à tous ceux qui me connaissaient déjà : la boulangère, la bibliothécaire, le maître nageur, la dame de la circulation… Elle est même allée dire à mon entraîneur que j'arrêtais l'escrime pour quelque temps.
>
> M. Achard, *Des Petits Trous au bout des doigts*, © Actes Sud, 2014.

2. Associez oralement chaque infinitif au verbe en couleur qui lui correspond.
arrêter • connaître • décider • traîner • aller

3. Combien de mot(s) compose(nt) les verbes écrits en vert ? en bleu ?

4. Quels verbes reconnaissez-vous dans le premier mot de : a décidé, a traîné, est allée ?

5. Comment appelle-t-on le second mot des verbes écrits en bleu ?

6. Quels verbes sont conjugués à un temps simple ? à un temps composé ?

B Pour chaque verbe, dites s'il est conjugué à un temps simple ou à un temps composé.

annonce • as répété • avons parlé • dessinez
ont • avez fait • proposait • a dit
participera • sont arrivés • finissons • ai vu

J'apprends la leçon

→ Les **temps simples** d'un verbe conjugué sont constitués d'**un seul mot**, formé d'un radical et d'une terminaison.
Il existe plusieurs temps simples à l'indicatif :
- le **présent** : Lise **accompagne** une amie.
- l'**imparfait** : Lise **accompagnait** une amie.
- le **futur** : Lise **accompagnera** une amie.

→ Les **temps composés** d'un verbe conjugué sont constitués de **deux mots** :

l'**auxiliaire** *avoir* (ou *être*) + le **participe passé** du verbe conjugué

Lise **a accompagné** une amie.
avoir + participe passé

Lise **est allée** à la fête.
être + participe passé

Les deux mots d'un temps composé peuvent **être séparés** par un autre mot.

Lise n'a pas accompagné une amie. As-tu terminé ton travail ?

Elle a beaucoup progressé.

Je m'entraîne

1 ★ **Relie chaque verbe à l'infinitif aux formes de temps simples et de temps composés qui lui correspondent.**

danser	tu venais	tu as glissé
franchir	nous glissons	il est venu
faire	elle dansait	elle a franchi
avoir	ils franchissent	j'ai fait
glisser	vous ferez	j'ai eu
venir	il a	vous avez dansé

2 ★ **Recopie les phrases dont le verbe est conjugué à un temps simple.**

a. Jasmine termine son dessin.

b. Dans la cour, les enfants ont joué au ballon.

c. Vous avez pris des bonbons dans le sac.

d. Elles lisent des romans policiers.

3 ★ **Recopie les phrases dont le verbe est conjugué à un temps composé.**

a. L'herbe a poussé dans le jardin.

b. Le jardinier passera la tondeuse.

c. Nous ramassons des pommes à l'automne.

d. En hiver, le sol a gelé.

4 ★ **Recopie ce texte. Entoure chaque verbe conjugué. Souligne le participe passé et écris l'infinitif du verbe.**

Cet été, les enfants ont pris des cours de skate. Le moniteur a expliqué différentes figures. Les participants ont écouté ses conseils. Certains enfants sont tombés, d'autres ont réussi du premier coup.

5 ★★ **Repère les verbes conjugués. Classe-les en deux groupes : temps simples et temps composés.**

a. Hier, j'ai téléphoné à mes amis et aujourd'hui ils viennent chez moi.

b. Quand Jade a pris le bus, elle a retrouvé une camarade.

c. Je n'étais pas au cinéma quand vous êtes arrivés.

d. Tu as dit à ma sœur que tu participeras à son anniversaire.

6 ★★ **Recopie ces phrases. Entoure les verbes à un temps composé a. en vert s'ils sont conjugués avec *avoir*, b. en bleu s'ils sont conjugués avec *être*.**

a. Le coiffeur a réalisé une belle coupe.

b. Le chat a grimpé à l'arbre : il est arrivé sur une haute branche.

c. Sophie est tombée car le pneu de son vélo a crevé.

d. Nous sommes montés au grenier et nous avons trouvé de vieilles cartes.

e. Il a décidé de réussir la préparation à la course et il est arrivé premier.

f. Tu es descendue dans la rue et tu as rencontré ton professeur de danse.

7 ★★★ **Recopie ces phrases. Entoure les verbes conjugués à un temps composé.**

a. Je n'ai pas pris de cours de piano et pourtant je joue quelques airs.

b. As-tu observé les oiseaux migrateurs en automne ?

c. Dans notre enfance, nous n'avons jamais emprunté ce chemin.

d. Avez-vous dépassé votre cousine en taille ?

e. Vous avez longtemps discuté.

Autodictée

8 **Mémorise le texte de l'exercice 4. Récite-le par écrit.**

J'écris

9 **Invente trois phrases en conjuguant le premier verbe au passé composé et le second au présent.**

Quand j'ai fini mes devoirs, je fais du vélo.

a. Quand tu ..., tu ...

b. Quand nous ...

c. Quand elles ...

14 Le nom et le groupe nominal : que sais-je déjà ?

Nous observons, nous classons et nous manipulons

A **1.** Dans les groupes de mots surlignés, quels sont les noms masculins ? les noms féminins ?

> Au zoo, des enfants fascinés découvrent le lion féroce, les antilopes rapides et la girafe tachetée. L'ours brun dort sur un rocher lisse. Dans la ferme voisine, une poule rousse se promène parmi des chatons adorables et des chèvres blanches.

2. Dans ce texte, quels mots précèdent les noms ? Quelle est leur classe grammaticale ?

3. Dans ce texte, quels mots suivent les noms ? Quelle est leur classe grammaticale ?

B Recopiez uniquement les groupes nominaux au pluriel. Soulignez la marque du pluriel des noms.

un pied • des pieds — l'oreille • les oreilles — un livre • des livres
le film • les films — la robe • les robes — l'ami • les amis

C Dans cette liste, comment reconnaissez-vous les noms propres ?

Bastia • l'océan • Frédéric • la France • le professeur • Durand • César • Astérix • la cour

D **1.** Piochez dans chaque sac pour former quatre groupes nominaux.

2. Écrivez les groupes nominaux que vous avez formés. Soulignez le nom dans chaque groupe.

J'apprends la leçon

→ Le nom

- **Un nom désigne** une personne, un animal, un objet, un lieu, un sentiment, une idée.
  Luc promène son **chien** à la **campagne** loin de **Paris**, pendant les **vacances**.
- Il existe des **noms masculins** (chien) et des **noms féminins** (campagne).
- On distingue les **noms communs** et les **noms propres**.

noms communs	**noms propres**
Ils désignent une personne, un animal, une chose **en général**. Ils prennent la marque du **pluriel**, un s, le plus souvent. (un) chien, (des) chiens	Ils désignent une personne, un animal, un lieu **unique**. Ils commencent par une **majuscule**. Tintin, Milou, Paris

→ Le groupe nominal

- Le nom est le **noyau** d'un **groupe nominal**.
- Dans un groupe nominal, le nom noyau :
  – est toujours précédé d'**un déterminant** : la **tour**
  – peut être précisé par **un ou plusieurs adjectifs** : la haute **tour** élancée
  – peut aussi être suivi d'**un complément du nom** : la **tour** du château

→ **Le complément du nom** (Leçon 30 p. 160)

Je m'entraîne

1 ★ **a.** Mentalement, fais précéder ces noms du déterminant le ou la.

marée • rivage • baie • vague • flot • mont • vallée • désert

b. Recopie ces noms en les classant en deux listes.

noms masculins | noms féminins

2 ★ Mets ces groupes nominaux au pluriel.

un masque • un déguisement • le costume • la fête • le pantalon • une cérémonie

3 ★★ Classe ces noms en trois listes.

noms au singulier | noms au pluriel | noms au singulier ou au pluriel

marché • bouquet • tapis • banlieue • souris • musées • palais • guides • entrée • repas

4 ★★ Recopie ces phrases en rétablissant les majuscules des noms propres.

a. *Le train est parti ce matin de marseille. Il a traversé aix, il s'est arrêté à avignon, puis à lyon et il est arrivé enfin à lille.*

b. *Mon amie noémie a une cousine qui se nomme fatiha, une autre rachel et une troisième ludivine.*

5 ★★ Recopie les phrases dans lesquelles le mot écrit en bleu est un nom.

Explique oralement tes choix.

a. Elle marche lentement. • Elle a failli manquer la marche.

b. Il charge son chariot. • Il soulève des charges lourdes.

c. Mon voisin ferme le portail. • Cet agriculteur habite dans une grande ferme.

d. Marie aime les marques de luxe. • Pour la colonie, ma mère marque mes vêtements.

6 ★★ **a.** Repère tous les noms de ce texte.

Mon ami pratique le judo depuis l'enfance. Il s'exerce dans un club municipal. Son professeur l'entraîne le samedi et l'encourage à faire des compétitions régionales.

b. Recopie ce texte en encadrant les groupes nominaux.

7 ★★ Dans ces listes de mots, quels sont les noms ?

Explique oralement tes choix.

a. aiment • sèment • crèmes

b. maisons • mangeons • salon

c. palais • lavais • marchait

d. clavier • secouer • teinturier

Dictée préparée

8 **a.** Recopie ce texte en soulignant en bleu les noms au singulier et en vert les noms au pluriel.
b. Entoure les noms propres.

Mes cousins passent leurs vacances à Dieppe en Normandie. Le matin, ils courent sur la vaste esplanade, près de la plage. Ils flânent sur les quais animés et ils regardent les bateaux. Ils suivent les embarcations quand elles sortent entre les deux longues jetées.

J'écris

9 Complète chaque phrase avec un groupe nominal. Souligne le nom noyau.

a. Tu ranges ... .

b. Je vais participer à ... .

c. L'entraîneur s'adresse à ... .

d. Dans ..., le climat est agréable.

10 Dans cette liste, choisis quatre noms et emploie-les dans un petit texte de ton choix.

victoire • match • public • stade • athlète • but • joie • rencontre

15 Les déterminants : que sais-je déjà ?

Nous observons et nous classons

A 1. Dans quelles listes se trouvent des groupes nominaux au singulier ? au pluriel ?

1. un livre un stylo un cahier le livre le stylo le cahier
2. une trousse une table une carte la trousse la table la carte
3. des livres des stylos des cahiers des trousses des tables des cartes
4. les livres les stylos les cahiers les trousses les tables les cartes

2. Quel est le genre des noms dans la liste 1 ? Quels mots précèdent ces noms ?

3. Quel est le genre des noms dans la liste 2 ? Quels mots précèdent ces noms ?

4. Quel est le pluriel de un et de une ? de le et de la ?

B 1. Comparez oralement ces phrases.
Dans quelle phrase a-t-on le plus d'informations sur les noms écrits en bleu ?

a. Je porte un pantalon, une casquette et des baskets.

b. Je porte le pantalon, la casquette et les baskets reçus à Noël.

2. Quels sont les déterminants employés ?

C 1. Recopiez ces groupes nominaux.
la gazelle • le rhinocéros • l'antilope • l'ours • le lion • l'élan • l'autruche • l'otarie • l'hippopotame

2. Soulignez les déterminants et entourez la première lettre de chaque nom.

3. Quand emploie-t-on le déterminant l' ?

J'apprends la leçon

→ Un **déterminant** est le **premier mot d'un groupe nominal.**

→ Il existe **différentes sortes de déterminants.**
- Les **articles définis** désignent un nom qui peut être défini.
- Les **articles indéfinis** désignent un nom qui ne peut pas être défini.

→ Les déterminants **s'accordent en genre et en nombre avec le nom.**

avec un nom		articles définis		articles indéfinis	
singulier	masculin	le	le chat	un	un chat
	féminin	la	la chatte	une	une chatte
	masculin ou féminin	l'	l'éléphant l'alouette	–	
pluriel masculin ou féminin		les	les chats les éléphants les alouettes	des	des chats des éléphants des alouettes

Quand un nom est précédé d'un adjectif, l'article **des** devient **de**.
des chats → **de** petits chats

Photofiche de différenciation
dans le Guide ressources

Les constituants de la phrase simple

Je m'entraîne

1 ★ Transforme au singulier ces groupes nominaux **a.** oralement, **b.** par écrit.

a. les amis
b. les trains
c. des plats
d. des chemises
e. les robes

2 ★ Recopie ces phrases en entourant les articles.

a. Le poney gambade dans la vaste prairie.
b. Les jeunes cavaliers s'entraînent dans un manège.
c. Lors de l'appel, les élèves se rangent dans la cour.
d. Un nouvel élève est arrivé dans la classe.

3 ★ Complète ces groupes nominaux avec **a.** un article défini, **b.** un article indéfini.

a. ... guêpes
b. ... abeille
c. ... insecte
d. ... moustique
e. ... fourmi
f. ... criquet

4 ★★ Complète ces phrases en employant les articles qui conviennent.

a. Nous apprenons ... poème chaque mois.
b. ... chance lui sourit.
c. Il aime ... histoires drôles.
d. Il attend depuis ... heures.
e. Elle a préparé ... grande tarte.

5 ★★ Récris ces phrases en remplaçant chaque nom écrit en bleu par celui entre parenthèses.

a. Nous ouvrons la porte (portail).
b. Elle lisse les cheveux (chevelure) de sa poupée.
c. Nous préparons un spectacle (représentation).
d. Elle apprend la guitare (piano).

6 ★★★ Complète ces groupes nominaux avec l'article indéfini qui convient.

a. ... troupeaux sauvages
b. ... petites bêtes
c. ... grandes oreilles
d. ... animaux domestiques
e. ... longues pattes

7 ★★★ Récris ce texte en le complétant avec des articles.

Il était ... fois ... veuve qui avait deux filles. ... deux filles étaient totalement différentes. ... aînée ressemblait beaucoup à sa mère. ... cadette était ... vrai portrait de son père pour ... douceur de son caractère. C'était aussi ... très belle fille. ... mère détestait ... cadette. Elle la faisait manger à ... cuisine. ... pauvre fille préparait ... repas, lavait ... assiettes et allait chercher ... eau à ... fontaine.

8 ?? *Jeu des 7 erreurs*
Un élève distrait a écrit les noms de son texte sans faire attention aux articles. Récris et corrige ce texte.

La lionnes est couchée dans les herbe de la savane. Soudain, elle aperçoit un troupeaux : ce sont de frêles antilope. Elles n'ont pas encore senti la présences de la bêtes fauve et ne se méfient pas. Mais, brusquement, l'une d'elles donne l'alarmes : elles s'enfuient à toute vitesse.

J'écris

9 Décris cette image. Entoure tous les articles que tu auras employés.

16 Les déterminants possessifs et démonstratifs

Nous observons, nous classons et nous manipulons

A 1. Observez les groupes nominaux écrits en bleu.

a. J'enfile mon blouson. Je voudrais ce blouson.
b. Il enfile sa veste. Il voudrait cette veste.
c. Tu ranges tes pulls et tes chaussettes. Tu voudrais ces pulls et ces chaussettes.
d. Nous mettons notre écharpe. Nous aimons cette écharpe.
e. Vous emportez vos gants. Vous avez chaud avec ces gants.
f. Elles ont perdu leur bonnet. Elles ont retrouvé ce bonnet.

2. Quels déterminants indiquent la possession ? Lesquels servent à montrer quelque chose ?

B 1. Quel est le genre des groupes nominaux de la liste 1 ? de la liste 2 ?

1 mon animal ton chien son hamster notre chat votre cheval leur lapin

2 ma chienne ta chatte sa perruche notre vache votre tortue leur jument

2. Quels déterminants sont différents au masculin et au féminin ?

C 1. Mettez au pluriel les groupes nominaux des deux listes du **B**.

2. Faites-vous alors une différence entre les déterminants masculins et féminins ?

J'apprends la leçon

→ Les **déterminants possessifs** expriment la **possession**.
Ils **varient** selon le **possesseur** et l'**élément possédé**.

ÉLÉMENT POSSÉDÉ \ POSSESSEUR		1re personne du singulier	2e personne du singulier	3e personne du singulier	1re personne du pluriel	2e personne du pluriel	3e personne du pluriel
singulier	masculin	mon	ton	son	notre	votre	leur
	féminin	ma	ta	sa			
pluriel masculin et féminin		mes	tes	ses	nos	vos	leurs

mon chien, ta chienne, ses chiens

- Devant un nom féminin commençant par une **voyelle** ou par un **h** muet (qu'on n'entend pas), **ma, ta, sa** deviennent mon, ton, son.
  mon idée, son histoire

→ Les **déterminants démonstratifs** servent à **montrer** ou à **définir**.

	singulier		pluriel	
masculin	ce (cet)	ce cheval	ces	ces animaux
féminin	cette	cette jument		ces juments

- Devant un nom masculin commençant par une **voyelle** ou par un **h** muet, ce devient cet.
  cet animal, cet hiver

Je m'entraîne

• Les déterminants possessifs

1 ★ **Recopie ce tableau. Classes-y ces déterminants.**

mon • ton • sa • notre • nos • leur • tes • ses • votre • ta • leurs • vos

... + nom masculin singulier	... + nom féminin singulier	... + nom masculin ou féminin pluriel
...	...	...

2 ★★ **Complète ces phrases.**

a. Je range ma trousse. → Nous rangeons ... .

b. As-tu pris tes lunettes ? → Avez-vous pris ... .

c. Il chante son air favori. → Ils chantent ... .

d. Prends tes clés. → Prenez ... .

e. Je mets mes valises dans le coffre.
→ Nous mettons ... .

3 ★★ **Transforme au singulier ces groupes nominaux a. oralement, b. par écrit.**

a. ses goûts

b. leurs rêves

c. vos idées

d. mes amis

e. tes préférences

4 ★★ **Récris ces phrases en remplaçant chaque nom par le nom entre parenthèses.**

a. Nous vous invitons à notre spectacle (fête).

b. Je vais m'occuper de ton chien (chienne).

c. Il a préparé son pique-nique (tartines).

d. J'adore ses chansons (voix).

5 ★★★ **Complète ces phrases en employant des déterminants possessifs.**

Parfois, plusieurs réponses sont possibles.

a. Mon grand-père adore ... vieille cravate.

b. Ma sœur emprunte régulièrement ... affaires.

c. Pense à régler ... montre.

d. Nous nous installons dans ... nouvelle maison.

e. Nous attendons mon oncle et ... jeunes enfants.

• Les déterminants démonstratifs

6 ★ **a. Quel est le genre des noms écrits en bleu ? en vert ?**

ce sapin • cet arbre • cette feuille • ce tronc • cette forêt • ce bois

b. Quand doit-on employer le déterminant cet ?

7 ★★ **Écris ces noms en les faisant précéder du déterminant ce, cet ou cette.**

mouton • éléphant • girafe • lion • oiseau • alouette • aigle

8 ★★ **Recopie ces phrases en les complétant avec les déterminants ce, cet, cette ou ces.**

a. N'oublie pas d'apprendre ... leçon.

b. As-tu compris ... exemples ?

c. ... exercice est très facile.

d. Avec ... entraînement, tu es certaine de pouvoir résoudre ... problèmes.

Autodictée

9 **Lis ce texte. Recopie-le en le complétant avec les déterminants qui conviennent.**

Il y eut une vague de chaleur dans la mer Rouge et tout le monde ôta ... habits. Le Parsi ôta ... chapeau, le Rhinocéros enleva ... peau qui, à ... époque, se boutonnait par-dessous au moyen de trois boutons. Le Rhinocéros jeta la peau sur ... épaule tout en descendant se baigner. Il venait de laisser ... peau sur la plage.

R. Kipling, *Histoires comme ça*,
adaptation de C. Bertagna et F. Carrier.

J'écris

10 **Décris cette image en utilisant des déterminants possessifs et démonstratifs. Souligne-les.**

17 L'adjectif

Nous observons et nous manipulons

A **1.** Indiquez oralement quel est le nom noyau dans chaque groupe nominal.

Je vous présente [mon chien] : Tom est [mon adorable petit chien].
C'est [ce caniche]. J'aime jouer avec [ce caniche malicieux].

2. Dans les groupes nominaux écrits en bleu, quels mots ont été ajoutés ?
À quoi ces mots servent-ils ? Où sont-ils placés ?

B Récrivez chaque groupe nominal en le complétant avec l'adjectif qui convient.

petite   petit   noire   petites   noires   petits   noir   noirs

a. le ... chien ...
b. la ... chienne ...
c. les ... chiens ...
d. les ... chiennes ...

C **1.** Associez oralement chaque adjectif au groupe nominal qui lui correspond.

déterminant + nom
une place
un cartable
une pierre
un escalier

adjectif
lourd
précieuse
étroit
carrée

2. Écrivez les groupes nominaux constitués.

3. Mettez chaque groupe nominal au pluriel.

D VRAI ou FAUX ?
Répondez en vous appuyant sur ce que vous venez d'observer.

a. Un adjectif précise un nom.
b. Un adjectif se place toujours après le nom.
c. Un adjectif s'accorde avec le nom qu'il accompagne.

J'apprends la leçon

→ Un **adjectif** est un mot qui précise ou décrit le **nom** qu'il accompagne.

→ Dans un groupe nominal, l'adjectif se place **avant** ou **après le nom**.

un **gros** animal (gros : adj. ; animal : nom)   un animal **sauvage** (animal : nom ; sauvage : adj.)

→ L'adjectif **s'accorde en genre et en nombre avec le nom.**

Une **épaisse** neige **blanche** (groupe nominal) couvrait les toits **rouges** et **brillants** (groupe nominal).

Un groupe nominal peut comporter **plusieurs adjectifs**.

Je m'entraîne

1 ★ Identifie oralement les adjectifs de cette liste.

soleil • immobile • fenêtre • éclairage • dangereuse • dehors • grandir • mince • maintenant • pénibles • sous • verte

2 ★ Dans ces groupes nominaux, encadre le nom noyau et souligne l'adjectif.

a. un phare puissant
b. les rues illuminées
c. de belles sculptures
d. une grosse moto rouge

3 ★ Associe un adjectif à chaque groupe nominal en faisant attention au genre.

a. une montagne
b. un soleil
c. un torrent
d. une mer

agitée
radieux
imposante
bruyant

4 ★ Complète chaque groupe nominal avec un couple d'adjectifs.

fourrées, confortables   douces, musicales
long, glacial   longue, bruyante

a. un … hiver …
b. des bottes … et …
c. une … avenue …
d. les … notes …

Fais attention au genre et au nombre.

5 ★★ Légende chaque dessin par un groupe nominal comportant un de ces adjectifs que tu accorderas.

rapide • appétissant • plein • rond

a. 

c. 

b. 

d. 

6 ★★ a. Propose l'adjectif masculin singulier correspondant à chaque nom.

a. sagesse → …
b. propreté → …
c. largeur → …
d. brutalité → …
e. malheur → …
f. gentillesse → …

b. Emploie chaque adjectif dans un groupe nominal de ton choix.

7 *Top chrono* Remets les syllabes dans l'ordre pour trouver les adjectifs le plus vite possible.

gan que gi tes   daire li so
tif mi ad ra   di ex nai tra re or

8 ★★ Recopie et complète ces groupes nominaux avec deux adjectifs.

a. un … chapeau …
b. les … balles …
c. de … vacances …
d. une … fleur …

9 ★★★ Recopie ces phrases en ajoutant l'adjectif entre parenthèses. Respecte les accords.

a. Anna transporte un vase. (fragile)
b. Des produits recouvrent la surface. (gluant)
c. Un enfant attrape une souris. (peureux)
d. Un savant a des idées. (génial)

Parfois, plusieurs solutions sont possibles.

10 ★★★ Recopie ce texte en ajoutant un adjectif de ton choix avant ou après chaque nom en gras. Quand l'adjectif précède le nom, le déterminant des devient de.

Des **nuages** obscurcissent le ciel. Le **tonnerre** gronde au loin. Des **gouttes** de pluie commencent à tomber. Sur le **trottoir**, les **passants** pressent le pas.

Dictée préparée

11 Recopie le texte en soulignant chaque adjectif et en le reliant par une flèche au nom qu'il précise.

Sur la banquise blanche et gelée, les ours polaires se protègent du grand vent glacial grâce à leur épaisse fourrure. Ce sont des animaux sauvages.

J'écris

12 Décris un jardin en employant au moins quatre groupes nominaux comportant un ou plusieurs adjectifs.

18 Les pronoms personnels sujets : que sais-je déjà ?

Nous observons, nous classons et nous manipulons

A 1. Observez ces étiquettes.

elles marchent | il marche | je marche | nous marchons

tu marches | ils marchent | elle marche | vous marchez

2. À quoi les pronoms écrits en rouge servent-ils ?

3. Recopiez et classez ces pronoms en deux groupes.

pronoms singuliers | pronoms pluriels

B À quelles personnes existe-t-il un pronom masculin et un pronom féminin ?

C Reformulez oralement ce texte en remplaçant les groupes nominaux surlignés par une des quatre étiquettes.

il | elle | ils | elles

Les exploratrices célèbrent leur succès : les exploratrices ont découvert une île. L'île est entourée de grands rochers. Les rochers cachent un petit bois. Ce bois est très verdoyant.

J'apprends la leçon

→ Les **pronoms personnels sujets** servent à **conjuguer les verbes**.
Ils indiquent la personne :
- singulier : **je** (**j'**), **tu**, **il**/**elle** — ***je*** marche
- pluriel : **nous**, **vous**, **ils**/**elles** — ***nous*** marchons

→ **Les pronoms personnels sujets à la 3ᵉ personne remplacent des noms ou des groupes nominaux.**

il ←
- un nom propre ou un groupe nominal masculin singulier
Il joue.
= **Robin** joue. **Mon frère** joue.

elle →
- un nom propre ou un groupe nominal féminin singulier
Elle joue.
= **Léa** joue. **Ma sœur** joue.

ils ←
- un groupe nominal masculin pluriel
- plusieurs noms propres ou groupes nominaux dont un est masculin
Ils jouent.
= **Les garçons** jouent.
Mon frère et ma sœur jouent.

elles →
- un groupe nominal féminin pluriel
- plusieurs noms propres ou groupes nominaux féminins
Elles jouent.
= **Les filles** jouent.
Léa et Claire jouent.

→ Dans une phrase interrogative, les **pronoms personnels sujets** se placent **après le verbe** auquel ils sont reliés par un trait d'union.
Marches-***tu*** ? Part-***il*** ? Partent-***elles*** ?

Je m'entraîne

1 ★ **Associe oralement ces pronoms personnels sujets au verbe qui convient.**

je •	• restes
tu •	• dormions
elle •	• affrontez
nous •	• allait
vous •	• sont
ils •	• suis

2 ★ **Complète oralement ces verbes avec le pronom personnel sujet qui convient.**

a. ... dites
b. ... vais
c. ... fait
d. ... prenons
e. ... sont
f. ... marches

3 ★ **Transforme ces verbes en employant le pronom personnel sujet pluriel qui correspond.**

a. je chante
b. tu as
c. elle agit
d. je finis
e. tu es
f. il a

4 ★ **Transforme ces verbes en employant le pronom personnel sujet singulier qui correspond.**

a. ils soulignent
b. elles mangent
c. vous disposez
d. vous regardez
e. nous parlons
f. nous finissons

5 ★ **Recopie ces phrases et souligne les pronoms personnels sujets.**

a. Veux-tu venir à la maison ?
b. Pourquoi ment-il ?
c. Dans le coffre, ils ont découvert des jouets.
d. Aimez-vous aller au cinéma ?
e. Que cherchent-ils à faire ?
f. Chez ma tante, nous ferons la fête.

6 ★ **Récris ces phrases selon le modèle. Souligne le pronom personnel sujet.**

Tu veux une glace. → Veux-tu une glace ?

a. Vous savez votre leçon.
b. Elle court vite.
c. Elles parlent italien.
d. Il permet à son fils de sortir.

7 ★ **Récris ces phrases en remplaçant les groupes sujets écrits en bleu par un pronom personnel.**

a. Mes cousines pratiquent le ski de fond.
b. John et Erwan sont de grands amis.
c. Patrick et Zoé vont nous rejoindre.
d. La table et les chaises sont propres.

8 ★★ **Récris ces phrases en remplaçant les groupes sujets par le pronom personnel qui convient.**

a. Le vent souffle par rafales.
b. La tempête a épargné la Provence.
c. Les téléskis et les télécabines fonctionnent normalement.
d. La neige et le verglas rendent la route dangereuse.

9 ★★ **Récris ces phrases en employant des pronoms personnels sujets pour éviter les répétitions.**

a. Les voiliers quittent lentement le port ; les voiliers prennent ensuite la mer.
b. La classe participe à un concours ; la classe espère gagner.
c. Je n'ai pas peur de ton chien : ton chien est très câlin.
d. Cette ville est agréable car cette ville est animée.

10 ?? *Jeu orthographique*

a. **Trouve un pronom personnel sujet en piochant des lettres dans le sac.**
b. **Utilise ce pronom dans une phrase.**

Autodictée

11 **Mémorise les phrases de l'exercice 5. Récris-les.**

J'écris

12 **En cinq phrases, raconte ce que tu as fait pendant la dernière récréation. Souligne tous les pronoms personnels sujets.**

19 Des mots invariables : les conjonctions de coordination et les adverbes

Nous observons et nous manipulons

A 1. Lisez oralement ce texte.

Ernestine prend une bougie et accompagne son petit frère jusqu'au bout du corridor. Mais, terrifiée, elle s'enfuit vite car un grand coup de vent a éteint la bougie. Alors, Poil de Carotte, très effrayé, se met à trembler violemment, là, dans l'obscurité. Puis il court se cacher en haut, dans sa chambre.

2. À quoi les mots écrits en vert servent-ils ?

3. Quel mot est précisé par chaque mot écrit en bleu ?

4. Quels mots écrits en orange donnent une indication de temps ? de lieu ?

B 1. Dans quelles phrases le sujet est-il au singulier ? au pluriel ?

a. Elle prend une bougie et accompagne son petit frère jusqu'au bout du corridor.
b. Elles prennent une bougie et accompagnent leur petit frère jusqu'au bout du corridor.

a. Le garçon, très effrayé, se met à trembler violemment, là, dans l'obscurité.
b. Les garçons, très effrayés, se mettent à trembler violemment, là, dans l'obscurité.

2. Les mots écrits en couleur changent-ils entre les phrases a et b ?

C 1. Comparez oralement les adjectifs des colonnes A et B, et les adverbes de la colonne C. Comment ces adverbes sont-ils formés ?

2. Recopiez et complétez ce tableau.

	A adjectifs au masculin	B adjectifs au féminin	C adverbes
a.	solide	solide	solidement
b.	faible	...	faiblement
c.	clair	claire	clairement
d.	vif	...	vivement
e.	doux	...	doucement

J'apprends la leçon

→ **Les conjonctions de coordination**

- Elles sont au nombre de 7 : **mais**, **ou**, **et**, **donc**, **or**, **ni**, **car**.
- Elles sont **invariables.**
- Elles **relient** deux mots ou groupes de mots (noms, adjectifs, verbes) ou deux phrases.

un garçon (GN) **et** une fille (GN) un enfant malicieux (adj.) **et** rieur (adj.) L'enfant arrive (verbe) **et** salue (verbe) la classe.

→ **Les adverbes**

- Ce sont des **mots invariables.**
- On peut former de nombreux adverbes en ajoutant le suffixe -**ment** au **féminin d'un adjectif.**

tendre → tendre**ment** folle → folle**ment**

- Les adverbes servent à :
  - **modifier, nuancer le sens** d'autres mots (adjectifs, verbes, adverbes) : **très** joli, courir **vite**, **trop** tôt
  - **enchaîner** des actions : Il s'habille, **puis** prend son repas.
  - **donner** des indications de lieu : Elle reste **là**.

Je m'entraîne

• Les conjonctions de coordination

1 ★ Recopie ces phrases et entoure les conjonctions de coordination.

a. Tu aimes le rugby et le judo.
b. Préfères-tu aller au cinéma ou à la plage ?
c. Je n'aime ni le chou ni la betterave.
d. Marika est timide mais volontaire.
e. Tout le monde adore Jules car il rend toujours service.
f. Il a manqué son train. Il arrivera donc en retard.

2 ★★ Complète oralement chaque phrase avec la conjonction de coordination qui convient.

a. Voulez-vous partir ... rester encore un peu ?
b. Il a appris sa leçon ... il a fait tous les exercices.
c. Je n'ai acheté ... abricots ... pêches.
d. Elle a remporté la compétition. Elle va ... recevoir une coupe.
e. Il a le vertige ... il pratique l'escalade.
f. Elle est triste ... les autres élèves lui tournent le dos.

• Les adverbes

3 ★ a. Indique oralement les mots qui ne sont pas des adverbes et explique ton choix.

souvent • lents • alors • loin • rapides • tôt • tard • vite • lentement

b. Recopie uniquement les adverbes.

4 ★ Pour chaque adverbe, indique un adverbe de sens contraire.

a. tôt b. près c. lentement d. peu e. plus

5 Top chrono
Récite le plus vite possible six adverbes des exercices 3 et 4, oralement puis par écrit.

6 ★ Forme un adverbe à partir de chaque adjectif.

facile • ferme • rapide • habile • modeste • magique • incroyable

7 ★★ Mets chaque adjectif au féminin et forme l'adverbe correspondant.

lent • fort • certain • dur • actif • heureux • joyeux • vif • sérieux

8 ★★ a. Complète oralement le texte avec ces adverbes.

Plusieurs solutions sont possibles.

assez • aussi • d'abord • davantage • surtout • trop

Les enfants voient arriver un drôle de personnage qui leur semble ... bizarre. Son visage, ..., les dérange : avec sa bouche ... grande, il ressemble ... à celui d'un poisson qu'à celui d'un garçon. Sa démarche est ... étrange ... .

b. Emploie trois de ces adverbes dans des phrases de ton choix.

9 ★★ Relève les conjonctions de coordination, puis les adverbes du texte.

Je me suis décidé à rentrer à la maison. Il était beaucoup plus tard que je n'aurais voulu. J'ai couru très vite. Mais, j'avais une peur effroyable de mon père ; j'ai donc soufflé un instant dans l'escalier, seulement le temps d'inventer une histoire qui explique mon retard. Ensuite, j'ai sonné bravement. M. Eyssette lui-même est venu m'ouvrir. « Tu viens bien tard ! » m'a-t-il dit. M'attirant sur sa poitrine, il m'a embrassé longuement et silencieusement.

D'après A. Daudet, *Le Petit Chose*.

Autodictée

10 a. Apprends le texte de l'exercice 9 jusqu'à « bravement ».

b. Écris ce texte.

c. Relis-toi en soulignant les adverbes.

J'écris

11 Raconte cette scène. Emploie au moins une conjonction de coordination et deux adverbes que tu souligneras.

20 La construction de la phrase

Nous observons, nous trions et nous manipulons

A 1. Dans quel bateau les groupes de mots forment-ils des phrases correctes, qui ont un sens ?

2. Quel élément manque aux groupes de mots de l'autre bateau ?

Bateau 1

Jason parcourt le monde.
Le monstre effraie le héros.
Le héros rapporte un trésor.

Bateau 2

Jason le monde.
Le monstre le héros.
Le héros un trésor.

B Lequel de ces groupes de mots forme une phrase correcte ? Pourquoi ?

a. il arrive au palais. b. Il arrive au palais. c. Il arrive au palais

C 1. Comptez le nombre de phrases dans ce texte.

2. Comment avez-vous fait pour repérer chaque phrase ?

> Les habitants appellent à l'aide. Le héros entend cet appel. Il a peur du terrible monstre. Mais il surmonte ses craintes. Il affronte l'animal.

D 1. Essayez de supprimer les groupes de mots écrits en vert, puis ceux écrits en orange.

2. Peut-on toujours parler de phrases ?

Thésée affronta le Minotaure.
Il s'échappa du Labyrinthe.

La jeune Ariane aida Thésée.
Elle admirait le héros.

Thésée et Ariane fuirent le palais.
Ils embarquèrent sur un bateau.

J'apprends la leçon

→ Une **phrase** est une **suite de mots qui a un sens.**

→ **À l'écrit**, une **phrase** commence par une **majuscule** et se termine par un **point** (ou un point d'interrogation ou un point d'exclamation).
Les enfants visitent l'exposition. Aimes-tu le chocolat ? Ce chien est adorable !

→ Une phrase comporte au moins **deux éléments principaux** :
- le **sujet** Paul joue.
- ce qu'on dit du sujet : le **verbe** ou le **groupe verbal** Paul joue au ballon.

→ Un **groupe verbal** peut être composé :
- d'un **verbe seul** Paul joue.
- d'un **verbe** + **plusieurs compléments** Paul lance le ballon à son camarade.

→ **À l'oral**, on marque une **pause entre deux phrases.**

Je m'entraîne

1 ★ Lis ce texte en faisant une pause forte après chaque phrase.

Maxence ne pense qu'à dormir et à manger. Ce méchant garnement adore jouer de vilains tours à ses camarades. Il a mauvaise réputation. Mais sa malice ne durera pas. En effet, un élève nouvellement arrivé à l'école ne se laisse pas impressionner. Il décide de convaincre Maxence de changer d'attitude. Peu à peu, le garçon se transforme et se fait aimer de toute sa classe.

2 ★ **a.** Quelle est la phrase correcte ? Pourquoi ?

a. Théo habite. L'île d'Aven.
b. le petit garçon a peur de la montagne
c. L'association fait tout pour sauver les ours polaires.
d. La tarte engloutit l'enfant gourmand.

b. Corrige les phrases incorrectes.

3 ★ Un élève distrait a oublié de mettre les majuscules et les points. Corrige chaque ligne de façon à rétablir des couples de phrases.

a. un jeune garçon partit en vacances il rencontra en chemin une vieille femme
b. la vieille femme admirait le paysage le garçon la regarda avec curiosité
c. cette vieille femme lui parut très gentille il se hâta de le lui dire
d. la femme plut au garçon il décida de partager son repas avec elle

4 ★★ Recopie ces phrases en soulignant de deux couleurs différentes le sujet et le groupe verbal.

a. Aïcha lit des histoires policières.
b. Elle entend un bruit.
c. La petite fille découvre un trésor.

5 ★★ Récris ces phrases en employant le signe de ponctuation qui convient.

a. Pourquoi la chèvre s'échappe-t-elle
b. Les chamois accueillent la petite chèvre
c. La petite chèvre gambade dans la forêt
d. Le loup mangera-t-il la chèvre

6 ★★ Récris ce texte de façon à rétablir les cinq phrases qui le composent.

Charlotte marche avec des camarades ils sont poursuivis inlassablement par un chien errant celui-ci cherche à les apitoyer le petit groupe décide de nourrir l'animal au bout de quelques heures ce sont les meilleurs amis

7 ★★ **a.** Forme oralement des phrases en piochant dans chacune des valises.

sujet	groupe verbal
le loup	lève l'ancre
le fermier	mange la chèvre
le marin	cultive du blé

b. Écris les phrases formées sans oublier la majuscule et le point final.

8 ★★ Complète ces phrases à l'oral puis à l'écrit.

a. La fillette ....   **c.** Gaspard .... .
b. ... regardait les nuages.   **d.** ... rêvait de liberté.

J'écris

9 Décris cette photographie en quatre phrases.

21 La ponctuation en fin de phrase

Nous observons et nous manipulons

A 1. Lisez oralement ces deux textes.

1

quand la chèvre blanche arriva dans la montagne, ce fut un ravissement général jamais les vieux sapins n'avaient rien vu d'aussi joli on la reçut comme une petite reine les châtaigniers se baissaient jusqu'à terre pour la caresser du bout de leurs branches

2

Quand la chèvre blanche arriva dans la montagne, ce fut un ravissement général. Jamais les vieux sapins n'avaient rien vu d'aussi joli. On la reçut comme une petite reine. Les châtaigniers se baissaient jusqu'à terre pour la caresser du bout de leurs branches.

A. Daudet, *La Chèvre de M. Seguin*.

2. À l'écrit, quelle différence y a-t-il entre ces deux textes ?

3. Combien de phrases le texte **2** comporte-t-il ?
Comment avez-vous fait pour les compter ?

4. Quel est le texte le plus facile à lire et à comprendre ?

B 1. Lisez oralement ce texte.

Écoutez bien cette histoire ! Un jeune garçon se lance à l'aventure avec son chien.
Que cherchent-ils dans ce vieux château ? Comme ils aimeraient découvrir un souterrain !

2. Comment les signes de ponctuation écrits en rouge s'appellent-ils ?

3. Associez chaque phrase à l'étiquette qui convient.

question — exclamation — ordre — information

J'apprends la leçon

→ Une **phrase se termine** par un des trois points de **ponctuation forte**.

. Le **point**	termine une phrase qui donne une **information**. Tu aimes ce livre.
? Le **point d'interrogation**	termine une phrase qui pose une **question**. → une phrase interrogative Aimes-tu ce livre ?
! Le **point d'exclamation**	termine une phrase exprimant : – une **exclamation** → phrase exclamative Tu aimes ce livre ! – un **ordre fort** → phrase impérative Lis ce livre !

→ **De l'oral à l'écrit**

Ces points de ponctuation forte :
- à l'oral, marquent une **pause importante** ;
- à l'écrit, sont **toujours suivis d'une lettre majuscule**.

Je m'entraîne

1 ★ Lis ces phrases à voix haute. Recopie et complète ces phrases avec un point ou un point d'interrogation.

a. Quel est ton sport préféré
b. Je pratique le judo
c. Peux-tu me montrer quelques prises
d. Au judo, on porte un kimono

2 ★ a. Prononce ces phrases. Recopie et complète ces phrases avec le point qui convient.

a. Il faut penser à arroser le jardin
b. Quel beau jardin
c. Aimes-tu ce jardin
d. Arrose le jardin tout de suite

b. Indique pour chaque phrase si elle exprime : une question, une exclamation, une information.

3 ★★ Recopie ce texte en rétablissant les points et les majuscules.

je me suis réveillé en sursaut une bête était là sous mon lit j'étais sûr de sa présence je n'osais pas bouger un bruit étrange me fit frissonner

4 ★★★ a. Lis oralement ce texte pour repérer la fin des phrases.

d'un mouvement de doigt régulier, Thomas faisait rouler le globe terrestre mers et continents défilaient à grande vitesse ainsi la Terre virevoltait sur son axe pour accomplir ce que l'on nomme une « révolution », autrement dit, un tour complet autour du Soleil il l'avait appris au collège une semaine plus tôt

Y. Rambaud, *Teddy n'a-qu'un-œil*,
© Le Livre de Poche Jeunesse, 2018.

b. Recopie le texte en rétablissant points et majuscules.

5 ★★★ a. Lis ce texte. Quelle est, à ton avis, l'humeur du personnage qui s'exprime ?

Éteins la télévision Ça fait quatre heures que tu es planté là devant comme un poteau électrique dans un champ de navets Tu vas bientôt avoir le cerveau aussi mou qu'un chocolat fondu File dans ta chambre et va lire un peu ton livre de lecture

b. Recopie ce texte en le corrigeant : emploie le signe de ponctuation qui convient.

6 ?? *Jeu grammatical*

Sans changer l'ordre des mots, place un point de façon à créer deux phrases qui correspondent chacune à un des dessins.

Paul arrose une fleur de loin Sophie le regarde.

a.

b.

Dictée

7 Sous la dictée de ton (ta) professeur, écris ce texte sans oublier les points et les majuscules.

Le soir de mon arrivée, il y avait du vent. Les rues étaient noires et désertes. Sur la place, quelques personnes attendaient la voiture en se promenant. À peine descendu de la voiture, je me suis fait conduire au collège, sans perdre une minute. J'étais pressé de commencer mon travail. Le collège n'était pas loin de la place.

D'après A. Daudet, *Le Petit Chose*.

J'écris

8 Décris l'image en quatre phrases avec la ponctuation qui convient.

22 La ponctuation dans la phrase

Nous prononçons et nous expliquons

A 1. Lisez ces phrases.

a. L'aventurière remplit son sac avec des cordes sa boussole sa lampe de poche et son chapeau.

b. L'aventurière remplit son sac avec des cordes, sa boussole, sa lampe de poche et son chapeau.

2. Quelle phrase lisez-vous plus facilement ? Pourquoi ?
3. Quelle est la phrase correcte ?
4. Comment s'appelle le signe de ponctuation employé dans la phrase b ? À quoi sert-il ?
5. Recopiez la phrase correcte avec toute la ponctuation.

B 1. Lisez ces phrases. Faites-vous une pause pour marquer les signes de ponctuation écrits en couleur ?

a. L'explorateur prépare son expédition sur l'Etna (volcan de Sicile).
b. Il consulte plusieurs documents : des cartes, des livres, des relevés scientifiques.
c. Le moment où un volcan se réveille se nomme « éruption » : de la lave chaude jaillit hors de son cratère.

2. Comment chacun de ces signes de ponctuation s'appelle-t-il ?
3. D'après vous, lequel de ces signes apporte une explication ou annonce une énumération ?
Lequel sert à donner une précision ?

J'apprends la leçon

→ Voici les **signes de ponctuation** que l'on peut placer **à l'intérieur de la phrase** :

, La virgule	sépare des mots ou groupes de mots. J'aime les contes, les mangas, les poèmes.
: Les deux-points	annoncent : – une **énumération** ; Elle pratique tous les sports de ballon : le football, le rugby, le basket, le volley, le handball. – une **explication** ; Ce livre me plaît : il parle de mon sport préféré.
( ) Les parenthèses	servent à donner une **précision**. Les mangas (mes livres préférés) proviennent du Japon.

→ **De l'oral à l'écrit**

Ces signes de ponctuation dans la phrase :
- à l'oral, marquent une **courte pause** ;
- à l'écrit, sont **suivis d'une lettre minuscule**.

Je m'entraîne

• La virgule

1 ★ Lis ce texte en marquant une légère pause à chaque virgule.

Il était une fois un roi et une reine qui avaient mal géré leurs affaires. On les chassa de leur royaume. Ils vendirent leurs couronnes pour vivre, puis leurs habits, leurs linges, leurs dentelles et tous leurs meubles, pièce à pièce. Quand le roi et la reine furent bien pauvres, le roi dit à sa femme qu'ils allaient devoir gagner leur vie et celle de leurs enfants.

D'après Mme d'Aulnoy, *Finette Cendron*.

2 ★ Recopie ces phases en ajoutant les virgules manquantes. Lis oralement les phrases que tu as écrites en marquant les pauses.

a. Ce zoo abrite des félins : tigres panthères chats léopards lynx. (4)

b. Cette salade comporte des tomates des radis des œufs durs et des anchois. (2)

c. Voici des instruments de musique : la guitare le piano la trompette le violon la flûte et la harpe. (4)

Le nombre de virgules est indiqué entre parenthèses.

3 ★★ Recopie ces phrases en séparant les groupes de mots par des virgules quand c'est possible.

a. Paolo mon frère a remporté le tournoi. (2)

b. Ce matin à huit heures un violent orage a éclaté. (2)

c. Le livre de recettes se trouve dans l'armoire sur l'étagère du bas à gauche. (2)

4 ★★★ a. Recopie ce texte en remplaçant chaque carré bleu par le signe de ponctuation qui convient. N'oublie pas les majuscules.

Un jour ■ un homme se perdit dans la forêt ■ l'enchevêtrement des arbustes ■ des buissons ■ des ronces et de toutes les plantes lui fit perdre sa direction ■ l'homme se mit à courir ■ s'égara ■ tourna en rond et appela au secours ■

b. Lis oralement le texte recopié en marquant les pauses : fortes pour les points, légères pour les virgules.

• Les deux-points et les parenthèses

5 ★ a. Recopie ces phrases en rétablissant les deux-points.

b. Précise si les deux-points annoncent une énumération ou une explication.

a. Ce bouquet est composé de différentes fleurs des tulipes, des roses et des marguerites.

b. Jules ne skie pas il s'est cassé la jambe.

c. Amandine est heureuse elle vient de retrouver ses lunettes de soleil.

d. Ce musicien joue de plusieurs instruments : piano, flûte, guitare.

6 ★★ Recopie ces phrases en rétablissant les parenthèses.

a. Léonard de Vinci savant et artiste italien a peint le célèbre tableau *La Joconde*.

b. Vous dessinerez deux figures géométriques un carré et un triangle sur votre cahier.

c. Le diodon poisson des mers chaudes dresse ses épines en se gonflant d'eau ou d'air.

Autodictée

7 Mémorise cette phrase. Récris-la sans oublier aucun signe de ponctuation.

Des archéologues de Tunisie (en Afrique) et d'Italie (en Europe) ont découvert les vestiges d'une cité engloutie : des rues, des maisons, des monuments et une centaine de cuves.

J'écris

8 Rédige un texte court pour présenter cette image. Emploie chacun des signes de ponctuation à l'intérieur des phrases (virgules, deux-points et parenthèses).

23 La phrase interrogative

Nous observons et nous comparons

A **1.** Quel est le signe de ponctuation commun à ces phrases ?

❶ Vous aimez cette chanson ? Tu peux venir ?

❷ Est-ce que vous aimez cette chanson ? Est-ce que tu peux venir ?

❸ Aimez-vous cette chanson ? Peux-tu venir ?

2. Prononcez ces phrases. À la fin, votre voix monte-t-elle ou descend-elle ?

3. Ces phrases servent-elles à informer ou à poser une question ?

B **1.** Comment les phrases sont-elles construites en **A** ❶ ? en ❷ ? en ❸ ?
Expliquez avec vos mots.

2. Quelles phrases interrogatives emploieriez-vous à l'oral ? à l'écrit ?

C Recopiez ces phrases en entourant les mots interrogatifs.

a. Quand pars-tu en vacances ?

b. Où vas-tu en vacances ?

c. Comment pars-tu en vacances ?

d. Qui part en vacances avec toi ?

J'apprends la leçon

→ Une **phrase interrogative** pose une question.

→ **De l'oral à l'écrit**

- À l'oral, on **monte la voix** à la fin de la phrase interrogative.
- À l'écrit, la phrase interrogative se termine par un **point d'interrogation** (?).

→ Si la réponse attendue est **OUI** ou **NON**, trois constructions sont possibles :

construction		emplois
intonation montante ?	Tu viens **?**	oral / familier
Est-ce que ... ?	**Est-ce que** tu viens **?**	courant
verbe + sujet inversé ?	Viens-**tu ?**	écrit / soutenu

→ Une **phrase interrogative** peut commencer par un mot interrogatif pour poser une question sur un élément de la phrase.

mots interrogatifs		mots interrogatifs	
Qui ?	**Qui** vient ?	**Où ... ?**	**Où** vas-tu ?
Que ? **Qu'est-ce que ?**	**Que** vois-tu ? **Qu'est-ce que** tu vois ?	**Quand ... ?**	**Quand** vient-il ?
À qui ... ? **De qui ... ?**	**À qui** penses-tu ? **De qui** parles-tu ?	**Pourquoi ... ?**	**Pourquoi** cries-tu ?
À quoi ... ? **De quoi ... ?**	**À quoi** penses-tu ? **De quoi** parles-tu ?	**Comment ... ?** **Combien (de) ... ?**	**Comment** fais-tu ? **Combien** sont-ils ?

L'inversion du sujet, souvent négligée à l'oral, est **obligatoire** à l'écrit.
~~Pourquoi tu pars ?~~ → Pourquoi pars-tu ?

Je m'entraîne

1 ★ Lis oralement ces phrases en montant le ton en fin de phrase.

a. Est-ce que tu as froid ?
b. Pourquoi riez-vous ?
c. Quand partirons-nous à la plage ?
d. Combien d'amis as-tu invités pour ton anniversaire ?
e. Que prévoyez-vous pour les vacances ?

2 ★ a. Quelles phrases interrogatives peux-tu employer à l'écrit ?

a. Joues-tu du piano ?
b. Vous connaissez Léa ?
c. Tu aimes les fraises ?
d. As-tu mis la table ?
e. Nous verrons le feu d'artifice ?
f. Faites-vous du sport ?
g. Comment tu vas ?

b. Récris les autres phrases en les transformant.

3 ★★ Transforme ces phrases en phrases interrogatives qui commencent par Est-ce que ... ?.

a. Vous allez bien.
b. Il veut vraiment apprendre le chinois.
c. Elles passent leurs vacances dans une ferme.
d. Nous aurons le temps de visiter Dijon.

4 ★★ Transforme ces phrases interrogatives en faisant l'inversion du sujet a. oralement, b. par écrit.

a. Est-ce que tu as beaucoup d'amis ?
b. Est-ce qu'il peut lire ce poème ?
c. Est-ce que vous connaissez cet enfant ?
d. Est-ce que nous pouvons parler ?
e. Est-ce qu'elle sait jouer de la flûte ?

5 ★★ Transforme ces phrases interrogatives orales en employant les deux autres constructions a. oralement, b. par écrit.

a. Tu plaisantes ?
b. Vous ferez un gâteau ?
c. Vous regardez la télévision ?
d. Tu sais plonger ?

6 ★★ Complète chaque phrase 1 avec le mot interrogatif qui convient pour la réponse donnée en phrase 2.

a. 1. ... iras-tu à Bordeaux ?
2. Je prendrai le train.
b. 1. ... a remporté le match ?
2. C'est l'équipe des filles qui l'a remporté.
c. 1. ... mettras-tu pour la photo de classe ?
2. Je mettrai mon pantalon rayé.
d. 1. ... avez-vous trouvé cet objet ?
2. Nous l'avons trouvé dans la cour.

7 ★★★ Pose les questions portant sur les groupes de mots écrits en bleu.

Il dort **sous une tente**.
→ **Où** dort-il ?

a. Vous partirez **ce soir**.
b. Mon père parle **à la maîtresse**.
c. Tu fabriques **une maquette**.
d. Il est en retard **à cause d'une panne**.
e. Tu voyages **en train**.

8 ★★★ Imagine des phrases interrogatives à partir des éléments donnés.

a. fêter ton anniversaire (**quand**)
b. organiser un voyage (**où**)
c. écrire un roman (**qui**)
d. manger (**que**)
e. marquer des buts (**combien**)

9 *Top chrono*

Pose le plus rapidement possible trois questions qui ont pour réponse Paris.

J'écris

10 Deux ami(e)s se retrouvent devant le cinéma. Imagine plusieurs questions qu'ils/elles peuvent se poser.

24 La phrase impérative

Photofiche de différenciation dans le Guide ressources

Nous prononçons, nous écoutons et nous classons

A 1. À tour de rôle, prononcez ces phrases. Écoutez vos camarades.

Je découvre la forêt. Habille-toi. Ne viens pas.
Il s'habille. Tu ne viens pas. Découvre la forêt.

2. Quelles phrases expriment un ordre ou une interdiction ?

B 1. À tour de rôle, prononcez ces séries de phrases. Écoutez vos camarades.

① Tais-toi. Écoute ce conte. Ne pas crier.

② Tais-toi ! Écoute ce conte ! Silence ! Silence complet ! Ne pas crier !

2. Dans quelle série donne-t-on l'ordre ou l'interdiction avec force ? Pourquoi ?

C Associez chaque phrase du **B** à l'étiquette qui convient.

verbe conjugué — verbe à l'infinitif — nom ou groupe nominal

J'apprends la leçon

→ Une **phrase impérative** exprime un **ordre**, un **conseil**, une **consigne** ou une **interdiction**.

→ Une phrase impérative peut se construire avec :
- un **verbe à l'impératif** (sans sujet exprimé) : Avancez.
- un **verbe à l'infinitif** : Prendre du sirop.
- un **nom** ou un **groupe nominal** : Interdiction de sortir.

→ Une phrase impérative se termine par :
- un **point** : Avancez.
- un **point d'exclamation** (pour un ordre fort) : Avancez !

Je m'entraîne

1 ★ Recopie uniquement les phrases impératives.

a. Pars affronter la sorcière.
b. Vassilissa entre dans la cabane.
c. Éloigne-toi du danger.
d. Le cavalier ne fait pas attention à la fillette.
e. Attention !

2 ★★ Explique oralement comment est construite chaque phrase impérative.

a. Attache tes cheveux.
b. Fixer les affiches au mur.
c. Silence !
d. Défense d'entrer.
e. Venez vite !

3 ★★ Transforme ces phrases en phrases impératives.

a. Il faut manger cinq fruits et légumes par jour.
b. En cas de canicule, il faut boire régulièrement.
c. Il faut venir avec des bottes pour la sortie scolaire.
d. Il ne faut pas marcher sur la pelouse.

J'écris

4 Imagine une recette de cuisine ou un mode d'emploi. Construis les phrases impératives avec des verbes à l'infinitif.

25 La phrase à la forme exclamative

Nous classons et nous prononçons

A 1. Lisez ce texte.

> Le Labyrinthe de Dédale est une vraie prison ! Impossible d'en sortir ! Mais Dédale est un génie !
> Il dit à son fils Icare : « Fabriquons-nous des ailes ! Assemble des plumes avec de la cire ! »
> Comme Icare est imprudent ! Il s'approche trop du soleil : catastrophe ! Il tombe dans la mer Égée !

2. Quel est le signe de ponctuation le plus présent dans ce texte ?
3. Quelles phrases expriment des ordres ?
4. Quelles phrases expriment une émotion ou une réaction forte ?

B Relisez le texte du **A** en exprimant avec force les sentiments et les ordres.

J'apprends la leçon

→ Une phrase peut prendre une **forme exclamative** pour **exprimer avec force** :
- une **réaction forte**, un **sentiment**, une **émotion** (colère, surprise, admiration…) :
  Tu es insupportable !
  Elle peut commencer par comme, que, quel (masculin) / quelle (féminin) :
  Comme tu as grandi ! **Que** c'est beau ! **Quel** plaisir de te voir !
- un **ordre**, une **interdiction** : Viens ici ! Ne va pas là !

→ **De l'oral à l'écrit**
- À l'oral, on **monte la voix**.
- À l'écrit, la phrase se termine par un **point d'exclamation** (!).

Je m'entraîne

1 ★ Récris ces phrases en leur donnant une forme exclamative. Prononce-les.

a. Le Minotaure répand la terreur.
b. Thésée est vraiment courageux.
c. Voici le Minotaure.
d. Prends ce fil pour sortir du Labyrinthe.
e. Sors vite de cet endroit maudit.

2 ★★ a. À l'oral, forme des phrases de forme exclamative en employant comme ou que.
b. Écris ces phrases.

a. Ce récit est passionnant.
b. Tu as raison.
c. Il court vite.
d. Je voudrais remporter ce match.
e. Le vent souffle.
f. Les illuminations sont magnifiques.

3 ★★ Transforme oralement ces groupes nominaux en phrases exclamatives.

un beau paysage → Quel beau paysage !
une belle histoire → Quelle belle histoire !

a. un monstre effroyable
b. une bête affectueuse
c. une ville merveilleuse
d. un récit passionnant

J'écris

4 Écris quatre phrases exclamatives à propos de la tour Eiffel.

26 La phrase à la forme négative

Nous observons et nous comparons

A **1.** Comparez ces couples de phrases.

Je connais le code.	Je ne connais pas le code.
Nous rions.	Nous ne rions pas.
Il viendra ce soir.	Il ne viendra pas ce soir.

2. Quels mots servent à former les phrases négatives ?

3. Où ces mots sont-ils placés par rapport au verbe ?

B **1.** Indiquez oralement pour chaque phrase si elle est impérative ou interrogative.

a. Pourquoi ne parles-tu pas ?
b. Ne cours pas !
c. Le Minotaure n'est-il pas un monstre ?
d. Ne lisez pas cette histoire.

2. Ces phrases sont-elles affirmatives ou négatives ? Justifiez votre réponse.

C **1.** Observez ces phrases. Quelles autres négations repérez-vous ?

a. Il n'a plus de bonnet.
b. Je ne vais jamais à la mer.
c. Elle ne salue personne.
d. Ils ne voient rien.

2. Recopiez ces phrases en entourant les deux mots de la négation.

J'apprends la leçon

→ Une **phrase à la forme négative** se construit le plus souvent avec la négation ne (n') ... pas qui encadre le verbe.

Je [ne] skie [pas].

→ **Tous les types de phrases** peuvent être à la forme négative.

Je **ne** pars **pas**.	Pourquoi **ne** pars-tu **pas** ?	**Ne** pars **pas** !
phrase déclarative	phrase interrogative	phrase exclamative

→ **De l'oral à l'écrit**

Le ne (n'), souvent oublié à l'oral, est **obligatoire** à l'écrit.

~~J'ai pas mal.~~ → Je **n'**ai **pas** mal.

→ La phrase négative peut se former avec d'autres négations :

- **ne ... plus** : Je **n'**ai **plus** faim.
- **ne ... jamais** : Il **n'**est **jamais** venu.
- **ne ... personne** : Je **ne** connais **personne**.
- **ne ... rien** : Je **ne** sais **rien**.

→ Si le verbe est au **passé composé**, le pas se place entre le verbe *avoir* (ou *être*) et le participe passé.

Je [n']ai [pas] skié.

→ **Le passé composé** (Leçon 12 p. 126)

Je m'entraîne

1 ★ **Quelles sont les phrases incorrectes ? Recopie les phrases fautives en les corrigeant.**

a. Il veut pas se lever.
b. Tu n'es pas en avance !
c. Nous avons rencontré personne en chemin.
d. Tu peux rien faire.
e. Vous mettez jamais la table.

2 ★ **Transforme ces phrases en phrases négatives. Entoure les négations.**

a. Elle aime ce nouveau jeu vidéo.
b. Tu pratiques le tennis.
c. Ce matin, il faisait froid.
d. Les enfants ont pris leur goûter.
e. Ce match a plu aux spectateurs.
f. Votre équipe gagnera.

3 ★★ **Transforme ces phrases en phrases négatives en employant les négations proposées entre parenthèses.**

Tu es toujours fatiguée. (ne ... jamais)
→ Tu **n'**es **jamais** fatiguée.

a. Le professeur voit tout. (**ne ... rien**)
b. Cet homme aime tout le monde. (**ne ... personne**)
c. J'ai encore faim. (**ne ... plus**)
d. Il a toujours raison. (**ne ... jamais**)

4 ★★★ **Complète ces phrases en employant des négations variées que tu souligneras.**

a. Le gardien, fatigué, ... réussit ... à arrêter les buts.
b. Rassure-toi : je ... dirai ... de notre secret.
c. Arrivé récemment dans la ville, je ... connais ....
d. Il ... neige ... dans le désert.

5 ★★★ **Transforme ces phrases en phrases négatives.**

a. Qui sait parler grec ?
b. Racontez une histoire de fantômes.
c. Est-ce que tu as soif ?
d. Prenons la direction de Lyon.
e. Qui a fini l'exercice ?

6 ★★★ **Recopie ces phrases en remplaçant les carrés par la négation qui convient.**

a. Je ■ ai ■ joué à la console.
b. Ces enfants ■ ont ■ vu de kangourous de leur vie.
c. Je te le promets : je ■ ai ■ cassé !
d. Dans l'obscurité, vous ■ avez ■ vu la marche.
e. Après ce cent mètres, elle ■ a ■ de souffle.

7 ★★★ **Récris ces phrases à la forme négative.**

a. Nous avons participé à la tombola.
b. Vous avez votre ticket pour la kermesse.
c. Elle a mangé quelque chose.
d. Il a toujours joué de la guitare.
e. Nous avons rencontré beaucoup de monde.

Autodictée

8 **a. Repère les phrases négatives du texte.**

Hercule n'est pas un homme ordinaire. Il n'a peur de rien. Il affronte donc sans crainte des adversaires comme un lion. Un soir, il surprend la bête. Il la vise avec des flèches. Mais il ne peut pas tuer le monstre. En effet, les flèches ne pénètrent pas dans l'animal.

b. Apprends le texte et récite-le en autodictée.

J'écris

9 **Pour chaque phrase, imagine une phrase négative ayant le même sens.**

Tu te tais. → Tu **ne** parles **pas**.
Tu te tairas ! → Tu **ne** parleras **pas** !

a. Elle reste sur place.
b. Tu fais la tête.
c. J'ignore cette histoire.
d. Il a échoué à son examen.
e. Vous éviterez de sauter !
f. Tu économiseras l'eau !

27 Le sujet

Nous manipulons

A Repérez les sujets en les remplaçant par il, elle, ils, elles.

a. La fille joue.
b. Les garçons dansent.
c. Les filles marchent.
d. Le garçon lit.

B Repérez le sujet en posant la question Qui est-ce qui ... ? / Qu'est-ce qui ... ? avant le verbe.

a. Un dauphin nage à côté du bateau.
b. La jetée protège le port.
c. Les marins regardent le dauphin.
d. Les barques approchent du rivage.

C Repérez le sujet en l'encadrant par l'expression C'est ... qui / Ce sont ... qui.

a. La gazelle gambade dans le désert.
b. L'éléphant marche lentement.
c. Les zèbres circulent dans la plaine.
d. Les antilopes partent à toute vitesse.

D Dans chaque phrase en **A**, **B** et **C**, quelle est la place du sujet par rapport au verbe ?

E 1. Repérez et comparez les sujets de ces phrases.
Pourquoi les terminaisons du verbe changent-elles ?

a. Je raconte une histoire.
b. Tu racontes une histoire.
c. Paul raconte une histoire.
d. Nous racontons une histoire.
e. Vous racontez une histoire.
f. Les professeurs racontent une histoire.

2. Quelle est la classe grammaticale du sujet dans les phrases a, b, d et e ?
dans la phrase c ? dans la phrase f ?

J'apprends la leçon

→ **Le sujet** :
- est l'**élément dont on parle dans la phrase**.
- **commande l'accord du verbe** en personne et en nombre.
  Elle va au stade. **Nous** allons au stade. **Elles** vont au stade.
- est généralement **placé avant le verbe**.
  Elle joue. **Le prince** joue.

→ Pour **repérer** un sujet, on peut :
- **remplacer le sujet** par un pronom personnel.
  Le lion rugit. → **Il** rugit.
- **poser la question** Qui est-ce qui + verbe ? ou Qu'est-ce qui + verbe ?.
  Le lion rugit. → **Qui est-ce qui** rugit ?
- **encadrer le sujet** par C'est ... qui ou Ce sont ... qui.
  Le lion rugit. → **C'est** le lion **qui** rugit.

→ Le **sujet** peut être :
- un **nom propre** : **Léa** parle fort.
- un **groupe nominal** : **La fillette** parle fort.
- un **pronom personnel** : **Elle** parle fort.

→ Le **sujet** peut se composer de **plusieurs noms ou groupes nominaux.**
Léo et Léa vont au stade. **Des garçons et des filles** vont au stade.

→ Le **sujet** peut être le sujet de **plusieurs verbes.**
Léa danse et chante.

Je m'entraîne

1 ★ **Relève oralement le sujet de chaque verbe surligné en t'aidant des manipulations de la leçon.**

M. Seguin perdait toutes ses chèvres de la même façon. Un beau matin, elles cassaient leur corde, elles s'en allaient dans la montagne, et là-haut, le loup mangeait les imprudentes. Ces chèvres indépendantes voulaient la liberté.

2 ★ **Récris ces phrases en remplaçant le sujet par un de ces groupes nominaux.**

les bêtes • la louve • le marin

Tu peux utiliser deux fois le même groupe nominal.

a. Le pêcheur affronte la tempête.
b. Les animaux galopent dans la savane.
c. Le loup dévore les chèvres.
d. Les chèvres et les moutons sont les proies du loup.

3 ★ **Recopie ce texte. Entoure les verbes et souligne les sujets.**

Les animaux partent à l'aventure. Le grand jars blanc prend son envol. Les oies sauvages survolent le pays. Elles forment une grande troupe et volent ensemble. Nils grimpe sur une des oies et traverse la Suède.

4 ★★ **a. Relève le sujet de chaque verbe.**
b. Indique sa classe grammaticale.

a. Dans la montagne, le berger et son chien surveillent le troupeau.
b. Depuis toujours, Marc aime la voile.
c. Patrick et Salomé vont à la fête.
d. Les élèves et leur professeur partent en voyage scolaire.
e. À cause de sa blessure, elle ne peut pas participer à la randonnée.

5 ★★ **Remplace chaque groupe nominal sujet par le pronom personnel sujet qui convient.**

a. Les aventuriers campent dans la montagne.
b. Ces expéditions lointaines sont organisées longtemps à l'avance.
c. Le campement et ses environs attirent du monde.
d. Dans la forêt, les promeneurs et leur guide observent la flore.

6 ★★★ **Remplace chaque pronom personnel sujet par un nom ou groupe nominal sujet qui convient.**

a. Ils explorent le désert.
b. Elles surmontent des épreuves.
c. Elle adore parcourir le monde.
d. Il prend sa barque et part en mer.

7 ★★★ **Complète ces phrases avec des sujets dont la classe grammaticale est indiquée entre parenthèses.**

a. (nom propre) ... recherche les émotions fortes.
b. (groupe nominal) ... escaladent le mont Everest.
c. (pronom personnel) ... traversent le fleuve tumultueux.
d. (deux groupes nominaux) ... marchent dans les gorges du Verdon.

Dictée négociée

8 **a. Par groupes de deux, choisissez le sujet qui convient pour chaque verbe. Écrivez le texte avec les sujets choisis.**

En bas, (le champ et la vallée / le champ) sont noyés de brume. (La maison / La maison et son enclos) disparaissent dans le brouillard. (Blanquette / Les chèvres) ne voit plus que le toit de la maisonnette. (Elle / Elles) écoute les clochettes d'un troupeau et éprouve de la tristesse. (Elles / Elle) sursaute : (un hurlement / des hurlements) a résonné dans la montagne.

b. À tour de rôle, écris le texte sous la dictée d'un(e) camarade.

J'écris

9 **Raconte le jeu d'un chien et d'un chat dans un jardin. Souligne les sujets.**

28 Les compléments d'objet

Nous manipulons

A **1.** Lisez ce texte.

> Les Grecs anciens racontaient des mythes. Ces histoires montrent des héros aux pouvoirs extraordinaires. Ces héros accomplissent des exploits. Leurs exploits plaisent à tous les lecteurs.

2. Essayez de supprimer les groupes compléments écrits en bleu. Est-ce possible ?

3. Les groupes de mots écrits en bleu complètent-ils le sujet ou le verbe ?

4. Essayez de déplacer les compléments écrits en bleu. Est-ce possible ?

B **1.** Recopiez ces phrases.

a. Je veux un nouveau livre.
b. Je veux manger.
c. Icare n'obéit pas à Dédale.
d. Le héros cherche à parler.
e. Tu rêves de vacances
f. Elle rêve de partir en vacances.

2. Soulignez en bleu les compléments qui sont des noms ou des groupes nominaux.

3. Soulignez en vert les compléments qui sont des verbes à l'infinitif.

C **1.** Quel verbe peut être complété avec tous ces compléments ?

a. Il ... à la console.
b. Il ... une pièce de théâtre.
c. Il ... de la guitare.
d. Il ... au tennis.
e. Il ... un morceau de musique.

2. Ce verbe a-t-il le même sens dans toutes les phrases ?

3. Avec quel(s) complément(s) ce verbe a-t-il le sens de :
s'amuser avec • représenter • interpréter • pratiquer ?

J'apprends la leçon

→ Le **complément d'un verbe** se nomme un **complément d'objet**.

→ Le complément d'objet **fait partie du groupe verbal**.
On ne peut **pas le supprimer ni le déplacer** sans rendre la phrase incorrecte, incompréhensible ou en changer le sens.
Je rencontre **Paul**. ~~Je rencontre.~~
Le loup mange **l'agneau**. ~~Le loup l'agneau mange.~~
Paul sourit à Sophie. ≠ Sophie sourit à Paul.

→ Le complément d'objet peut **modifier le sens d'un verbe**.
Je rêve **de longues vacances**. ≠ Je rêve.
= J'ai envie de... = Je fais des rêves.
Il bat **les cartes**. ≠ Il bat **un record**.
= Il mélange... = Il dépasse...

→ Le complément d'objet peut être :
• un **nom propre** : Il aime Paris. Il parle **de** Paul.
• un **groupe nominal** : Il aime la mythologie. Il parle **de** son ami.
• un **verbe à l'infinitif** : Il aime **nager**. Il parle **de** venir **bientôt**.

Photofiche de différenciation
dans le Guide ressources

Je m'entraîne

1 ★ Recopie ces phrases en soulignant les compléments d'objet.

a. Ce chien accompagne son maître.
b. Ce château attire les visiteurs étrangers.
c. Le Rhin traverse Strasbourg.
d. Il apprend à nager.
e. Elle oubliait de manger.
f. Vous écrivez à votre mère.

2 ★ a. Recopie uniquement les phrases qui comportent un complément d'objet.
b. Souligne ce complément.

L'avion décolle. Les passagers choisissent leur place. Le pilote parle à l'hôtesse. Mon voisin mange. Je regarde un film. Je manque de place.

3 ★★ a. Recopie ces phrases en soulignant les compléments d'objet.
b. Indique la classe grammaticale de chacun.

a. Le donjon domine la région.
b. Tu as franchi une rivière.
c. Tu essaies de progresser.
d. Le parc du château contient un potager.
e. Je voudrais entrer.
f. Nous visiterons Versailles.

4 ★★ Récris et complète ces débuts de phrase avec un complément d'objet à l'infinitif.

a. Je voudrais ....
b. La pluie ne cesse de ....
c. Ses parents envisagent de ....
d. L'enfant essaie de ....
e. Ma cousine apprend à ....
f. Les garçons de la classe s'apprêtent à ....

5 ★★★ Récris chaque phrase en complétant le verbe avec un complément d'objet.

a. Sa petite sœur lit.
b. Nous dansons.
c. Elle réfléchit.
d. Ma mère téléphone.
e. Tu changes.
f. Vous pensez.

6 ★★★ Complète ces phrases avec un complément d'objet (nom ou groupe nominal) a. oralement, b. par écrit.

a. L'animateur présente ....
b. Nous profitons ....
c. Vous détestez ....
d. Mon frère s'entraîne ....
e. Elle apporte ....
f. Tu dessines ....

7 ★★★ a. Pour chaque série de phrases, retrouve le verbe qui peut être suivi de tous les compléments d'objet écrits en bleu.

tenir • monter • prendre • porter

a. Elle ... l'escalier quatre à quatre. Elle ... un meuble. Elle ... le son de la télévision.
b. Elle ... une robe à fleurs. Elle ... une lourde charge.
c. Elle ... l'air dans la cour. Elle ... un livre dans la bibliothèque. Elle ... du chocolat au petit déjeuner.
d. Elle ... à son chien. Elle ... son frère par la main. Elle ... à chanter.

b. Récris ces phrases en conjuguant les verbes à l'imparfait.

Dictée à deux

8 À tour de rôle, dictez-vous le texte de l'exercice 2. Corrigez la dictée de votre camarade.

J'écris

9 Raconte une fête d'anniversaire. Souligne les compléments d'objet.

29 Les compléments circonstanciels

Nous observons et nous classons

A **1.** Lisez oralement ce texte une première fois.

> Une sorcière vivait au fond de la forêt. Une fillette s'égara pendant une nuit d'orage. Elle entra dans la maison de la sorcière. À son arrivée, l'ogresse cuisait quelque chose dans un gros chaudron. La fillette recula à cause du regard noir de la vieille femme.

2. Lisez ce texte une seconde fois en supprimant les compléments écrits en bleu.

3. Les phrases restent-elle correctes sans ces compléments ?

4. Préférez-vous le texte avec ou sans ces compléments ? Pourquoi ?

B Dans le texte du **A**, relevez les compléments écrits en bleu qui donnent des précisions sur :

- le lieu (Où ?)
- le moment (Quand ?)
- la cause des actions (Pourquoi ?)

C Essayez oralement de supprimer, puis de déplacer le complément écrit en bleu. Est-ce possible ?

Pendant la récréation, les écoliers se détendent.

D **1.** Récrivez cette phrase en déplaçant les compléments écrits en bleu et en vert.

Pendant la récréation, les écoliers se détendent dans la cour.

2. Quelle est la classe grammaticale des compléments en couleur ?

3. Entourez le premier mot de ces groupes compléments.

J'apprends la leçon

Les compléments circonstanciels :

→ précisent les **circonstances** d'une action, d'une situation. Ils peuvent exprimer :
- le **lieu** (Où ?) : Les enfants découvrent une cabane **dans la forêt**.
- le **temps** (Quand ?) : **Pendant la nuit**, la sorcière allume des feux.
- la **cause** (Pourquoi ?) : Les enfants tremblent **à cause de la sorcière**.

→ peuvent être **déplacés** ou **supprimés** dans la phrase.
Dans la forêt, les enfants découvrent une cabane.
Les enfants, **dans la forêt**, découvrent une cabane.
Les enfants découvrent une cabane ~~**dans la forêt**~~.

→ peuvent **s'additionner** dans la phrase.
Dans la forêt, **pendant la nuit**, les bruits font peur.

→ sont généralement un **nom** ou un **groupe nominal**.
À Marseille, tout le monde connaît le Vieux Port.
Le soleil venait **après la pluie**.

→ sont généralement introduits par :
à, après, avant, avec, dans, de, pendant, sans, sur, sous...

Les constituants de la phrase simple

Je m'entraîne

1 ★ **a.** Lis ces phrases en supprimant le complément circonstanciel.
b. Recopie-les en soulignant le complément circonstanciel.

a. Il y a beaucoup de vacanciers sur la plage.
b. Il se balade dans la ville.
c. Après le déjeuner, nous assisterons à un tournoi de tennis.
d. Le public aime cette équipe à cause de ses qualités techniques.

2 ★ **a.** Dans chaque phrase, repère oralement le complément circonstanciel.
b. Récris ces phrases en déplaçant le complément circonstanciel.

a. Il dévale la pente pendant de longues minutes.
b. Pendant la fête de l'école, il y aura une tombola.
c. Tu dois finir tes devoirs avant le dîner.
d. Dans l'armoire, tu trouveras des boîtes de gâteaux.

3 ★★ Précise la circonstance (lieu, temps, cause) exprimée par chaque complément circonstanciel écrit en bleu.

a. Le guide présente le monument au début de la visite.
b. Du haut de la tour, on découvre toute la plaine.
c. Mon oncle nous guide dans ce château.
d. Le château est ouvert au public grâce aux bénévoles.
e. Au mois d'août, une reconstitution historique a lieu dans le parc.
f. Les enfants sont tout excités à cause du feu d'artifice.

4 ★★ Recopie ces phrases en soulignant chaque complément circonstanciel d'une couleur différente.

a. À midi, le peintre part se promener en forêt.
b. Elle aime marcher à l'aube dans des sentiers obscurs.
c. Grâce à ses recherches, il reconnaît les oiseaux en haut des arbres.
d. Sous les bûches, le feu couve durant des heures.

5 ★★★ **a.** Repère chaque complément circonstanciel.
b. Indique la circonstance exprimée par chacun d'eux.

La course à la voile a lieu en janvier. Les navigateurs sont seuls sur leur bateau. Ces marins expérimentés pilotent leur navire en pleine mer. Le public s'amasse sur la jetée. Le vainqueur est acclamé en raison de son exploit.

6 ★★★ Complète ces phrases avec un complément circonstanciel exprimant le lieu.

a. Ma famille se réunit tous les dimanches.
b. Vous achetez des fruits frais.
c. Le chien dort tranquillement.
d. Nous participerons à une compétition.

7 ★★★ Complète ces phrases avec un complément circonstanciel exprimant le temps.

a. Les cerisiers sont en fleur.
b. Ils jouent aux cartes.
c. Les arbres se courbent sous le vent.
d. Vous irez au théâtre.

8 ★★★ Complète ces phrases avec un complément circonstanciel de cause commençant par : **à cause de**, **en raison de**, **grâce à**.

a. Elles remportent la victoire.
b. Le spectacle est réussi.
c. Il plaît à tout le monde.

J'écris

9 Rédige des phrases en employant ces compléments circonstanciels.

dans les allées • à la tombée de la nuit • à cause du bruit • à la plage

10 Décris cette image en employant au moins trois compléments circonstanciels que tu souligneras.

30 Le complément du nom

Nous observons et nous classons

A 1. Observez les groupes nominaux écrits en bleu.

> Sur la table en bois, se trouvent des couverts en métal, des assiettes en porcelaine, des tasses à café, des verres à eau et un seau à glace.

2. Recopiez ces six groupes nominaux. Soulignez chaque nom principal (nom noyau) et encadrez son complément.

B Associez oralement à chaque complément souligné sa classe grammaticale.

nom groupe nominal verbe à l'infinitif

a. le directeur de l'école voisine
b. un mur en béton
c. une machine à laver

C Quels mots relient les noms noyaux à leur complément ?

a. un sac à dos b. un jus de pomme c. un pot en verre

D 1. Indiquez oralement le genre et le nombre de chaque nom souligné.

1
un gâteau **à la** crème
un gâteau **au** café
un gâteau **aux** cerises
un gâteau **aux** raisins

2
l'intérieur **de la** maison
l'intérieur **du** chalet
l'intérieur **des** maisons
l'intérieur **des** chalets

2. Expliquez la variation des mots en gras qui relient le complément au nom noyau dans chaque liste.

J'apprends la leçon

→ Le **complément du nom** fait **partie du groupe nominal.**
Il **précise** le nom principal nommé **nom noyau.**

un groupe **de garçons**
(groupe : nom noyau ; de garçons : complément du nom)

→ Le complément du nom est **relié au nom noyau** par **à**, **de**, **en**...

une glace **à la fraise** une salade **de fruits** un toit **en tuiles**

à + le = **au** un gâteau **au** chocolat
à + les = **aux** un chausson **aux** pommes
de + le = **du** une part **du** gâteau
de + les = **des** les recettes **des** pâtissiers

→ Le complément du nom est le plus souvent :
- un **nom** : une table **en bois**
- un **groupe nominal** : le sommet **de la montagne**
- un **verbe à l'infinitif** : un fer **à repasser**

Je m'entraîne

1 ★ Recopie uniquement les groupes nominaux qui comportent un complément du nom. Souligne ces compléments.

une mer démontée • le sommet de la montagne • un espace à aménager • un petit ruisseau • un banc de sable • un paysage sans arbre • un monument en marbre • la marée basse

2 ★★ **a.** Relie chaque groupe nominal à un complément du nom qui convient.

un kilo •	• en papier
un sac •	• à repasser
une table •	• au citron
les rayons •	• de prunes
un sorbet •	• du soleil

b. Choisis deux groupes nominaux que tu as formés et emploie chacun d'eux dans une phrase.

3 ★★ **a.** Forme un groupe nominal (nom + complément du nom) à partir de ces couples de mots.

torrent • montagne | bague • or | pelage • lion
corde • sauter | savon • parfum agréable

b. Choisis deux groupes nominaux que tu as formés et emploie chacun d'eux dans une phrase.

4 ★★ **a.** Forme des groupes nominaux (nom + complément du nom) en associant chaque nom de la liste A à un nom de la liste B.

A	B
talon • port • patins • balle • tapis	tennis • pêche • coton • roulettes • chaussure

b. Emploie chaque groupe nominal que tu as formé dans une phrase.

5 ★★ Récris ces groupes nominaux en employant des compléments du nom.

un temps printanier → un temps de printemps

a. un produit marin → ...
b. un tissu laineux → ...
c. le dérèglement climatique → ...
d. une coutume campagnarde → ...
e. un temps hivernal → ...

Aide-toi de l'exemple.

6 ★★ Récris ces phrases en complétant les groupes nominaux par un de ces verbes à l'infinitif.

payer • jouer • dormir • rester • marquer

a. Ce paquet comporte quarante-huit cartes ....
b. J'ai envie ....
c. Ce joueur se caractérise par son habileté ... des buts.
d. J'admire ta capacité ... calme en toutes circonstances.
e. Travailler dur est le prix ... pour finir le projet à temps.

Pense aux mots qui relient le nom noyau à son complément.

Autodictée

7 **a.** Recopie ce texte en entourant les noms noyaux et en soulignant leur complément.

Le lion est une espèce de mammifère carnivore. Il appartient à la famille des félidés. La femelle du lion est la lionne, son petit est le lionceau. Le lion est surnommé le roi des animaux. Les lions se caractérisent par leur vie en groupe et leur capacité à chasser.

b. Apprends ce texte et récite-le par écrit.

8 ★★★ **a.** Complète ces groupes nominaux avec un complément du nom de ton choix.
b. Précise sa classe grammaticale.

a. des vacances ...
b. une cour ...
c. un meuble ...
d. le livre ...

J'écris

9 Récris ce texte en enrichissant les noms écrits en bleu par un complément du nom.

La mère prépare un repas. Elle prévoit un pâté avec du pain. Puis ce sera de la viande et une salade. J'apporterai des tartes, des glaces ainsi que des jus. Nous disposerons le tout sur une table, décorée d'assiettes, de verres et de serviettes.

10 Décris cette image en employant au moins trois groupes nominaux comportant des compléments du nom que tu souligneras.

31 Le genre des noms et des adjectifs

Nous observons et nous manipulons

A **1.** Observez ces dessins.

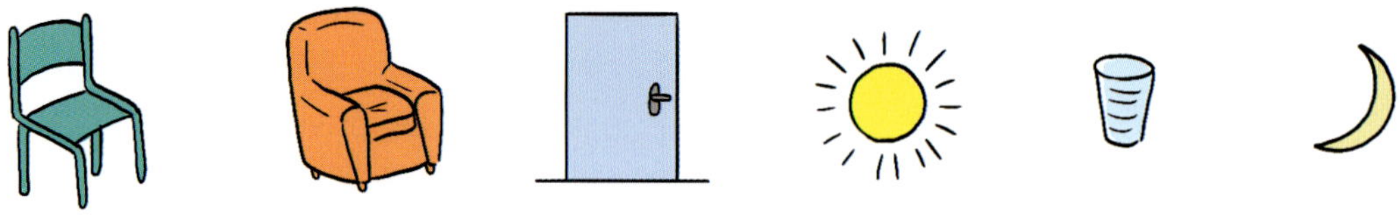

2. Prononcez le nom correspondant à chaque dessin en le faisant précéder de le ou la.

3. Classez ces noms précédés du déterminant en deux listes.

noms masculins   noms féminins

B **1.** Comparez ces couples de groupes nominaux.

a. un ami loyal • une amie loyale

b. un petit cousin • une petite cousine

c. un géant pressé • une géante pressée

2. Quels sont les groupes nominaux masculins ? féminins ?

3. Recopiez les groupes nominaux féminins en entourant la lettre qui indique le féminin.

C **1.** Comparez ces couples de groupes nominaux.

a. le boucher • la bouchère

b. un historien fameux • une historienne fameuse

c. un instituteur actif • une institutrice active

2. Recopiez les groupes nominaux masculins en entourant les marques du masculin.

3. Recopiez les groupes nominaux féminins en entourant les marques du féminin.

J'apprends la leçon

→ Un **nom** est du **genre masculin** (un fauteuil) ou **féminin** (une chaise).
Pour connaître le genre d'un nom, il faut observer le déterminant ou bien consulter un dictionnaire.

→ Les **adjectifs s'accordent en genre avec le nom** qu'ils précisent.

un <u>garçon</u> courageux (nom, adj.)   une <u>fille</u> courageuse (nom, adj.)

→ Le **féminin** de certains noms et celui de la plupart des adjectifs se forment **en ajoutant** un -e.
un grand ami → une grande amie

→ Le **féminin** peut aussi se former avec :

- un **doublement de la consonne finale** : bon musicien → bonne musicienne
- une **modification de la marque du genre** :

-er / -ère	-eux / -euse -eur / -euse	-if / -ive	-teur / -trice
cher → chère berger → bergère	heureux → heureuse nageur → nageuse	sportif → sportive	acteur → actrice

- l'**ajout d'une marque du féminin** : prince → princesse

→ Certains **noms féminins** peuvent être **différents des noms masculins** correspondants.
reine → roi

Je m'entraîne

1 ★ Repère tous les groupes nominaux dans ces phrases. Recopie-les en deux colonnes.

masculins	féminins
...	...

a. Dans ce jeu, le joueur doit avancer son pion sur un plateau.

b. La neige et le verglas paralysent la région.

c. Ce littoral est d'une grande beauté.

d. Elle place dans sa valise un pantalon, une jupe, un pull et une veste.

2 ★ Recopie uniquement les noms féminins de cette liste.

musée • site • aire •
losange • espèce • mythe •
argent • organisme • hygiène

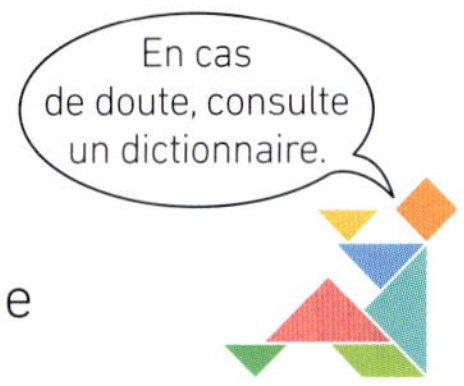

3 ★ Emploie chaque nom féminin de l'exercice 2 dans une phrase de ton choix.

4 ★ Trie oralement ces groupes nominaux selon leur genre. Comment as-tu fait ?

a. l'élève créative

b. l'athlète actif

c. l'enfant sage et obéissante

5 ★ Écris le féminin de ces noms.

a. un joueur • un nageur • un footballeur

b. un pharmacien • un magicien • un musicien

c. un sportif • un naïf • un craintif

d. un boulanger • un passager • un boucher

6 ★ Forme oralement le féminin de ces adjectifs.

a. douloureux • affectueux • généreux • joyeux • monstrueux

b. vif • combatif • défensif • décisif • attentif

c. amer • fier • étranger • léger

7 ★★ Emploie quatre adjectifs de l'exercice 6 avec un nom de ton choix a. masculin, b. féminin.

8 ★★ Recopie le nom du mâle (A) en l'associant à celui de la femelle (B) correspondant.

A	B
un cheval	une truie
un tigre	une brebis
un mouton	une jument
une oie	un jars
un cochon	une tigresse

9 ★★★ Récris ces phrases en remplaçant chaque nom féminin écrit en bleu par le nom masculin correspondant.

a. La cuisinière s'active pour régaler la cliente.

b. Dans ce centre commercial, il y a une fromagère et une épicière.

c. As-tu vu la factrice ?

d. La princesse écoute une musicienne de la cour.

Dictée de phrases

10 Apprends les phrases de l'exercice 9 au féminin. Écris-les.

J'écris

11 a. Cherche dans un dictionnaire les mots qui légendent ce croquis.

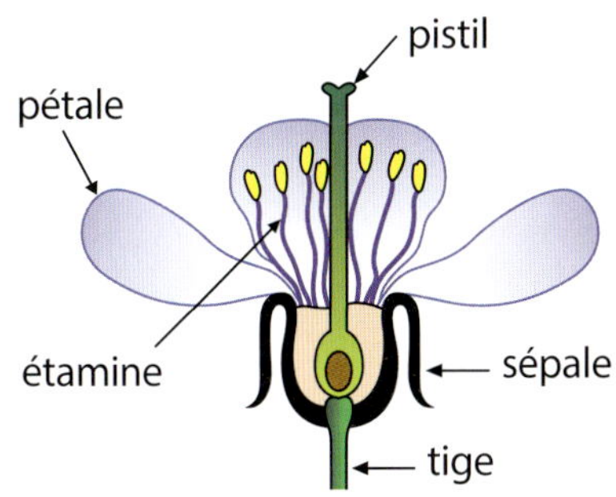

b. Décris la fleur en employant l'article qui convient pour chaque élément.

32 Le genre des déterminants

Nous observons et nous classons

A 1. Observez ces groupes nominaux.

la forêt • le chêne • ton jardin • un sapin • une fougère • ce bois • ma fleur • cette tulipe

2. Classez oralement ces groupes nominaux en deux colonnes.

Qu'est-ce qui vous a permis de les trier ?

féminins	masculins
...	...

3. Recopiez les déterminants a. masculins, b. féminins.

B 1. Observez ces couples de groupes nominaux.

a. l'alouette • l'hippopotame
b. les moineaux • les hirondelles
c. des pigeons • des oies
d. notre chienne • notre chat
e. mes animaux • mes bêtes
f. leurs moutons • leurs brebis

2. Ces déterminants indiquent-ils le genre du nom qu'ils précèdent ?

C 1. Observez ces groupes nominaux.

a. une armoire b. ma belle armoire c. mon armoire

a. une habitude b. sa vieille habitude c. son habitude

2. Quel est le genre des noms écrits en bleu ?
3. Quelle est la première lettre de chaque nom ?
4. Comment expliquez-vous l'emploi des déterminants mon et son ?

D 1. Comparez ces deux séries de groupes nominaux masculins.

a. ce lion • ce tigre • ce fauve
b. cet éléphant • cet animal • cet hippopotame

2. Observez les lettres écrites en bleu. Comment expliquez-vous l'emploi du déterminant cet en b ?

J'apprends la leçon

→ Les déterminants **indiquant le genre** : | → Les déterminants **n'indiquant pas le genre** : MASCULIN et FÉMININ

MASCULIN	FÉMININ	SINGULIER	PLURIEL
un	une		des
le	la	l'	les
ce (cet)	cette		ces
mon, ton, son	ma, ta, sa	notre, votre, leur	ses, nos, vos, leurs

- Les déterminants mon, ton, son s'emploient aussi devant des noms féminins commençant par une **voyelle** ou un **h** muet : mon adresse, ton histoire
- Le déterminant cet s'emploie dans un groupe nominal masculin si le nom commence par une **voyelle** ou un **h** muet : cet oiseau, cet hiver

Je m'entraîne

1 ★ Recopie les groupes nominaux qui commencent par un déterminant **a.** masculin, **b.** féminin. Souligne les déterminants.

une surprise • la peur • le sourire • la mer • un gémissement • ton étonnement • son cri

2 ★ Recopie chaque nom en le faisant précéder de tous les déterminants masculins selon le modèle.

chapeau → **un** chapeau, **le** chapeau, **ce** chapeau, **mon** chapeau, **ton** chapeau, **son** chapeau

a. village
b. quartier

3 ★ Recopie chaque nom en le faisant précéder de tous les déterminants féminins selon le modèle.

robe → **une** robe, **la** robe, **cette** robe, **ma** robe, **ta** robe, **sa** robe

a. région
b. commune

4 ★ Recopie ces noms en les faisant précéder du déterminant **sa** ou **son**.

a. championnat
b. compétition
c. concours
d. match
e. victoire

5 ★★ Recopie ces noms en les faisant précéder du déterminant **mon** ou **ma**.

a. comportement
b. décision
c. espoir
d. attitude
e. hésitation

6 ★★ Récris ces groupes nominaux au singulier.

a. tes chaussures
b. ses vêtements
c. ces chapeaux
d. mes chemises
e. ces tenues

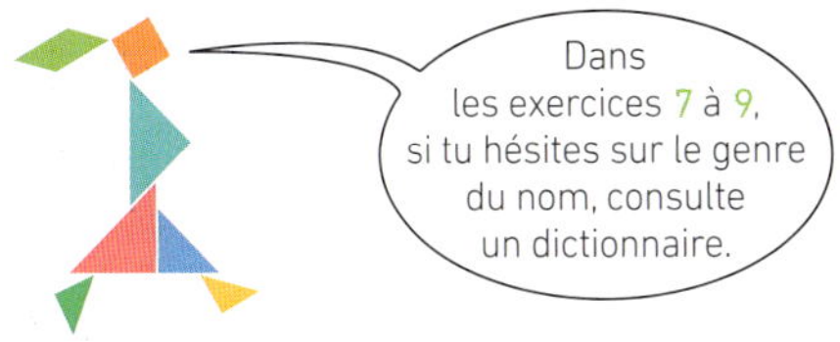

7 ★★ Récris ces groupes nominaux au singulier.

a. les témoignages
b. des indices
c. des enquêtes
d. les manœuvres

8 ★★ Récris ces groupes nominaux en remplaçant **l'** par **un** ou **une**.

a. l'hélice
b. l'haleine
c. l'hospitalité
d. l'hippopotame

9 ★★ Relie le déterminant au(x) nom(s) qui convien(nen)t.

	• colère
ce •	• émotion
cet •	• excitation
cette •	• dévouement
	• élan

10 *Top chrono*

Que le plus rapide gagne ! Trouve :

- 4 noms que tu peux faire précéder de **une** ;
- 4 noms que tu peux faire précéder de **le** ;
- 4 noms que tu peux faire précéder de **cette** ;
- 4 noms que tu peux faire précéder de **cet**.

J'écris

11 Décris cette image en rédigeant un court texte dans lequel tu ne dois pas utiliser plus de deux fois le même déterminant.

33 Le nombre des noms et des adjectifs

Nous observons et nous manipulons

A 1. Observez les noms écrits en bleu et les adjectifs écrits en vert.

① une belle journée
le petit chat

② de belles journées
les petits chats

2. Quelle lettre finale ajoutée repérez-vous dans l'étiquette ② ?
3. Pourquoi cette lettre a-t-elle été ajoutée ?

B 1. Comparez ces couples de groupes nominaux.

a. une souris b. des souris	a. un gros nez b. de gros nez	a. un choix audacieux b. des choix audacieux

2. Quels sont les groupes nominaux singuliers ? pluriels ?
Comment les avez-vous distingués ?
3. Quelle différence repérez-vous avec les mots en couleur du **A** ?

C 1. Recopiez ces couples de mots.

a. un bijou spécial b. des bijoux spéciaux	a. un cheval b. des chevaux	a. un travail matinal b. des travaux matinaux

2. Entourez la (les) lettre(s) qui marque(nt) le pluriel des noms et des adjectifs.

J'apprends la leçon

→ Le « **nombre** » d'un nom ou d'un adjectif est son **singulier** ou son **pluriel**.

→ La plupart des noms et des adjectifs forment leur **pluriel en ajoutant** un -s.
la grande maison → les grandes maisons

→ Les noms en -eu et -au, et les noms et adjectifs en -eau forment leur pluriel en ajoutant un -x.
un jeu → des jeux   un tuyau → des tuyaux
un beau cadeau → de beaux cadeaux

→ Les noms et adjectifs en -al, et quelques noms en -ail forment leur pluriel en -aux.
un cheval loyal → des chevaux loyaux
un travail → des travaux   un corail → des coraux
un vitrail → des vitraux   un émail → des émaux

→ Les noms terminés par -s ou -z, et les noms et adjectifs terminés par -x au singulier, restent **invariables**.
un tapis → des tapis   un nez → des nez
un choix douloureux → des choix douloureux

7 noms en -ou forment leur pluriel en ajoutant un -x.
des bijoux, des cailloux, des choux, des genoux, des hiboux, des joujoux, des poux

Je m'entraîne

1 ★ Recopie les phrases en soulignant **a.** en bleu les groupes nominaux singuliers, **b.** en vert les groupes nominaux pluriels.

a. Dans la plaine, les chevaux galopent près de la rivière.

b. Les petits poneys attendent sagement leur maître.

c. Ces juments ont une belle robe brune.

d. Pour entraîner ses bêtes, le dresseur leur fait franchir des obstacles.

2 ★ Écris le pluriel de ces groupes nominaux.

a. une poupée

b. un déguisement

c. une panoplie

d. un ordinateur

3 ★ Recopie uniquement les noms qui peuvent être au singulier ou au pluriel.

ours • coquilles • bois • rois • gâteaux • champignons • noix • papillons • amis • nez • souris • riz • sols • temps

En cas de doute, consulte un dictionnaire.

4 ★★ Emploie trois noms pluriels de l'exercice 3 dans une phrase de ton choix.

5 ★★ Trie oralement ces groupes nominaux selon leur nombre. Comment as-tu fait ?

a. un prix important

b. les romans historiques

c. des choix audacieux

6 ★★ Écris le pluriel de ces adjectifs.

a. sage • triste • gaie • comique • belle • finale • court • bon

b. beau • nouveau • peureux • vieux

c. sentimental • loyal • général • local • spécial

7 ★★ Emploie quatre adjectifs pluriels de l'exercice 6 dans une phrase de ton choix.

8 ★★ Écris ces groupes nominaux au pluriel.

a. un vieux bâtiment

b. un journal régional

c. un clou pointu

d. un beau bijou

e. un long travail

f. un grand feu

9 ★★★ Récris ces phrases en remplaçant les groupes nominaux écrits en bleu par le pluriel correspondant.

a. Elle remarque une marche dangereuse sur un escalier fragile.

b. Dans cette vitrine, il y a un bijou ancien et un manteau superbe.

c. As-tu déjà vu un hibou dans le bois ?

d. Près du marronnier, tu lis le journal local.

e. J'adore le personnage principal dans ce jeu vidéo.

f. Nous visitons un manoir ancien dans un lieu magnifique.

10 ?? *Jeu orthographique*

Retrouve le nom d'une fleur à partir de la première lettre de chaque mot écrit au singulier.

tuile • tortues • unité • plantes • lys • iguane • artistes • prix • écrivains • envoi

Dictée de phrases

11 Mémorise les phrases transformées de l'exercice 9. Récite-les par écrit.

J'écris

12 Invente une courte histoire dans laquelle tu emploieras ces noms et adjectifs dans l'ordre de ton choix.

grosses machines • petits lutins malicieux • épais matelas • jolis cadeaux originaux • cheminées solides

34 Le nombre des déterminants

Nous observons et nous classons

A 1. Observez ces groupes nominaux.

la trousse • les ciseaux • le crayon • un stylo • des cahiers • l'ardoise • des gommes • les feuilles • les images • une règle

2. Lisez les groupes nominaux a. singuliers, b. pluriels.
Qu'est-ce qui vous a permis de les trier ?

3. Recopiez les déterminants singuliers et pluriels en deux colonnes.

B 1. Observez ces groupes nominaux.

ce kiwi • ces raisins • cette fraise • cet ananas • ces poires • ces oranges

2. Lisez les groupes nominaux a. singuliers, b. pluriels.
Qu'est-ce qui vous a permis de les trier ?

3. Recopiez les déterminants singuliers et pluriels en deux colonnes.

C 1. Observez ces groupes nominaux.

mon chien • son lapin • mes souris • ton hamster • notre cheval • votre jument • nos animaux • ta chienne • ses chats • vos canards • leur âne • ses poules • ma tortue • leurs chatons • tes chiots • sa puce • nos fourmis

2. Lisez les groupes nominaux a. singuliers, b. pluriels.
Qu'est-ce qui vous a permis de les trier ?

3. Recopiez les déterminants singuliers et pluriels en deux colonnes.

J'apprends la leçon

→ Le déterminant indique toujours **si le nom est au singulier ou au pluriel.**
Au **pluriel**, les déterminants sont **identiques devant un nom masculin ou féminin.**

→ Les déterminants singuliers	→ Les déterminants pluriels
un, **une**	**des**
le, **la**, **l'**	**les**
ce (**cet**), **cette**	**ces**
mon, **ton**, **son**, **ma**, **ta**, **sa** **notre**, **votre**, **leur**	**mes**, **tes**, **ses** **nos**, **vos**, **leurs**

Je m'entraîne

1 ★ Recopie les groupes nominaux qui commencent par un déterminant **a.** singulier, **b.** pluriel. Souligne les déterminants.

ton camarade • des craintes • le bonheur • un souci • vos ennuis • son émerveillement • votre gentillesse • la générosité • une idée • ses difficultés • mes vêtements

2 ★ Recopie chaque nom en le faisant précéder de tous les déterminants possibles que tu piocheras dans le sac.

a. école
b. mairie
c. stade
d. monuments
e. rues

une
le des
la un
l' les

3 ★ Recopie chaque nom en le faisant précéder d'un déterminant que tu piocheras dans le sac.

a. maison
b. étage
c. balcons
d. toit
e. fenêtres

ce
ces
cet
cette

4 ★★ Recopie chaque nom en le faisant précéder de tous les déterminants possibles que tu piocheras dans la valise.

a. immeuble
b. ville
c. voitures
d. habitation
e. univers

mon ses leurs
ton son votre
ta mes sa
tes ma notre

5 ★★ Récris ces groupes nominaux au pluriel.

a. l'ombrelle
b. cette pluie
c. notre professeur
d. ta valise
e. leur voyage

6 ★★ Récris ces groupes nominaux au singulier.

a. ces musées
b. nos envies
c. tes habitudes
d. leurs classes
e. des édifices

7 ★★ **a.** Récris ces groupes nominaux au singulier.

tes moules • vos voiles • ces manches

b. Compare tes réponses avec celles de tes camarades. Que remarques-tu ?

c. Emploie chaque groupe nominal singulier dans une phrase de ton choix.

8 Top chrono

Que le plus rapide gagne ! Trouve :

- 4 noms que tu peux faire précéder de **votre** ;
- 4 noms que tu peux faire précéder de **leurs** ;
- 4 noms que tu peux faire précéder de **ses** ;
- 4 noms que tu peux faire précéder de **cet**.

Autodictée

9 Apprends les seize groupes nominaux que tu as formés dans l'exercice 8. Récite-les par écrit.

J'écris

10 Décris cette image en rédigeant un court texte dans lequel tu ne dois pas utiliser plus de deux fois le même déterminant.

35 Les accords dans le groupe nominal

Nous observons et nous manipulons

A 1. Comparez les groupes nominaux des deux étiquettes.

❶ un petit garçon courageux

❷ une petite fille courageuse

2. Quel est le genre du nom écrit en bleu dans l'étiquette ❶ ? dans l'étiquette ❷ ?

3. Recopiez le groupe nominal de l'étiquette ❷ et entourez les transformations dues au changement de genre du nom.

B 1. Comparez les couples de groupes nominaux.

a. une maison hantée
b. des maisons hantées

a. cet animal spécial
b. ces animaux spéciaux

2. Quel est le nombre des noms écrits en bleu en a ? en b ?

3. Recopiez les groupes nominaux b et entourez les transformations dues au changement de nombre du nom.

C 1. Recopiez et comparez ces groupes nominaux.

a. ces athlètes rapides et sérieux b. ces athlètes rapides et sérieuses

2. Quel est le genre du nom athlètes dans le groupe nominal a ? dans le groupe nominal b ? Entourez ce qui vous permet de répondre.

3. Écrivez ces groupes nominaux au singulier.

J'apprends la leçon

→ Dans un groupe nominal, le **déterminant** et le(s) **adjectif(s) s'accordent en genre et en nombre avec le nom.**

le petit **vélo** neuf
→ masculin singulier

la petite **voiture** neuve
→ féminin singulier

les petits **vélos** neufs
→ masculin pluriel

les petites **voitures** neuves
→ féminin pluriel

→ Pour **réussir les accords** dans un groupe nominal, il faut d'abord **observer le déterminant** qui indique toujours le **nombre** et souvent le **genre** du nom et du (des) adjectif(s).

ce joli fruit
→ singulier (masculin)

ces jolis fruits
→ pluriel (masculin)

cette jolie rose
→ singulier (féminin)

→ Si le déterminant n'indique pas le genre, il faut **observer le genre du nom pour accorder l'adjectif** et, si besoin, chercher le nom dans un dictionnaire.

l'océan bleu

les océans bleus

l'eau bleue

les eaux bleues

Un **participe passé** employé comme adjectif s'accorde **comme un adjectif.**
une voiture cassée

Je m'entraîne

1 ★ **Forme des groupes nominaux en piochant un mot dans chaque liste.**

Ⓐ **déterminants** : un • la • cette • des • les

Ⓑ **noms** : ville • ponts • arbre • place • rues

Ⓒ **adjectifs** : encombrées • carrée • sec • fleurie • aériens

2 ★ **Écris ces groupes nominaux au pluriel.**

a. ce livre imagé
b. une histoire courte
c. mon personnage préféré
d. la méchante sorcière
e. cet étrange personnage

3 ★ **Écris ces groupes nominaux au singulier.**

a. de grandes antilopes
b. ces animaux domestiques
c. tes jeunes chats
d. les poules grises
e. ses belles juments

4 ★★ **Écris ces groupes nominaux au pluriel.**

a. cette curieuse ville touristique
b. une belle avenue ombragée
c. la haute maison neuve
d. cet immense magasin fermé
e. un carrefour bruyant et encombré

5 ★★ **Écris ces groupes nominaux au singulier.**

a. de beaux bouquets parfumés
b. ces petits jardins soignés
c. ses extraordinaires plantes exotiques
d. les salades vertes et fraîches
e. ces abricots mûrs et juteux

6 ★★★ **Quel est le genre des noms écrits en bleu ? Quel mot te permet de répondre ?**

a. de superbes mappemondes anciennes
b. ces voiles jaunes et légères
c. des tentacules puissants et immenses
d. les maigres volatiles affamés

7 ★★★ **Récris ces phrases en mettant au pluriel les groupes nominaux soulignés.**

a. Il achète <u>un pantalon blanc</u> dans <u>une petite boutique</u>.
b. Dans cette école, il y a <u>une classe décorée</u> et <u>une cour abritée</u>.
c. As-tu déjà rencontré <u>un petit hérisson</u> sur <u>la route goudronnée</u> ?
d. À côté <u>du grand arbre</u>, tu ramasses <u>une belle écorce légère</u>.

8 ★★★ **Récris le texte en faisant les accords dans les groupes nominaux surlignés.**

François découvre les (haute) (tourelle) (majestueux) du château. L' (ancien) (forteresse) (imposant) présente des (tour) (carré) et (un) (large) (grille) (noir) qui donne accès à (un) (cour) (pavé).

Autodictée

9 a. **Recopie ce texte en repérant les accords dans les groupes nominaux.**

Le long d'une petite route sinueuse, des plantes hautes et touffues offrent une ombre rafraîchissante aux nombreux petits insectes rapides. Une grosse araignée velue tisse sa toile argentée entre des tiges souples.

b. **Apprends le texte et récite-le par écrit en autodictée.**

J'écris

10 **Décris cette maison en quelques phrases. Emploie des adjectifs pour préciser ces noms.**

toit • fenêtres • façade • balcon

36 L'accord du verbe avec un pronom personnel sujet

Nous observons, nous classons et nous manipulons

A **1.** Oralement, faites précéder chaque verbe du (des) pronom(s) personnel(s) qui convien(nen)t.

je tu
il/elle
nous vous
ils/elles

chante chantes
chantons chantent chantez
chantais chantait
chantaient chantions

2. Recopiez chaque verbe précédé de son (ses) pronom(s) personnel(s) sujet(s).

3. Le pronom personnel sujet impose-t-il l'accord du verbe ?

B **1.** Lisez cette liste de verbes.

finis • prends • chantes • portais • garderas • vas • diras • dansais

2. Quel pronom personnel sujet convient à tous ces verbes ?

3. Quelle est la lettre finale commune à ces verbes ?

C **1.** Lisez cette liste de verbes.

grandissent • prennent • danseront • parlent • vont • font • sortaient • parlaient

2. Quels pronoms personnels sujets conviennent à tous ces verbes ?

3. Quelles sont les deux lettres finales communes à ces verbes ?

J'apprends la leçon

→ **Le verbe s'accorde toujours avec le pronom personnel sujet.**

- singulier : *je* chant**e**, *tu* chant**es**, *il/elle* chant**e**
- pluriel : *nous* chant**ons**, *vous* chant**ez**, *ils/elles* chant**ent**

tu **→ -s**	***ils/elles*** **→ -nt**
tu chant**es** *tu* chant**ais**	*ils/elles* parl**ent** *ils/elles* parl**aient**
tu chant**eras**	*ils/elles* parl**eront**

→ **De l'oral à l'écrit**

Certains verbes se prononcent de la même manière mais s'écrivent différemment.
Pour bien écrire la terminaison, il faut **repérer le pronom personnel sujet.**

je → parl**e**
il/elle → parl**e**
tu → parl**es**
ils/elles → parl**ent**

nous → parl**erons**
ils/elles → parl**eront**

Je m'entraîne

1 ★ Récris ces phrases en choisissant le pronom personnel sujet qui convient.

a. (Je • Tu) n'agites pas les bras.
b. (Il • Elles • Je) soulève une chaise.
c. (Nous • Ils) feront une promenade.

Parfois, plusieurs choix sont possibles.

2 ★★ Complète ces phrases avec un pronom personnel sujet qui convient.

a. ... révises la leçon de français.
b. ... prête des crayons à Paula.
c. ... rentreront avant la nuit.
d. ... marchiez sous la pluie.

3 ★★ Recopie ces phrases. Souligne le sujet et accorde le verbe que tu conjugueras au présent.

a. Je décor... le sapin de Noël.
b. Tu ne remarqu... pas les décorations.
c. Elle dépos... des cadeaux devant la cheminée.

4 ★★★ Récris ces phrases avec le pronom personnel sujet a. de la 2e personne du singulier, b. de la 2e personne du pluriel.

a. En voyant le gros chien, elle tremblera de peur.
b. J'irai au magasin.
c. Dans la forêt, elles écouteront les oiseaux.

5 ★★★ Récris ces phrases en remplaçant le pronom personnel sujet par Tu.

a. Il saisit un crayon.
b. Elle ne vient pas.
c. Elle prend le bus.
d. Il récite la leçon.

6 ★★★ Forme trois phrases de ton choix en associant un pronom personnel sujet de la liste A à un groupe verbal de la liste B.

A je • tu • elle • nous • vous • ils
B pratiquer un sport • regarder un spectacle • inviter des amis • bâtir une cabane

7 ★★★ Recopie ces phrases en accordant le verbe avec le pronom personnel sujet. Tu conjugueras les verbes à l'imparfait.

a. Elle (arriver) la première.
b. Ils (poser) les chaises sur la terrasse.
c. Il ne (laisser) pas son chien dans la rue.
d. Elles (former) une équipe.

8 ?? *Jeu orthographique*

a. Observe les pronoms personnels sujets soulignés.

b. Remets dans l'ordre les lettres des verbes.

a. Tu ne ASLPRE pas avec ta voisine.
b. Elles TADSNEN pour la fête de l'école.

c. Récris les phrases avec le verbe correctement reconstitué.

9 ?? *Le jeu des 7 erreurs*

Récris et corrige ce passage écrit par un élève distrait.

Le dresseur entrent en piste. Il parles à ses fauves. Il saisis un fouet et il invitent les lions à sauter dans des cerceaux. Nous tremblont de peur, nous espéront qu'il réussiras !

Autodictée

10 a. Recopie ce texte. Relie d'une flèche la terminaison de chaque verbe au pronom personnel sujet.

Nous avons connaissance de la nouvelle : vous avez trois petits chatons depuis ce matin. Ils ouvrent à peine leurs yeux et ils miaulent doucement. Vous observez leur mère, la chatte. Elle veille sur ses petits.

b. Apprends ce texte et récite-le par écrit.

J'écris

11 Complète ces groupes de phrases. Tu accorderas les verbes avec les pronoms personnels sujets.

a. Je ramasse des branches. Tu .... Nous ....
b. Elle arrive chez son ami.
Il .... Ensemble, ils ....

37 L'accord du verbe avec un groupe nominal sujet

Nous observons et nous manipulons

A **1.** Observez ces deux boîtes.

1

Il applaudit.
Elle applaudit.

2

Ils applaudissent.
Elles applaudissent.

2. À quelle personne et à quel nombre les verbes sont-ils conjugués dans la boîte **1** ? dans la boîte **2** ?

3. Quel pronom personnel sujet de la boîte **1** peut être remplacé par le public ? par la jeune fille ?

4. Quel pronom personnel sujet de la boîte **2** peut être remplacé par les parents ? par les jeunes filles ?

5. Recopiez et complétez ces groupes sujet-verbe selon le modèle.

le public (= il) applaudit

a. les parents (= ...) applaud...

b. la jeune fille (= ...) applaud...

c. les spectatrices (= ...) applaud...

B En vous appuyant sur ce que vous avez découvert en **A**, recopiez et complétez les groupes sujet-verbe selon le modèle.

un enfant heureux (= il) chante

a. une fillette studieuse (= ...) travaill...

b. des ombres gigantesques (= ...) surgiss...

c. les vacanciers heureux (= ...) arriv...

J'apprends la leçon

→ Quand le **groupe nominal sujet** peut être remplacé par :

il ou ***elle***	***ils*** ou ***elles***
↓	↓
le **verbe** s'accorde à la **3e personne du singulier.**	le **verbe** s'accorde à la **3e personne du pluriel.**
Un jeune boulanger fait du pain. = Il	De jeunes boulangers font du pain. = Ils
Une jeune boulangère fait du pain. = Elle	De jeunes boulangères font du pain. = Elles

→ **De l'oral à l'écrit**

Certains verbes se prononcent de la même manière à la 3e personne du singulier et du pluriel mais s'écrivent différemment. Il faut donc **repérer le groupe nominal sujet** pour bien accorder le verbe.

un garçon = il → parle
une fille = elle → parle

des garçons = ils → parlent
des filles = elles → parlent

Je m'entraîne

1 ★ **a.** Associe chaque groupe nominal sujet écrit en bleu au pronom personnel qui lui correspond : il, elle, ils, elles.

b. Recopie les phrases en choisissant le verbe correctement accordé.

a. Ces sommets (impressionne/impressionnent) l'alpiniste.
b. La forêt (cachent/cache) la plus grande partie de l'île.
c. Le marin (arrive/arrivent) sur le rivage.
d. Des chèvres n'(ose/osent) pas s'approcher.

2 ★ Recopie ces phrases en soulignant le groupe nominal sujet et en choisissant le verbe correctement accordé.

a. Les feux (éclaire/éclairent) la rue.
b. Un véhicule (traversait/traversaient) le carrefour.
c. Des affiches (décore/décorent) la place.
d. Une bicyclette (stationnaient/stationnait) sur le trottoir.

3 ★ Choisis oralement le groupe nominal sujet qui convient pour chaque phrase.

a. (Ce conte / Ces contes) proposent des personnages terrifiants.
b. (La rivière / Les rivières) déborde après l'orage.
c. (Le policier / Les policiers) arrête les automobilistes.

4 ★★ Complète oralement ces phrases avec un groupe nominal sujet de ton choix.

a. Cette nuit, ... voleront sans bruit.
b. Souvent, ... fait très peur aux enfants.
c. Sur le bureau, ... posait un crayon de couleur.
d. Dans le parc, ... ramassaient des feuilles mortes.

5 ★★ Recopie ces phrases en mettant le groupe nominal sujet au singulier. Accorde le verbe.

a. Les tapis recouvrent le plancher.
b. Les souris adorent le fromage.
c. Ces palais renfermaient des trésors.
d. Les paysages changeaient selon les saisons.

6 ★★ Récris ces phrases en accordant le verbe avec le groupe nominal sujet. Tu conjugueras les verbes au présent.

a. Des phares lointains (clignoter) dans la nuit.
b. La saison touristique (débuter) en juin.
c. Les jetées ombragées (surplomber) la mer.

7 ★★ Forme trois phrases en associant un groupe nominal sujet de la liste A à un groupe verbal de la liste B. Tu conjugueras les verbes au futur.

A les écoles primaires • des couloirs étroits • les armoires colorées • un grand parasol
B renfermer des livres • décorer la cour • mener aux classes • fermer début juillet

8 ★★ Recopie ces phrases en accordant le verbe avec le groupe nominal sujet. Tu emploieras le présent.

a. Depuis longtemps, les histoires merveilleuses (fasciner) les enfants.
b. Une découverte étrange (provoquer) une grande surprise.

9 ?? *Le jeu des 4 erreurs* Récris et corrige ce passage écrit par un élève distrait.

Le comédien agitent son sac. Les mouvements brusques amuse les enfants. La longue cravate bleue glissent sur la scène. Son grand chapeau tombent dans la poussière.

Dictée préparée

10 Recopie le texte en soulignant les groupes nominaux sujets et en entourant les terminaisons des verbes.

Quand la petite sirène monte à la surface de la mer, le soleil vient de se coucher ; mais les nuages brillent encore comme des roses et de l'or, et une étoile lointaine resplendit.

D'après H. C. Andersen, *Contes*.

J'écris

11 Écris trois phrases en employant ces sujets.

les écailles dures • le souffle fort • la forêt mystérieuse

38 L'accord du verbe avec plusieurs groupes nominaux sujets

Nous observons et nous manipulons

A 1. Observez les phrases du cadre 1 et les phrases du cadre 2.

1

Un chat bondit sur la souris.
Un chaton bondit sur la souris.
Le lion rugit.
La lionne rugit.

2

Un chat et un chaton bondissent sur la souris.
Le lion et la lionne rugissent.

2. À quelle personne les verbes des phrases du cadre 1 sont-ils conjugués ? À quoi le voyez-vous ?

3. Recopiez les phrases du cadre 2 et entourez chaque verbe.
Combien de groupes nominaux sujets chaque verbe a-t-il ?
À quelle personne chaque verbe est-il conjugué ?

B 1. Prononcez ces phrases.

1

La cuisine donne sur la terrasse.
Le salon donne sur la terrasse.
La bibliothèque donne sur la terrasse.

2

La cuisine, le salon et la bibliothèque donnent sur la terrasse.

2. La prononciation du verbe vous permet-elle de différencier la 3e personne du singulier de celle du pluriel ?

3. Expliquez l'accord des verbes dans les phrases du cadre 1.

4. Expliquez l'accord du verbe dans la phrase du cadre 2.

J'apprends la leçon

RAPPEL

Pour repérer un **sujet**, on pose la question **Qui est-ce qui ... ?** ou **Qu'est-ce qui ... ?** devant le verbe.

Un jeune garçon et son chien (sujet) vont (verbe) à la plage.

→ **Le sujet** (Leçon 27 p. 154)

→ Lorsque **plusieurs groupes nominaux** sont **sujets** d'un verbe, le **verbe s'accorde à la 3e personne du pluriel**. La terminaison du verbe est toujours en **-nt**.

Le capitaine (sujet 1), un marin (sujet 2) et un passager (sujet 3) montent (verbe) à bord du navire.

Beaucoup de verbes se prononcent de la même manière à la 3e personne du singulier et du pluriel. Il faut bien **repérer le(s) sujet(s)** pour accorder correctement le verbe.

Je m'entraîne

1 ★ **Recopie ces phrases en soulignant les sujets et en accordant les verbes. Tu emploieras le futur.**

a. Le clown et la cavalière (rentrer) en piste.

b. Un grand vent et une pluie violente (agiter) les branches des arbres.

c. Sur la table, des ananas, des abricots et du raisin blanc (attirer) les invités.

d. Les garçons et les filles (participer) à la compétition de tennis de table.

2 ★ **Recopie ces phrases en soulignant les sujets et en accordant les verbes. Tu emploieras le présent.**

a. Une petite fille et sa mère (monter) dans le bus.

b. Une grande prairie et une forêt (entourer) le lac.

c. Les nuages et le ciel (changer) de couleur avec l'orage.

d. Les élèves et leur professeur (avancer) dans le couloir.

3 ★ **Recopie chaque phrase en la complétant de façon à rendre correct l'accord du verbe.**

a. Le chef ... vont en mission.

b. La directrice ... prépareront les étalages.

c. Ce matin, un énorme camion ... envahissent la rue.

d. Un gros chien ... surgissent d'une maison.

4 ★ **Recopie chaque phrase en la complétant de façon à rendre correct l'accord du verbe.**

a. Un élève ... récitaient un poème.

b. La fleuriste ... réalisaient des bouquets.

c. Hier matin, le lilas ... parfumaient l'allée du jardin.

d. Le jardinier ... plantaient des tulipes.

5 ★★ **Pour chaque verbe, écris une phrase avec deux groupes nominaux sujets. Conjugue chaque verbe au temps demandé.**

a. prendre (futur)

b. faire (présent)

c. finir (présent)

d. observer (imparfait)

6 ★★ **Pour chaque verbe, écris une phrase avec trois groupes nominaux sujets. Conjugue chaque verbe au temps demandé.**

a. cacher (présent)

b. commencer (imparfait)

c. obéir (imparfait)

7 ★★ **Corrige ce texte sans modifier les verbes. Récris-le en complétant les groupes nominaux sujets si nécessaire.**

Deux animaux veulent découvrir le monde. Le renard décident de franchir la rivière. Un paysan voient les deux bêtes traverser son champ. L'animal rusé s'échappent rapidement en se jetant dans un fourré.

Autodictée

8 a. **Recopie ce texte en soulignant les groupes nominaux sujets et en entourant les terminaisons des verbes.**

Alors que le petit Hansel et la jeune Gretel marchent dans la forêt, ils voient une curieuse maison. La porte et les murs semblent en pain d'épice. Par gourmandise, le frère et la sœur croquent un petit morceau d'un volet. Aussitôt, une vieille femme et son chat noir s'approchent des deux enfants.

b. **Apprends ce texte et récite-le par écrit.**

J'écris

9 **Écris trois phrases en employant ces sujets et en conjuguant les verbes au temps de ton choix.**

a. mon père, son frère aîné et son cousin

b. un promeneur matinal et son chien

c. le nageur, le coureur et le judoka

39 Les chaînes d'accords dans un texte

Nous observons et nous manipulons

A 1. Comparez les textes des cadres ① et ②.

①
Tom accomplit une action généreuse : il vole au secours d'une personne en difficulté.
Ce héros agit avec efficacité.

②
Jasmine et Caroline accomplissent une action généreuse : elles volent au secours d'une personne en difficulté. Ces héroïnes agissent avec efficacité.

2. Quels sont le genre et le nombre du sujet écrit en bleu dans le cadre ① ?
Par quels mots ce sujet est-il repris ?

3. Recopiez le texte du cadre ②.
Entourez toutes les transformations dues au changement de sujet.

4. Quelle est la classe grammaticale de chaque mot transformé ?

B 1. Lisez et comparez ces phrases.

a. Ce chien affectueux saute joyeusement dans sa niche.

b. Ces chiennes affectueuses sautent joyeusement dans leur niche.

2. Recopiez la phrase b et entourez toutes les transformations dues au changement de sujet écrit en bleu.

3. Quelles autres classes grammaticales sont transformées par rapport à votre relevé en **A** ?

J'apprends la leçon

→ Dans un texte, le **choix d'un sujet** entraîne une **chaîne d'accords à respecter**.

→ Il faut **toujours** :
- **accorder** le verbe avec le sujet ;
- **choisir** les pronoms personnels et les groupes nominaux qui conviennent pour reprendre le sujet et **accorder** les verbes avec ces pronoms personnels ou groupes nominaux.

Un garçon rentre en classe et il va au tableau. Cet élève écoute la leçon.

Des fillettes rentrent en classe et elles vont au tableau. Ces élèves écoutent la leçon.

→ Il faut aussi penser à :
- **accorder** les adjectifs avec le **nom noyau du groupe nominal** ;
- **choisir** le déterminant possessif qui convient.

Un garçon gentil et sage entre en classe. Cet élève attentif regarde son professeur.

Des fillettes gentilles et sages entrent en classe. Ces élèves attentives regardent leur professeur.

Je m'entraîne

1 ★ **Récris ce texte en remplaçant ❀ par ❀❀.**

La ❀ se réveille sous la rosée du matin. Elle commence à parfumer le jardin. Elle donnera du pollen aux abeilles.

2 ★ **Récris ce texte en choisissant les pronoms personnels ou groupes nominaux qui conviennent.**

Lise imagine un grenier plein de surprises. (Elle/Elles) rêve d'une malle aux trésors. (Le garçon / La fillette) ferme les yeux. (Il/Elle) pense à un costume d'aventurière.

3 ★ **Récris ce texte en choisissant les mots qui conviennent.**

La voiture roule à vive allure dans les collines. (Elle/Elles) (franchit/franchissent) un pont de pierres. (Les véhicules / Le véhicule) (transporte / transportent) des passagers pressés.

4 ★★ **Récris ce texte en choisissant les mots qui conviennent.**

Les vagues (puissants/puissantes) (frappait/frappaient) les rochers. (Ils/Elles) (arrivait/arrivaient) du large et (il/elles) (faisait/faisaient) un vacarme assourdissant.

5 ★★ **Récris ce texte en remplaçant le sujet surligné par Les deux sœurs.**

La jeune fille a poussé le bureau contre le mur du salon. Elle trempe la plume dans l'encre violette et elle commence à écrire. Cette jeune romancière trouve l'inspiration en écoutant les bruits de la maison.

6 ★★★ **Récris ce texte en remplaçant le sujet surligné par Tu.**

Nicolas montre son dessin à son professeur. Il explique son œuvre et il pense que ses camarades la trouveront réussie. Il espère que cela sera le cas.

7 ★★★ **a. Lis ces deux débuts de textes. Dans lequel peux-tu remplacer le sujet surligné par Jade et Julie ? par Jade et Max ? Explique ton choix.**

a. Les deux athlètes expérimentées retrouvent le public.

b. Les deux athlètes expérimentés retrouvent le public.

b. Recopie la phrase a ou la phrase b et la suite du texte que tu complèteras.

Un tonnerre d'applaudissements se fait entendre quand ... entrent dans le stade. ... échauffent ... muscles avant de courir un cent mètres. ... ont l'habitude de garder ... calme avant l'épreuve.

8 ?? *Le jeu des 5 erreurs*

Recopie ce texte écrit par un élève distrait en corrigeant toutes les erreurs dans la chaîne des accords.

Le matin de la fête des Mères, la boulangère et la vendeuse prépare la boutique. Ils installe les gâteaux sur les étagères. Très vite, des clients gourmand dévalise le stock.

Dictée

9 **Écris le texte de l'exercice 8 sous la dictée de ton (ta) professeur.**

J'écris

10 **En t'appuyant sur l'image, écris une courte histoire. Commence ton texte par Les filles ou Le garçon. Respecte la chaîne des accords.**

40 Le son [s]

Nous observons, nous prononçons et nous manipulons

A **1.** Observez et prononcez ces mots.
sombre • classer • façon • suite • citadelle • perfection • effacer • rousse
2. Quelles différentes manières d'écrire le son [s] repérez-vous ?

B **1.** Observez et prononcez ces mots.
citer • solide • consolider • réciter • solidité • récit • solidement
2. Classez-les en deux familles.
3. Comment s'écrit le son [s] dans une famille ? dans l'autre ?

C **1.** Observez et prononcez ces couples de mots.
a. embraser • embrasser
b. poison • poisson
c. base • basse
d. cousin • coussin
2. Recopiez les mots dans lesquels vous entendez le son [s].
3. Comment le son [s] s'écrit-il ?
4. Les lettres qui encadrent le son [s] sont-elles des voyelles ou des consonnes ?

D **1.** Observez et prononcez ces mots.
balance • (il) balançait • balançoire • (nous) balancions • cygne • façon • gerçure
2. Devant quelles lettres le son [s] s'écrit-il **c** ?
3. Devant quelles lettres le son [s] s'écrit-il **ç** ?

E **1.** Observez et prononcez ces noms.
imagination • préparation • création • punition • définition • solution
2. Par quelle syllabe commune ces noms se terminent-ils ?
3. Quelle lettre sert à exprimer le son [s] ?

J'apprends la leçon

→ Le **son [s]** peut s'écrire de plusieurs manières.

→ On peut s'aider des **familles de mots** pour choisir entre **s** (ou **ss**) et **c** (ou **ç**).
sec, séchoir, assécher ≠ glace, glacer, glaçage, glaçon

→ **Quelques règles** peuvent aussi aider à écrire correctement le son [s].

• s ou ss ?
→ s
– en début de mot devant les lettres **a, o, u** : salade, solide, soupe, sucre
– en fin de mot : autobus, ours
– entre une voyelle et une consonne : artiste, basculer
→ ss entre deux voyelles : assez, aussi, poisson

• c ou ç ?
→ c devant les lettres **e, i, y** : face, ici, bicyclette
→ ç devant les lettres **a, o, u** : façade, glaçon, reçu

• t → dans des centaines de noms terminés par **-tion** :
création, finition, solution, action

Je m'entraîne

1 ★ Complète les mots de chaque famille avec l'écriture du son [s] qui convient.

a. suivre : ... uite • ... uivante • pour... uivre

b. souffle : ... oufflerie • ... ouffler • ... ouffleur

c. penser : pen... ée • repen... er • pen... eur

2 ★ Complète chaque phrase avec un mot commençant par s.

a. Le tournesol est une fleur jaune qui se tourne vers le ... .

b. La famille dîne dans la ... à manger.

c. Le lundi est le premier jour de la ... .

3 ★ Complète les mots de chaque famille avec l'écriture du son [s] qui convient.

a. douceur : dou... e • dou... ement • adou... ir

b. féroce : féro... ité • féro... ement

c. cycle : bi... yclette • en... yclopédie • re... ycler

4 ★ Complète chaque phrase avec un mot commençant par c.

a. L'enfant compte sur les ... doigts de sa main.

b. Nous avons vu un film au ... .

c. La flèche a atteint le centre de la ... .

5 ★ a. Observe les lettres écrites en bleu.
b. Prononce ces mots, puis écris-les en choisissant entre s et ss.

une adre... e • une ma... ue • li... er • tre... er • un do... ier • au... i • la pre... e • pa... er • une ta... e • une cla... e • gro... e • hi... er

6 ★ Observe les lettres surlignées et complète ces mots avec s ou ss.

une a... iette • immen... e • un ver... ement • une per... onne • inten... e • un pa... age • une mor... ure • une ble... ure • déte... ter • un pan... ement • une pi... te

7 ★ À partir de chaque adjectif, forme un nom comportant le son [s].

faible → faiblesse

riche • sage • tendre • souple • jeune • noble

8 ★★ Écris le féminin de ces noms. Souligne la (les) lettre(s) qui forme(nt) le son [s].

a. un maître → ...
b. un comte → ...
c. un duc → ...
d. un tigre → ...

9 ★ Observe les lettres écrites en bleu et complète ces noms avec c ou ç.

une ... igale • un gar... on • une expérien... e • une fa... on • une agen... e • un ... igare • une ... entaine • un cale... on • une lan... e

10 ★★ Écris ces formes verbales à la personne du pluriel qui correspond.

a. je lance → ...
b. j'efface → ...
c. j'avance → ...
d. je prononce → ...

11 ★★ Écris ces formes verbales à l'imparfait.

a. nous dénonçons → ...
b. il recommence → ...
c. elles foncent → ...
d. tu prononces → ...
e. vous percez → ...
f. je place → ...

12 ★★ Écris les noms formés à partir de ces verbes. Souligne leur terminaison commune.

a. préparer → une ...
b. adapter → ...
c. articuler → ...
d. utiliser → ...

13 ★★★ Écris les noms en -ition ou -ution formés à partir de ces verbes.

a. définir → ...
b. distribuer → ...
c. apparaître → ...
d. polluer → ...

Dictée préparée

14 a. Récris ce texte en orthographiant correctement le son [s].

Dans la ... oirée, des per... onnes vont acheter des fruits sur la pla... e : des ... itrons, des pamplemou... es et de la pa... tèque. Le commer... ant commen... e à ... ervir les clients.

b. Écris ce texte sous la dictée de ton (ta) professeur.

J'écris

15 a. Écris les noms de ces fruits et légumes.

b. Emploie trois de ces noms dans une phrase.

41 Le son [z]

Nous observons, nous prononçons et nous manipulons

A **1.** Observez et prononcez ces couples de mots.

1		2		3		4	
désert	dessert	ruse	russe	caser	casser	viser	visser

2. Dans quels mots entendez-vous le son [z] ? Recopiez-les.

3. Coloriez les lettres qui entourent le **s**.

4. Ces lettres sont-elles des consonnes ou des voyelles ?

B **1.** Observez et prononcez ces mots.

un zoo — un zèbre — zapper — une zone

2. Où le son [z] est-il placé ? Comment s'écrit-il ?

3. Complétez cette phrase.

Le son [z] en début de mot s'écrit ... .

C **1.** Observez et prononcez à voix haute ces deux phrases.

a. Ils ont conduit les enfants jusqu'à l'école.

b. Ces deux ours sont de vieux amis.

2. Quand entendez-vous le son [z] ?

3. Comment expliquez-vous le son [z] ?

J'apprends la leçon

→ **Le son [z]** à l'intérieur d'un mot, entre deux voyelles, s'écrit généralement **s**.
vision, visuel, viser, visage

→ **Le son [z]** s'écrit **z** :
- en début de mot : zèbre, zoo
- à l'intérieur d'un mot dans quelques mots courants :
onze, douze, treize, quatorze, quinze, seize ;
azur, bazar, bronzer, gazon, magazine

→ **Le son [z]** s'écrit **x** dans trois mots : deuxième, sixième, dixième

À l'oral, quand un mot terminé par un **s** ou un **x** est suivi d'un mot commençant par une **voyelle** ou un **h** muet, on entend la **liaison** en **[z]**.
ces‿amis, ces vieux‿amis, ces‿habits, ces vieux‿habits

Je m'entraîne

1 ★ Recopie et complète ces mots avec le son [z] qui convient.

une pau...e • une ru...e • la rai...on • la cui...ine • des ci...eaux • la conjugai...on

2 ★ Écris ces mots au féminin. Souligne le son [z].

a. peureux → ...
b. joyeux → ...
c. curieux → ...
d. silencieux → ...
e. coiffeur → ...
f. joueur → ...
g. voleur → ...
h. vendeur → ...

3 ★ **a.** Complète les mots de chaque famille avec l'écriture du son [z] qui convient.

a. prison : empri...onner • empri...onnement • pri...onnier

b. dose : do...er • do...age

c. arroser : arro...oir • arro...age

d. raser : ra...oir • ra...age

b. Choisis un de ces mots et écris-le dans une phrase.

4 ★ Complète ces phrases avec un mot contenant le son [z].

a. Dans ce parc, les enfants peuvent courir sur la ... bien verte.

b. Cette ... se termine par un point d'interrogation.

c. J'ai manqué le dernier ... de ma série préférée.

5 ★★ Forme des verbes à partir de ces mots. Souligne le son [z].

utile → utiliser

a. général → ...

b. maître → ...

c. spécial → ...

d. scolaire → ...

e. faveur → ...

f. mémoire → ...

6 ★★ Complète chaque phrase avec un mot commençant par le son [z].

a. L'enfant a fait ... faute : il a réussi sa dictée.

b. Nous avons vu un orang-outang au ... .

c. Le ... est un animal au pelage rayé.

7 ★ Écris ces nombres en toutes lettres.

a. 11 → ...

b. 12 → ...

c. 13 → ...

d. 14 → ...

e. 15 → ...

f. 16 → ...

8 ★★ **a.** Prononce ces phrases en respectant les liaisons en [z].

a. Les animaux de la ferme ont piétiné toutes les herbes du pré.

b. En quelques instants, ces dix hommes sont devenus des aigles.

c. Ils ont transporté les vieux outils sans les abîmer.

b. Recopie ces phrases et souligne les liaisons en [z].

9 ?? *Mots croisés*

a. Complète cette grille avec des mots contenant le son [z].

1. Grand marché ou espace mal rangé.
2. Curieux, étrange.
3. Ligne où la terre et le ciel semblent se rejoindre.
4. Petit reptile.
5. Étendue de terrain, territoire.

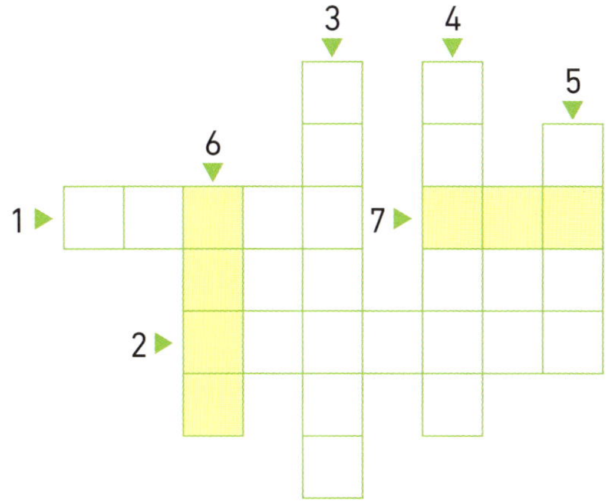

b. Trouve les deux mots mystères en 6 et 7.

Dictée préparée

10 **a.** Récris ce texte en orthographiant correctement le son [z] et en soulignant les liaisons en [z].

Les élèves de CM1 vont au ...oo : ils y rencontrent des chimpan...és ainsi que des gorilles qui les amu...ent. Pendant plu...ieurs instants, ils observent des médu...es géantes dans un aquarium. Un gros lé...ard vert se repo...e sur la pelou...e. Les enfants veulent voir des bi...ons mais ces animaux vivent dans des ré...erves naturelles.

b. Écris ce texte sous la dictée de ton (ta) professeur.

J'écris

11 **a.** Écris les noms correspondant à ces fruits.

b. Emploie trois de ces noms, chacun dans une phrase.

42 Le son [k]

Nous observons, nous prononçons et nous manipulons

A 1. Observez et prononcez ces mots.

carte – compote – cube – corne – écarter – reculer – biscotte

2. Comment la lettre **c** se prononce-t-elle ?
3. Recopiez ces mots en entourant la lettre qui suit le **c**.
4. Les lettres que vous avez entourées sont-elles des consonnes ou des voyelles ? Lesquelles ?

B 1. Observez et prononcez ces mots.

écriture – clair – activité – crème

2. Comment la lettre **c** se prononce-t-elle ?
3. Recopiez ces mots en entourant la lettre qui suit le **c**.
4. Les lettres que vous avez entourées sont-elles des consonnes ou des voyelles ?

C 1. Observez et prononcez ces mots.

équilibre – manquer – fantastique – quitter – question – pourquoi – quand

2. Quel couple de lettres exprime le son [k] ?
3. Recopiez ces mots en entourant la lettre qui suit les deux lettres exprimant le son [k].
4. Les lettres que vous avez entourées sont-elles des consonnes ou des voyelles ? Lesquelles ?

D 1. Observez et prononcez ces mots.

kilomètre – kangourou – karaté

2. Quelle lettre permet d'écrire le son [k] ?

J'apprends la leçon

→ Le **son [k]** s'écrit le plus souvent **c** :
- devant les lettres **a**, **o**, **u**, en particulier dans tous les noms terminés par **-cation** :
  capable, conte, culture ; éducation
- devant les consonnes : actualité, éclair, creux

→ Le **son [k]** s'écrit **qu** :
- dans la conjugaison de plus de 150 verbes en **-quer** :
  fabriquer, nous fabriquons, je fabriquais
- devant les lettres **e**, **i**, en particulier dans plus de 2 000 mots terminés par **-ique** :
  question, équilibre ; magique, informatique
- dans quelques mots courants :
  quatre, quatorze, quarante, cinquante, qualificatif, qualité, quand, quartier, pourquoi

→ Le **son [k]** s'écrit **k** dans des mots d'origine étrangère : kangourou, kimono

Je m'entraîne

1 ★ Observe les lettres écrites en bleu. Recopie ces mots en écrivant correctement le son [k].

a. une ...abane • é...outer • ré...upérer • ...onnaître • une ...ompli...ation

b. un é...rivain • un ...lient • une a...tivité • é...raser • un fa...teur

c. une ...ille • une en...ête • appli...er • ...el...efois

2 ★ Complète les mots de chaque famille avec l'écriture du son [k] qui convient.

a. éclat : é...later • é...latement

b. conte : ...onteur • ra...onter

c. querelle : ...ereller • ...erelleur

d. créer : ...réation • ...réateur • ...réatif

3 ★ Recopie et complète ces mots en écrivant correctement le son [k].

un mas...e • un bis...uit • cha...e • un ...ochon • une ...ousine • un ...reux • ...asser • une ...as...ade • bas...uler • un ...rime • un é...lairage • une ...o...ille

4 ★ Complète ces noms et forme des verbes à partir de ces noms. Souligne le son [k].

indication → indiquer

a. appli...ation → ...

b. provo...ation → ...

c. embar...ation → ...

d. communi...ation → ...

e. expli...ation → ...

5 ★ Conjugue ces verbes au présent à la 1re personne du singulier et du pluriel. Souligne le son [k].

a. critiquer : je ... • nous ...

b. expliquer : je ... • nous ...

c. fabriquer : je ... • nous ...

d. mastiquer : je ... • nous ...

6 ★ Forme des adjectifs en -ique à partir de ces noms.

a. volcan → ...

b. sympathie → ...

c. océan → ...

d. géométrie → ...

e. magie → ...

f. histoire → ...

7 ★ Écris ces nombres en toutes lettres.

a. 4 → ... b. 14 → ... c. 40 → ... d. 50 → ...

8 ★★ Complète chaque phrase avec un mot d'origine étrangère commençant par le son [k].

a. Ce Japonais porte un ... et une large ceinture.

b. Le ... est un fruit à la chair verte.

9 ?? Mots croisés

a. Complète cette grille avec des mots contenant le son [k].

1. Carré de tissu rembourré posé sur un canapé.
2. Portion de pomme ou d'orange.
3. Oiseau multicolore bavard.
4. Mordre avec les dents.
5. Grand reptile à forte mâchoire.
6. Protection pour la tête.

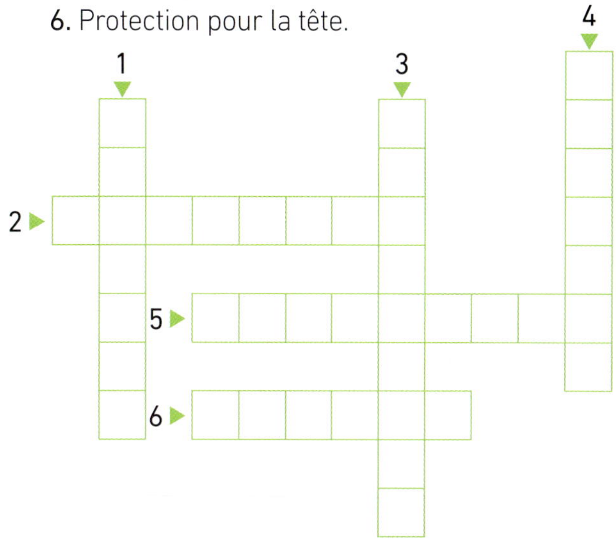

b. Emploie deux de ces mots dans une phrase.

Dictée préparée

10 a. Récris ce texte en orthographiant correctement le son [k].

Près de la ...abane, ...atre ...astors ...assent des branches. Ils rongent l'é...orce des tiges. Ces animaux énergi...es ...onstruisent un barrage. Ils ris...ent de blo...er le ...ours du ruisseau.

b. Écris ce texte sous la dictée de ton (ta) professeur.

J'écris

11 a. Écris les noms correspondant à ces animaux.

b. Emploie trois de ces noms dans une phrase.

43 Le son [g]

Nous observons, nous prononçons et nous manipulons

A 1. Observez et prononcez ces mots.

garder gouvernail aigu gauche

2. Comment la lettre **g** se prononce-t-elle ?
3. Recopiez ces mots en entourant la lettre qui suit le **g**.
4. Les lettres que vous avez entourées sont-elles des consonnes ou des voyelles ? Lesquelles ?

B 1. Observez et prononcez ces mots.

anglais grave segment vinaigre glace

2. Comment la lettre **g** se prononce-t-elle ?
3. Recopiez ces mots en entourant la lettre qui suit le **g**.
4. Les lettres que vous avez entourées sont-elles des consonnes ou des voyelles ?

C 1. Prononcez ces couples de mots.

1	girouette	guimauve
2	geler	guenon
3	agir	aiguiser
4	rangement	bague

2. Recopiez les mots dans lesquels vous entendez le son [g].
3. Entourez la lettre placée après le **g** pour obtenir le son [g].

J'apprends la leçon

→ Le **son [g]** s'écrit le plus souvent **g** :
- devant les lettres **a, o, u** : égalité, gobelet, virgule
- devant les **consonnes** : agrandir, glisser

→ Le **son [g]** s'écrit **gu** devant les lettres **e, i** : vague, guider

Le son [g] s'écrit **c** dans second et seconde.

Je m'entraîne

1 ★ Observe les lettres écrites en bleu. Recopie ces mots en écrivant correctement le son [g].

un ...arage • une ...ourmandise • le lan...age • ré...ulier • un ma...asin • sin...ulier • ...onfler

2 ★ Observe les lettres écrites en bleu. Recopie ces mots en écrivant correctement le son [g].

un ...lacier • une ...rappe • a...randir • ...rise • une é...lise • un in...rédient • la ...rippe

3 ★ **a.** Recopie et complète ces mots en écrivant correctement le son [g].

un ...orille • ...riller • un ...lobe • la conju...aison • l'élé...ance • ...rimper • la ...are • un ...relot • la ...loire • une ...rimace • ...agner • un ...laçon • un ...roupe • du ...ruyère

b. Choisis un de ces mots et écris-le dans une phrase.

4 ★ Observe les lettres surlignées. Recopie ces mots en écrivant correctement le son [g].

a. une va...e • la ...erre • un ...épard • une piro...e • la lan...e • du mu...et

b. une ...itare • ...ider • des ...illemets • un ...idon • dé...iser • san...in

5 ★ a. Recopie et complète ces mots en écrivant correctement le son [g].

un ...ichet • une fi...e • une ...irlande • une ...êpe • ...érir • ...etter • ai...iser • la vi...eur • une fu...e

b. Choisis un de ces mots et écris-le dans une phrase.

6 ★ a. Retrouve des noms de métiers.

psychologique → un(e) psychologue

a. astrologique → un(e) ...

b. archéologique → un(e) ...

c. météorologique → un(e) ...

d. volcanologique → un(e) ...

e. cardiologique → un(e) ...

f. spéléologique → un(e) ...

b. Souligne le son [g].

7 ★ Complète ces phrases avec les noms de métiers de l'exercice 6.

a. Ce ... a monté une expédition dans une grotte.

b. Cette ... pratique des opérations délicates du cœur.

c. Cette ... surveille les éruptions du Piton de la Fournaise.

d. Cet ... étudie les astres et les planètes.

e. Cette ... a découvert un tombeau égyptien.

f. Ce ... annonce le temps de la semaine.

8 ★ Recopie et complète ces mots en écrivant correctement le son [g].

une ...arantie • une ...lissade • ru...eux • la ...orge • la navi...ation • ...ronder • la fati...e • une man...e • une interro...ation • une ...raine • ...rec • un ...ouffre • ...luant

9 ?? *Mots croisés*

a. Complète cette grille avec des mots contenant le son [g].

1. Espionner.
2. Ensemble de personnes.
3. Fauve rayé.
4. Sphère où est dessinée la surface de la Terre.
5. Instrument de musique.
6. Nom qui correspond à « rigoureux ».
7. Insecte piquant.

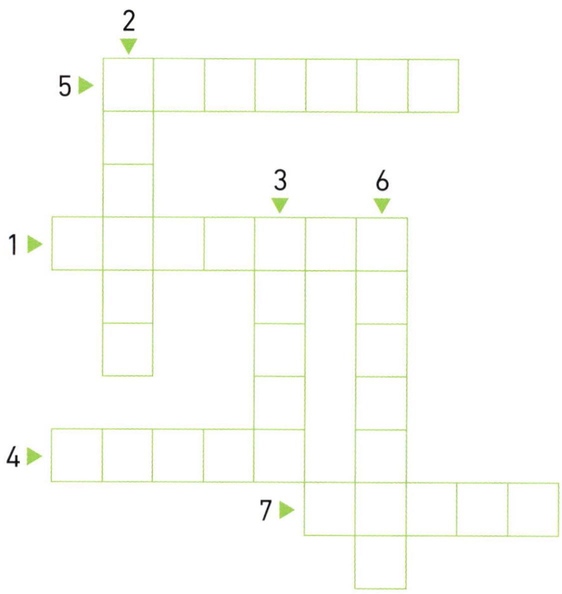

b. Emploie deux de ces mots dans une phrase.

Dictée préparée

10 a. Récris ce texte en orthographiant correctement le son [g].

Dans une ...rotte, près d'un ...ouffre gi...antesque, des bri...ands ...ettent un ...roupe de voyageurs et leur ...ide. En une se...onde, ils les encerclent avec vi...eur et les li...otent. Ils volent leurs ba...ages et fuient par une ...alerie ...lissante.

b. Écris ce texte sous la dictée de ton (ta) professeur.

J'écris

11 a. Écris les noms correspondant à ces animaux.

b. Emploie trois de ces noms dans une phrase.

44 Le son [ʒ]

Nous observons, nous prononçons et nous manipulons

A 1. Observez et prononcez ces mots.

jaune | juge | joue | journée | justice | jaloux

2. Comment le son [ʒ] s'écrit-il ?
3. Quelle est la place du son [ʒ] dans ces mots ?

B 1. Observez et prononcez ces mots.

magique | digérer | génial | rage | gymnaste

2. Comment le son [ʒ] s'écrit-il ?
3. Recopiez ces mots en entourant la lettre qui suit le son [ʒ].
4. Les lettres que vous avez entourées sont-elles des consonnes ou des voyelles ? Lesquelles ?

C 1. Observez et prononcez ces mots.

plongeon | orangeade | nageoire

2. Supprimez les **e** écrits en bleu. Comment les mots se prononcent-ils ?
3. À quoi le **e** sert-il entre la lettre **g** et les lettres **a**, **o** ?

D 1. Prononcez ces mots.

a. passage • nettoyage • message   b. plonger • nager • ranger

2. Recopiez ces deux listes de mots. Soulignez les groupes de lettres communs aux mots de chaque liste.

J'apprends la leçon

→ Le son [ʒ] s'écrit **j** :
- souvent en début de mot : jupe, jaune
- souvent devant les lettres **a**, **o**, **u** : déjà, bijou, juste
- devant la lettre **e**, dans les mots de la famille de *jet* et de *jeune* : jeter, rajeunir
- dans les mots jeu, jeudi, déjeuner, majeur, majesté

→ Le son [ʒ] s'écrit **g** :
- devant les lettres **e**, **i**, **y** : orange, gifle, gymnastique
- dans plus de 1 000 noms terminés par **-age** : passage
- dans plus de 200 verbes terminés par **-ger** : nager

→ Le son [ʒ] s'écrit **ge** devant les lettres **a**, **o** : je nageais, nous nageons

Je m'entraîne

1 ★ a. Prononce ces mots.

a. givre • gigantesque • guitare • janvier
b. page • jade • gare • orangeade
c. geler • jeu • jus • agile • gymnaste • glissade

b. Pour chaque liste, quel est le mot dans lequel tu n'entends pas le son [ʒ] ?

2 ★ Récris ces phrases en complétant les mots avec l'écriture du son [ʒ] qui convient.

a. Elle ne boit ...amais de ...us de pomme au dé...euner.
b. Maxime s'amuse dé...à avec ses nouveaux ...ouets.
c. Il n'est pas ...aloux : il n'envie pas le ...eu de son ami.

3 ★ a. Complète les mots de chaque famille.

a. jet : re...eter • re...et • pro...ection • pro...ectile

b. jeune : ra...eunir • ra...eunissement • ...eunesse

b. Choisis un mot de chaque famille et emploie-le dans une phrase.

4 ★★ Complète chaque phrase avec un mot contenant la syllabe gi.

a. La ... sur le toit tourne avec le vent.

b. La ... est un animal avec un très long cou.

c. Un défaut est à l'... de cet accident.

d. Ce tuyau n'est pas souple : il est ... .

5 ★★ a. À partir de ces verbes, forme des noms en -age.

a. bronzer → ...

b. cirer → ...

c. dresser → ...

d. élever → ...

e. maquiller → ...

f. arroser → ...

g. afficher → ...

h. tatouer → ...

i. dépanner → ...

b. Choisis un de ces mots et emploie-le dans une phrase.

6 ★★ Écris les verbes en -ger correspondant à ces définitions.

a. Rendre plus long. → all...

b. Donner du courage. → enc...

c. Poser des questions. → interr...

d. Se déplacer. → voy...

e. Changer de domicile. → dém...

7 ★★ Observe les lettres écrites en bleu. Complète ces verbes en écrivant correctement le son [ʒ].

a. Je ran...e ma chambre.

b. Elle mélan...era les cartes.

c. Le rat ron...ait un fil.

d. Nous voya...ions en train.

e. Nous man...ons des fruits.

f. Vous son...iez à vos amis.

8 ★★ Écris ces verbes à la personne du pluriel qui correspond.

a. j'éponge → ...

b. j'envisage → ...

c. je plonge → ...

d. je partage → ...

e. j'engage → ...

f. je prolonge → ...

9 ★★ Écris ces verbes à l'imparfait.

a. nous rédigeons → ...

b. elles arrangent → ...

c. vous partagez → ...

d. il nage → ...

e. tu avantages → ...

f. je loge → ...

10 ★★ Récris ces phrases en complétant les mots avec l'écriture du son [ʒ] qui convient.

a. L'animal apeuré ...émit.

b. Quel ...enre de livre ce ...eune lit-il ?

c. L'ascenseur est en déran...ement.

d. Le ...eudi, nous na...ons à la piscine.

e. Les danseuses portent de ...olies ...upes en tulle.

Dictée préparée

11 a. Récris ce texte en orthographiant correctement le son [ʒ].

Des fillettes ...ouent avec des ima...es dans un ...ardin. Soudain, un chat sauva...e veut parta...er leur ...eu. Aussitôt, les enfants ...ettent leurs ima...es. Elles font de grands ...estes pour encoura...er l'animal à partir.

b. Écris ce texte sous la dictée de ton (ta) professeur.

12 Rébus

a. 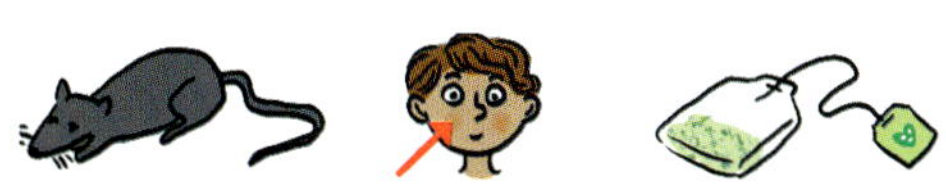

b. 

J'écris

13 a. Écris les noms correspondant à ces métiers.

b. Emploie trois de ces noms, chacun dans une phrase.

45 Le son [ɑ̃]

Nous observons, nous prononçons et nous manipulons

A 1. Observez et prononcez ces mots.

vent | se vanter | ventilateur

vantard | éventail | vantardise

2. Recopiez ces mots en deux familles.
3. Comment s'écrit le son [ɑ̃] dans une famille ? dans l'autre famille ?

B 1. Associez chaque adjectif de la valise ❶ à un verbe de la valise ❷.

❶
impressionnant
agaçant
adoucissant
éblouissant

❷
adoucir
agacer
éblouir
impressionner

2. Prononcez les adjectifs. Comment le son [ɑ̃] s'écrit-il ?

C Prononcez ces mots invariables. Comment le son [ɑ̃] s'écrit-il ?

lourdement • généralement • vraiment • fortement

D 1. Observez et prononcez ces mots.

a. chance • tampon • tambour • chanson • chambre • campagne

b. rencontre • embrouiller • sentir • remplir • emmitoufler

2. Devant quelles lettres le son [ɑ̃] s'écrit-il **am** ?
3. Devant quelles lettres le son [ɑ̃] s'écrit-il **em** ?

J'apprends la leçon

→ Le **son [ɑ̃]** peut s'écrire de plusieurs manières.

→ Pour choisir entre **an** (ou **am**) et **en** (ou **em**), on peut s'aider des **familles de mots**.
lance, lancer, lanceur ≠ mentir, mensonge, menteur

→ **Quelques règles** peuvent aussi aider à écrire correctement le son [ɑ̃].

• an ou am ?
- **an** dans de nombreux adjectifs qui viennent d'un verbe et qui se terminent par **-ant** : éclairant, effrayant
- **am** devant les consonnes **b**, **p** : ambition, ramper

• en ou em ?
- **en** dans de nombreux adverbes qui se terminent par **-ment** : rapidement, lentement

→ Des mots invariables (Leçon 19 p. 140)

- **em** devant les consonnes **b**, **m**, **p** : trembler, emmener, emporter

Je m'entraîne

1 ★ a. Prononce ces mots.

a. décembre • un timbre • entier • janvier

b. une ampoule • attendre • fondre • immense

c. emménager • aménager • emmener • sagement

b. Pour chaque liste, quel est le mot dans lequel tu n'entends pas le son [ɑ̃] ?

2 ★ a. Complète les mots de chaque famille en choisissant la bonne écriture du son [ɑ̃].

a. chant : ch...son • ench...ter • ench...tement • ch...teur

b. dent : d...tier • éd...té • d...tifrice • d...tition

c. camp : c...peur • c...pement • c...pagne

d. emploi : ...ployer • ...ployeur • ré...ploi

b. Choisis un mot de chaque famille et emploie-le dans une phrase.

3 ★ a. Reproduis et complète ce tableau.

verbe à l'infinitif	nom	adjectif ou participe passé
ralentir	...	...
...	...	planté
changer	...	...
...	...	transformé

b. Souligne le son [ɑ̃].

4 ★ Recopie ces couples de phrases en choisissant la bonne écriture du son [ɑ̃].

a. L'infirmière p...se la plaie du blessé.
Jérémy p...se à ses prochaines vacances.

b. Préférez-vous écrire avec une ...cre bleue ou noire ?
Le navire a jeté l'...cre dans le port.

Tu peux vérifier dans un dictionnaire.

c. La t...te de Nicolas vit à Lyon.
Lorsque nous campons, nous utilisons une t...te familiale.

5 ★ À partir de chaque verbe, forme un adjectif comportant le son [ɑ̃].

Suis le modèle.

éclairer → éclairant

a. briller → ... d. peser → ...

b. caresser → ... e. trembler → ...

c. flotter → ... f. couler → ...

6 ★ Observe les lettres écrites en bleu. Complète ces mots avec an ou am.

une b...de • une l...pe • la ch...ce • la r...pe • une ...poule • la b...quise • une ...bul...ce • un c...didat • un v...pire • un p...talon

7 ★ Observe les lettres écrites en bleu. Complète ces mots avec en ou em.

s...bler • ...s...ble • la r...trée • att...tion • la t...pérature • une t...tative • ...murer • un cal...drier • ...prisonner • la p...te

8 ★ À partir de chaque adjectif, forme un adverbe comportant le son [ɑ̃].

Suis le modèle.

faible → faiblement

a. rapide → ... d. énergique → ...

b. riche → ... e. drôle → ...

c. habile → ... f. simple → ...

9 ★ Observe les lettres surlignées. Complète ces verbes qui commencent par en ou em.

a. ...porter • ...magasiner • ...barquer

b. ...paqueter • ...mêler • ...cercler

c. ...cadrer • ...rouler • ...brasser

Dictée préparée

Tu peux vérifier dans un dictionnaire.

10 a. Récris ce texte en orthographiant correctement le son [ɑ̃].

P...d...t les gr...des vac...ces, ...toine et sa t...te vont souv...t à la c...pagne. Ils ...portent d...s leurs bagages une l...pe torche et des ...poules pour t...ter une marche de nuit. Ils auront la ch...ce de r...contrer des g...s intéress...ts.

b. Écris ce texte sous la dictée de ton (ta) professeur.

J'écris

11 a. Écris les noms correspondant à ces dessins.

b. Écris le mot étiquette qui regroupe ces noms.

46 La lettre finale muette d'un nom ou d'un adjectif

Nous observons, nous prononçons et nous manipulons

A 1. Lisez ce texte.

> Bien sûr ! dit Chulak. Ça porte chance d'écrire son nom sur un éléphant blanc. Quand on aura assez d'argent, on pourra se sauver. L'ennui, c'est qu'il est amoureux d'une éléphante du zoo. Tu devrais le voir rougir quand on passe devant. On dirait un sorbet à la fraise géant !
>
> Ph. Pullman, *La Magie de Lila*, © Gallimard Jeunesse, 2019.

2. Lisez à voix haute les mots écrits en couleur. Prononcez-vous leur dernière lettre ?
3. La lettre finale de chacun de ces mots est-elle une consonne ou une voyelle ?
4. Quelle est la classe grammaticale des mots écrits en vert ? des mots écrits en bleu ?

B 1. Observez et prononcez ces couples de mots.

blond	blonde
petit	petite
chinois	chinoise
client	cliente

2. Quel est le genre des mots écrits en noir ? des mots écrits en rouge ?
3. La lettre finale des mots écrits en noir s'entend-elle dans les mots écrits en rouge ?
4. En appliquant cette technique, écrivez ces mots au masculin.

gratuite • marchande • froide • française

5. Prononcez les mots que vous avez écrits et entourez leur lettre finale muette.

C 1. Observez et prononcez ces mots.

ventilateur ventilation éventail

2. À quelle famille de mots ces mots appartiennent-ils ?
3. En quoi la prononciation de ces mots vous aide-t-elle à orthographier le mot vent ?
4. En appliquant cette technique, recopiez et complétez le mot écrit en rouge.

dentiste • dentifrice • dentaire • dentition → une den...

5. Prononcez le mot que vous avez écrit et entourez la lettre finale muette.

J'apprends la leçon

→ De très nombreux **noms** et **adjectifs** se terminent par une **lettre muette**, une consonne que l'on ne prononce pas mais qui s'écrit.
un combat, le galop, petit, gros

→ Pour repérer cette lettre finale muette, on peut :
- mettre le **nom** ou l'**adjectif** au **féminin** (on entend alors la consonne) :
  un marchand → une marchande   petit → petite
- chercher un **mot de la même famille** dans lequel on entend la consonne :
  le vent → un ventilateur   long → une longueur

Je m'entraîne

1 ★ **Écris le masculin de ces adjectifs et entoure la lettre finale muette.**

a. parfaite → ...
b. déserte → ...
c. amusante → ...
d. lente → ...
e. mauvaise → ...
f. surprise → ...
g. précise → ...
h. grise → ...

2 ★ **Écris le masculin de ces noms et entoure la lettre finale muette.**

a. une gagnante → un ...
b. une marchande → un ...
c. une patiente → un ...
d. une Chinoise → un ...

3 ★ **Écris un nom à partir de chaque verbe.**

a. accorder → un ...
b. débuter → un ...
c. débarrasser → un ...
d. bondir → un ...
e. camper → un ...
f. ajouter → un ...
g. retarder → un ...
h. tapisser → un ...

4 ★ **Écris et complète le premier mot de chaque famille.**

a. éclater • éclatement : un écla...
b. réciter • récitation : un réci...
c. dossier • adosser • dossard : le do...
d. pointer • pointe • appointer : un poin...

5 ★★ **Recopie les mots écrits en bleu. Justifie leur consonne finale en proposant un mot de la même famille.**

a. Maud pratique le **sport** au gymnase.
b. Le fermier engraisse un **porc**.
c. Marseille est un grand **port**.
d. Le **galop** de ce cheval est rapide.

6 ★★ **Recopie et complète ces phrases.**

Aide-toi des mots de la même famille proposés entre parenthèses.

a. Le gâteau est servi dans un pla... en argen.... (plateau • argenterie)
b. Un écla... de verre a fait un accro... à sa chemise. (éclater • accrocher)
c. Ce nouga... au citron a bon goû.... (nougatine • goûter)
d. As-tu écouté le débu... de ce chan... ? (débuter • chanteur)

7 ★★ **Recopie et complète ces phrases.**

a. Le boxeur frappe avec son poin.... (poignée • poignet)
b. Cet outi... est tranchant. (outiller • outillage)
c. Le majeur est le doig... le plus long de la main. (digital)

8 ★★★ **Recopie ces phrases et complète les mots avec la lettre finale muette qui convient.**

a. L'arbitre a annoncé un cou... fran....
b. Ce vieux dra... est devenu gri....
c. Cet athlète suédoi... a battu un record en sau....

Tu peux t'aider du dictionnaire.

9 ?? **Mots croisés**

a. **Complète cette grille avec des mots se terminant par une lettre finale muette.**

1. Ensemble des lettres de A à Z.
2. Grande assiette.
3. Cochon.
4. Contraire de courbe.
5. Contraire de large.
6. Contraire de faible.
7. Partie de la main.

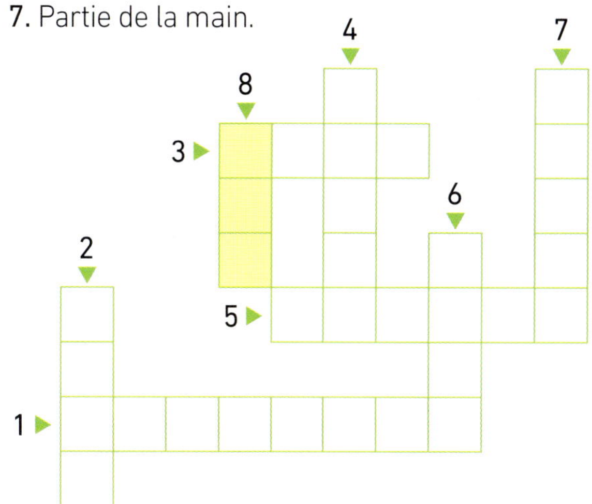

b. Trouve le mot mystère en 8.

Dictée préparée

10 **Apprends les phrases de l'exercice 8 et récite-les par écrit.**

J'écris

11 a. **Trouve trois mots terminés par une lettre finale muette.**
b. **Rédige une phrase avec ces trois mots.**

47 Les homophones du verbe *être* : *est* et *et*

Nous observons et nous manipulons

A **1.** Observez et lisez ces phrases.

❶ Léon **est** chez le coiffeur. Patricia **est** à Marseille.

❷ Ce sportif **est** fier de ses performances. Sébastien **est** un élève de CM1.

❸ Le train **est** parti à l'heure. Il **est** arrivé en gare à midi.

2. Relisez ces phrases en remplaçant est par était. Les phrases gardent-elles un sens ?

3. Quel est l'infinitif de est et était ?

4. À quoi est sert-il dans les phrases ❶ et ❷ : à exprimer un état ou une caractéristique ? une situation dans l'espace ?

5. Dans les phrases ❸, le verbe *être* est-il employé seul ou sert-il à conjuguer les verbes *partir* et *arriver* au passé composé ?

B **1.** Dans ces phrases, pouvez-vous remplacer et par était ?

a. J'attends mon père **et** mon frère.

b. Cette joueuse nous paraît rapide **et** agile.

c. Nous skions **et** patinons.

2. À quoi et sert-il dans ces phrases ?

3. À quelle classe grammaticale les mots soulignés appartiennent-ils dans la phrase a ? dans la phrase b ? dans la phrase c ?

J'apprends la leçon

EST

→ Est est le **verbe *être*** conjugué au présent de l'indicatif à la 3e personne du singulier.

→ Est sert à :
- exprimer une situation dans l'espace : Elle est ici.
- exprimer un état ou une caractéristique : Il est joyeux. Elle est intelligente.
- former le passé composé d'un verbe : Il est parti.

☺ Pour le reconnaître, on peut **remplacer est** par **était**.
Julie est en vacances.
→ Julie était en vacances.

ET

→ Et est un **mot invariable** qui sert à relier :
- des noms, des groupes nominaux : Sophie et Cédric des voitures et des camions
- des adjectifs : joyeux et aimable
- des verbes : Elles observent et recopient.

☹ Attention ! On ne peut **pas remplacer et** par **était**.
Je vois des voitures et des camions.
→ ~~Je vois des voitures était des camions.~~

Je m'entraîne

• Les emplois de est

1 ★ Récris ces phrases en conjuguant le verbe *être* au présent.

a. Sophie était en promenade.
b. Le chien était dans sa niche.
c. Le vélo d'Erwan était chez le garagiste.
d. Marie était triste. Était-elle malade ?
e. Quentin était bon nageur. Était-il aussi bon footballeur ?

2 ★ Récris ces phrases en mettant le sujet écrit en bleu au singulier.

a. Les basketteuses sont en forme.
b. Ces sacs sont sur l'étagère.
c. Les boîtes sont dans le placard.

3 ★★ Récris ces phrases en mettant le sujet au singulier. Fais toutes les transformations nécessaires.

a. Les organisatrices sont arrivées en avance.
b. Les joueurs sont entrés sur le terrain.
c. Des personnes sont venues au concert.

4 ★★ Récris ces phrases au passé composé.

Il part en voyage.
→ Il est parti en voyage.

Aide-toi du modèle.

a. Cédric revient de vacances.
b. Son frère arrive à pied.

• Les emplois de et

5 ★ Complète ces phrases avec les mots proposés. Emploie et pour relier ces mots aux mots écrits en bleu.

transforme | triste | Jade | le jongleur

a. Le dompteur ... impressionnent les enfants.
b. Tu achètes des places pour Chloé ....
c. Le clown est à la fois joyeux ....
d. La magicienne secoue ... un mouchoir.

6 ★★ Complète ces phrases en employant et.

a. Pendant des semaines ..., le pâtissier s'entraîne pour le concours de gâteaux.
b. Devant son maître, le chien saute ....
c. Ma sœur a reçu des cadeaux originaux ....

7 ★★ Avec ces listes de mots, forme des phrases dans lesquelles tu emploieras et.

a. Léa • goûter • une pomme • des raisins
b. Anissa • lire • raconter • une histoire
c. Le cuisinier • préparer • des plats • équilibrés • appétissants

• Est ou et ?

8 ★★★ Recopie et complète ces phrases avec est ou et.

a. Inès ... capable de réaliser ce dessin ... cette maquette.
b. La gagnante ... montée sur le podium ... elle a reçu un prix ... un diplôme.
c. Avec son frère ... son cousin, Enzo ... parti faire du skate.

9 ★★★ Remets dans l'ordre ces mots et groupes de mots. Récris les phrases ainsi obtenues.

a. magnifique • et • l'artiste • est • le tableau • content • est
b. et • Claudine • heureuse de savoir • nager • plonger • est

Autodictée négociée

10 a. Avec un(e) camarade, discute pour choisir entre est ou et. Recopie ce texte.

La pluie ... tombée toute la nuit. Ce matin, la plaine ... sous l'eau. Les prairies ... les champs offrent un paysage surprenant ... inhabituel. Des pompiers ... des secouristes en barques ... en canots sauvent des personnes ... des animaux.

b. Apprends le texte et récite-le par écrit.

J'écris

11 À partir de cette photographie, écris un texte de cinq phrases. Utilise plusieurs fois est et et. Souligne-les.

48 Les homophones du verbe *être* : *sont* et *son*

Nous manipulons, nous prononçons et nous observons

A **1.** Observez et lisez ces phrases.

❶ Mes amis **sont** à la médiathèque. Mes parents **sont** à Toulouse.

❷ Ces enfants **sont** fiers de leur découverte. Ces enfants **sont** des élèves de CM1.

❸ Les trains **sont** partis à l'heure. Ils **sont** arrivés en gare à midi.

2. Relisez ces phrases en remplaçant sont par étaient. Les phrases gardent-elles un sens ?

3. Quel est l'infinitif de sont et étaient ?

4. À quoi sont sert-il dans les phrases ❶ et ❷ : à exprimer un état ou une caractéristique ? une situation dans l'espace ?

5. Dans les phrases ❸, le verbe *être* est-il employé seul ou sert-il à conjuguer les verbes *partir* et *arriver* au passé composé ?

B **1.** Observez et lisez ces phrases.

a. Jérémy part en promenade avec **son** chapeau et **son** parapluie.

b. Ma mère range les draps dans **son** armoire selon **son** habitude.

2. Pouvez-vous remplacer son par étaient ?

3. Le mot son fait-il partie d'un groupe verbal ou d'un groupe nominal ?

4. Quel est le genre et le nombre des mots soulignés dans la phrase a ?

5. Quel est le genre et le nombre des mots soulignés dans la phrase b ? Par quelle lettre chacun d'eux commence-t-il ?

J'apprends la leçon

SONT

→ Sont est le **verbe *être*** conjugué au présent de l'indicatif à la 3e personne du pluriel.

→ Sont sert à :
- exprimer une situation dans l'espace : Elles sont ici.
- exprimer un état ou une caractéristique : Ils sont joyeux. Ils sont intelligents.
- former le passé composé d'un verbe : Ils sont partis.

☺ Pour le reconnaître, on peut **remplacer sont** par **étaient**.
Les enfants sont dans la chambre.
→ Les enfants étaient dans la chambre.

SON

→ Son est un **déterminant possessif** qui s'emploie avec :
- un nom masculin singulier : Lisa pose son crayon.
- un nom féminin singulier commençant par une voyelle ou un **h** muet :
Elle raconte son aventure dans son histoire.

☺ Pour le reconnaître, on peut **remplacer son** par **mon** ou **ton**.
Voilà son personnage et son histoire.
→ Voilà mon personnage et mon histoire.

Je m'entraîne

• Les emplois de sont

1 ★ **Récris ces phrases en conjuguant le verbe *être* au présent.**

a. Les promeneurs étaient dans les bois.
b. Les camions étaient dans la cour de l'usine.
c. Les paquets étaient à la poste.

2 ★ **Récris ces phrases en conjuguant le verbe *être* au présent.**

a. Les poires étaient belles. Étaient-elles mûres ?
b. Ces tissus étaient doux. Étaient-ils solides ?
c. Ces clowns étaient drôles. Étaient-ils agiles ?

3 ★ **Récris ces phrases en mettant le sujet écrit en bleu au pluriel.**

a. La trapéziste est sous le chapiteau du cirque.
b. Ce bouquet est sur la table.
c. La gomme est dans la trousse.

4 ★★ **Récris ces phrases en mettant le sujet au pluriel.**

a. L'infirmière est dans la chambre.
b. La monitrice est près du téléski.
c. La voiture est derrière le portail.

5 ★★ **Récris ces phrases au passé composé.**

Les invités arrivent lundi.
→ Les invités sont arrivés lundi.

a. Les enfants vont au parc.
b. Les pompiers montent dans les étages.
c. Les cavaliers tombent de leurs poneys.

• Les emplois de son

6 ★ **Récris ces phrases en utilisant le déterminant son devant les noms surlignés.**

a. L'enfant pose le cartable près de la table.
b. Le cycliste attache le vélo avec un cadenas.
c. La voisine promène le chien tôt le matin.

7 ★★ **Complète les phrases écrites en bleu en utilisant le déterminant son.**

a. J'attends mon ami. → Il attend ....
b. Voici mon livre préféré. → Voici ....
c. Ton cousin viendra-t-il ? → ... viendra-t-il ?
d. J'ai choisi mon ordinateur. → Il a choisi ....

8 ★★ **Récris ces phrases en remplaçant le nom surligné par le nom entre parenthèses.**

a. (oncle) Julien accompagne sa mère au marché.
b. (bracelet) Emma nettoie sa bague.
c. (histoire) L'enfant lit sa poésie devant la classe.

9 ★★ **Avec ces listes de mots, forme des phrases dans lesquelles tu emploieras son.**

a. professeur • à • parle • élève • le
b. ne • casque • Samuel • pas • prête
c. a • armoire • Jules • déplacé

• Sont ou son ?

10 ★★ **Recopie et complète ces phrases avec sont ou son.**

a. Ludovic et ... meilleur ami ... partis hier.
b. Les courses ... terminées : la jeune femme sort les provisions de ... sac.
c. Avec ... frère et ... père, Kevin prépare les valises : elles ... bouclées.

11 ★★★ **a. À l'oral, remets dans l'ordre ces mots et groupes de mots.**

a. impressionnés • ils • par • aventure • sont • son
b. appréciées • intelligence • sa • et • sont • gentillesse • son

b. Récris les phrases ainsi obtenues.

Autodictée négociée

12 **a. Avec un(e) camarade, discute pour choisir entre sont ou son. Recopie ce texte.**

Augustin et ... ami Gaspard ... partis à la pêche. Dans ... canot, Augustin révèle à ... ami ... coin de pêche. Les cannes ... prêtes. Gaspard lance sa canne et, à ... grand étonnement, il ramène au bout de ... fil une vieille chaussure.

b. Apprends le texte et récite-le par écrit.

J'écris

13 **Décris un jardin. Emploie une fois sont et une fois son.**

49 Les homophones du verbe *avoir* : a et à

Nous observons, nous prononçons et nous manipulons

A 1. Lisez ce texte à voix haute.

> La fée a donné un coup de baguette à chaque souris qui sortait. La souris est alors changée en un beau cheval, ce qui a fait aussitôt un bel attelage à six chevaux. Comme la fée se demande comment faire un cocher, Cendrillon lui dit : « Je vais chercher un rat. » Elle lui apporte la ratière, où il y a trois gros rats. La fée prend l'un des trois. Il a de longues moustaches.
>
> D'après Ch. Perrault, *Cendrillon*.

2. Observez les mots écrits en bleu. Quelles sont les deux façons d'écrire le son [a] ?
3. Relisez le texte en essayant de remplacer les mots écrits en bleu par avait.
4. Où ce remplacement est-il possible ?
5. Quel est l'infinitif de a ?
6. À quelle personne ce verbe est-il conjugué ?
7. Relevez les formes verbales dans lesquelles a sert à former le passé composé.

B 1. Observez ces phrases.

a. Les enfants sourient à l'inconnu.
b. Ils ont une maison à la campagne.
c. Elle range les cartes à jouer.

2. Dans chaque phrase, quelle est la fonction des mots ou groupes de mots écrits en bleu qui commencent par à ?

J'apprends la leçon

A

→ A est le **verbe *avoir*** conjugué au présent de l'indicatif à la 3e personne du singulier.

→ A s'emploie dans des expressions : Il y a des enfants dans la cour. Elle a froid.

→ A sert à :
- exprimer un lien, une possession : Elle a un frère. Il a une voiture de sport.
- former le passé composé d'un verbe : Il a adopté un chat abandonné.

☺ Pour le reconnaître, on peut **remplacer** a par avait.
L'enfant a chaud. Il a couru.
→ L'enfant avait chaud. Il avait couru.

À

→ À est un **mot invariable** qui sert à introduire :
- un complément d'objet après des verbes comme *penser*, *parler* : Je pense à ma grand-mère.
- un complément circonstanciel : à la maison, à huit heures, à pied
- un complément du nom : un cornet à glace

☹ Attention ! On ne peut **pas remplacer** à par avait.
Il vivait à Lyon. → ~~Il vivait avait Lyon.~~

Je m'entraîne

• Les emplois de a

1 ★ **Récris ces phrases en conjuguant le verbe *avoir* au présent.**

a. Ce professeur avait des yeux rieurs.
b. L'athlète avait le sourire aux lèvres.
c. Ma tante avait des poules et des lapins.
d. Mon frère avait une nouvelle console de jeu.

2 ★ **Récris ces phrases en mettant le sujet écrit en bleu au singulier.**

a. Ces glaciers ont attiré les touristes.
b. Les équipes ont gagné.
c. Les musiciens ont joué une symphonie.
d. Ces exercices ont causé du souci à la classe.

3 ★★ **Récris ces phrases en mettant le sujet à la 3e personne du singulier.**

a. Ils ont un canari.
b. Nous avons des voisins charmants.
c. J'ai mal au cœur.
d. Elles ont un vrai talent pour la guitare.

4 ★★ **Récris ces phrases en mettant le sujet au singulier.**

a. Les spectacles ont amusé les enfants.
b. Les coqs ont chanté très fort.
c. Tes frères ont préparé une surprise pour ton anniversaire.
d. Mes cousins ont pris la route des vacances.

5 ★★ **Récris ces phrases au passé composé.**

a. L'école prépare une fête.
b. Béatrice fait un feu de camp.
c. Mon père dresse la tente.
d. Notre invité apprécie le repas.

• Les emplois de à

6 ★ **a. Quel est le nom de ces objets ?**

b. Emploie chacun de ces noms dans une phrase de ton choix.

7 *Top chrono* **Aide ce pâtissier à modifier ses recettes. Remplace le plus vite possible les compléments du nom écrits en bleu par des compléments commençant par à.**

a. une glace au chocolat
b. un coulis au citron
c. un gâteau aux amandes
d. une tarte aux pommes

8 ★★ **Remplace chaque complément circonstanciel surligné par un complément circonstanciel de sens proche commençant par à.**

a. Mon père s'active dans la cuisine.
b. Cet objet est fabriqué manuellement.
c. Ce train roule rapidement.
d. Il va en Bourgogne durant la saison des vendanges.

• A ou à ?

Dictée de phrases

9 **a. Récris ces phrases et complète-les avec a ou à.**

a. La petite chèvre ... cherché ... partir.
b. Elle ... raison de vouloir arriver ... l'heure.
c. Ce touriste ... visité le Louvre et ... parcouru les rues de Paris.
d. Il ... gagné ... chaque fois.
e. Elle ... choisi de se rendre ... la fête foraine.

b. Après correction, écris ces phrases sous la dictée de ton (ta) professeur.

J'écris

10 **a. Associe chaque nom du cadre A à son complément du cadre B pour former des groupes nominaux.**

A	B
casier	manger
lime	ongles
salle	bouteilles
boîte	chaussures

b. Complète ces phrases en employant les groupes nominaux formés.

a. Elle ■ rangé ... dans l'entrée.
b. Cette fille ■ soigné ses ongles avec ... .
c. Il y ■ beaucoup d'invités dans ... .
d. Joe ■ apporté ... dans la cuisine.

50 Les homophones du verbe *avoir* : *ont* et *on*

Nous prononçons, nous comparons et nous observons

A **1.** Lisez ces deux textes.

1

Les enfants ont fait cercle autour du nouveau. Ils ont plein de questions à lui poser. Ils n'ont aucune idée du pays d'où il vient. Ils ont l'impression qu'il est une sorte d'extraterrestre.

2

Les enfants avaient fait cercle autour du nouveau. Ils avaient plein de questions à lui poser. Ils n'avaient aucune idée du pays d'où il venait. Ils avaient l'impression qu'il était une sorte d'extraterrestre.

2. Que devient ont dans le second texte ?

3. Quel est l'infinitif de ont ?

4. À quelle personne ce verbe est-il conjugué ?

B **1.** Lisez ces phrases.

a. On commence à marcher vers un an.

b. On va au cinéma quand il pleut.

c. On a besoin de se protéger du soleil.

2. Quelle est la fonction du pronom on ?

3. Dans quelle(s) phrase(s) le pronom on remplace-t-il les gens en général ? Dans quelle(s) phrase(s) est-il employé à la place de nous ?

4. Observez les verbes qui ont pour sujet on. À quelle personne sont-ils conjugués ?

J'apprends la leçon

ONT

→ Ont est le **verbe *avoir*** conjugué au présent de l'indicatif à la 3e personne du pluriel.

→ Ont s'emploie dans des expressions : Elles ont raison. Ils ont froid.

→ Ont sert à :
- exprimer un lien, une possession : Mes parents ont un cousin. Ils ont un hamster.
- former le passé composé d'un verbe : Ils ont participé.

☺ Pour le reconnaître, on peut **remplacer ont** par **avaient**.
Les enfants ont chaud. Ils ont couru. → Les enfants avaient chaud. Ils avaient couru.

ON

→ On est un **pronom personnel sujet** d'un verbe conjugué à la 3e personne du singulier.

→ On désigne les humains en général ou une ou plusieurs personnes :
On marche entre neuf et dix-sept mois.

→ On s'emploie à l'oral à la place de **nous** :
On est dans la même classe. = Nous sommes dans la même classe.

☺ Pour le reconnaître, on peut **remplacer on** par **nous**.
On part en vacances. → Nous partons en vacances.

Je m'entraîne

• Les emplois de ont

1 ★ **Récris ces phrases en conjuguant le verbe *avoir* au présent.**

a. Ces enfants avaient des cheveux courts.
b. Les cavalières avaient envie de gagner.
c. Les jeux avaient un effet magique sur la classe.
d. Ces groupes avaient une règle : accueillir les nouveaux.

2 ★ **Récris ces phrases en mettant le sujet écrit en bleu au pluriel.**

a. Ce sportif a un excellent mental.
b. Cette personne a chaud.
c. Le festival a lieu en septembre.
d. Cet enfant handicapé a droit au respect.

3 ★★ **Récris ces phrases en mettant le sujet à la 3e personne du pluriel.**

a. Nous avons faim.
b. Vous avez raison.
c. Elle a tort.
d. Il a du succès.

4 ★★ **Récris ces phrases en mettant le sujet surligné au pluriel.**

a. Mon voisin a réalisé une maquette.
b. Le petit garçon a parlé avec le professeur.
c. La compétition a enthousiasmé tout le monde.
d. L'équipe a gagné la confiance du public.

5 ★★ **Récris ces phrases au passé composé.**

a. Ils avaient dansé toute la soirée.
b. Elles avaient préparé la fête.
c. Ils avaient savouré le gâteau de la vieille dame.
d. Elles avaient fait un pari.

6 ★★ **Récris ces phrases au passé composé.**

a. Joëlle et Loïc bavardent avec plaisir.
b. Les petites filles jouent dans la cour.
c. Ces amis inventent un nouveau jeu.
d. Les athlètes finissent leur entraînement.

• Les emplois de on

7 ★ **Complète ces phrases en employant le pronom on. Conjugue le verbe à l'imparfait et accorde-le.**

a. (franchir) ... l'obstacle avec courage.
b. (prendre) ... le bus à huit heures du matin.
c. (lancer) ... le ballon avec force.
d. (pouvoir) ... voir le mont Blanc.
e. (voir) ... un spectacle de marionnettes.

8 ★★ **Récris ces phrases en remplaçant le pronom nous par le pronom on.**

a. Nous avions une idée de sortie.
b. Nous prendrons part aux différents concours.
c. Nous faisons des courses d'orientation.
d. Nous avancions dans le noir.

• Ont ou on ?

9 ★★★ **Récris ces couples de phrases et complète-les avec ont ou on.**

a. Si ... veut arriver à l'heure, il faut partir à temps.
Ils ... voulu arriver à l'heure.
b. Ces élèves ... dénoncé le harcèlement dont souffrait leur camarade.
... doit lutter contre le harcèlement scolaire.
c. Les volcans ... attiré les touristes.
... a vu l'éruption du volcan.

Dictée de phrases

10 **a. Récris ces phrases et complète-les avec ont ou on.**

a. À cette période, ... fait les courses de Noël.
b. Ils ... leur maison de vacances en Espagne.
c. Les canots ... envahi le plan d'eau.
d. Les manèges ... toujours attiré les enfants.

b. Après correction, écris ces phrases sous la dictée de ton (ta) professeur.

J'écris

11 **Décris une publicité en employant au moins deux fois ont et deux fois on.**

51 Terminaisons homophones des verbes et des noms

Nous manipulons, nous trions et nous comparons

A **1.** Lisez oralement ces couples de mots.

une **perle** • il **parle** — la **soupe** • elle **attrape** — une **régate** • il **raconte**

2. Dans chaque couple, par quelle syllabe commune les mots écrits en bleu se terminent-ils ?

3. Lesquels de ces mots sont des noms ? des verbes ?
Comment les avez-vous triés ?

4. Mettez ces groupes de mots au pluriel.
Quelle est la terminaison des noms ? la terminaison des verbes ?

B **1.** Prononcez ces couples de phrases.

1
a. Les enfants **dessinent** des châteaux.
b. Il faut des **bassines** pour recueillir l'eau.

2
a. Ces **roses** sentent vraiment bon.
b. Les acheteurs **reposent** les objets précieux.

2. Quelles syllabes les couples de mots écrits en bleu ont-ils en commun ?

3. Quelle différence grammaticale faites-vous entre ces mots ?

C **1.** Prononcez ces couples de mots. Que constatez-vous ?

a. des fermes • ils ferment
b. les griffes • ils griffent
c. des juges • elles jugent
d. les marches • elles marchent
e. des cuisines • ils cuisinent
f. des notes • elles notent

2. Lesquels de ces mots sont des noms ? des verbes ?
Comment les avez-vous triés ?

J'apprends la leçon

→ Des **noms** et des **verbes** peuvent avoir **une syllabe finale homophone.**

une **tarte** – il **chante**
nom — verbe

→ Des **noms** et des **verbes** peuvent avoir **plusieurs syllabes finales homophones.**

une **boule** – il **roule**
nom — verbe

→ De nombreux **noms** et **verbes** sont **complètement homophones.**

une **aide** – elle **aide**
nom — verbe

→ Il ne faut pas confondre :

- le pluriel des **noms** terminé par un **s** : une **tarte** – des **tartes**
  une **boule** – des **boules**
  une **aide** – des **aides**
- le pluriel des **verbes** en -**nt** à la 3e personne du pluriel au présent :
  il **chante** – ils **chantent** — il **roule** – ils **roulent**
  elle **aide** – elles **aident**

→ Le verbe (Leçon 1 p. 104)
→ Le nom et le groupe nominal (Leçon 14 p. 130)

Je m'entraîne

1 ★ **a.** Recopie et classe ces mots en deux colonnes : les noms et les verbes.

agace • chaise • larme • allume • invite • éclaire • maître

b. Mets les noms au pluriel.

c. Écris les verbes à la 3e personne du pluriel au présent.

2 ★ **a.** Dans chaque couple de mots, quel est le nom ? le verbe ?

a. personne • sonne
b. dispose • chose
c. embarque • barque
d. merle • déferle

b. Mets les noms au pluriel.

c. Écris les verbes à la 3e personne du pluriel au présent.

3 ★ Complète ces mots en t'aidant des mots écrits en bleu.

a. La fermière rentre les poule… .
Ils roule… trop vite.
b. Les prince… entourent le roi.
Ces serrures grince… .
c. Ces musiques apaise… les enfants.
Ils installent les chaise… .
d. Les musiciens tape… sur leurs instruments.
La course comporte des étape… .

4 ★ Mets ces groupes nominaux au pluriel.

a. une forme
b. un charme
c. une ruse
d. une pose
e. la perche

5 ★ Mets ces verbes au pluriel.

a. il glisse
b. elle lance
c. elle tape
d. il marche
e. elle caresse

6 ★★ Classe ces mots en deux groupes : **a.** les noms, **b.** les verbes à la 3e personne du pluriel.

glissent • pistes • poses • ferment • lancent • pinces • causes • forment • ruses

7 ★★ Oralement, forme deux phrases avec chaque mot en l'employant **a.** comme nom, **b.** comme verbe.

a. pince
b. porte
c. coupe
d. colle
e. gifle
f. annonce

8 ★★ Complète chaque phrase avec un de ces mots que tu accorderas.

cause   dose   case   danse   marche

a. Un échiquier comporte soixante-quatre … .
b. Les athlètes prudents … leurs efforts.
c. Les orages … de gros dégâts.
d. Elles … sur scène.
e. Il grimpe les … à toute vitesse.

Dictée de phrases

9 **a.** Complète chaque couple de phrases avec ces mots homophones que tu accorderas.

place   trace   boucle   voyage

a. J'ai acheté des … de cinéma.
Ils … tous leurs espoirs dans ce champion.
b. Les … font rêver.
Elles … en avion.
c. Les enfants … des lignes droites.
Les skieurs laissent des … sur la neige.
d. Ses cheveux ont de belles … .
Elles … leur valise avant le départ.

b. Après correction, écris ces phrases sous la dictée de ton (ta) professeur.

10 Top chrono

Trouve et recopie le plus vite possible les verbes à la 3e personne du pluriel.

marches   lance
ferment   charges
pauses   posent
dépensent   signes
tapent   aiguilles
chargent

J'écris

11 Utilise dans des phrases de ton choix les verbes à la 3e personne du pluriel relevés dans l'exercice 6.

12 Choisis au moins trois de ces mots. Imagine des couples de phrases dans lesquels tu emploieras ces mots au pluriel **a.** comme noms, **b.** comme verbes.

brosse • coupe • affiche • porte • plante • livre

52 Chercher un mot dans le dictionnaire

Nous observons et nous expliquons

A Récitez l'alphabet.

B Observez cette page de dictionnaire.

lituanien

a b c d e f g h i j k **l** m n o p q r s t u v w x y z

Vilnius, capitale de la **Lituanie**

lituanien, enne ➡ Voir tableau p. 6.

liturgie (nom féminin)
Déroulement du culte d'une religion. *Il y a beaucoup de chants dans la **liturgie** orthodoxe.*

livide (adjectif)
Extrêmement pâle. *À la descente du bateau, après la tempête, Yann était **livide**.* (Syn. blême.)

livraison (nom féminin)
Action de livrer à domicile ce qui a été acheté. *Devant l'épicerie, il y a une place prévue pour les véhicules de **livraison**.*

1 **livre** (nom masculin)
Texte imprimé sur des feuilles réunies sous une couverture. *Ursula a pris un **livre** à la bibliothèque. Benjamin veut apprendre à relier les **livres**.* • **Livre de comptes :** registre où l'on inscrit les dépenses et les recettes. • **Livre d'or :** cahier que l'on fait signer par les visiteurs.

2 **livre** (nom féminin)
1. Unité de poids valant 500 grammes. *Une **livre**, c'est un demi-kilo.* 2. Monnaie anglaise. *Clément a échangé ses euros contre des **livres**.*

livrée (nom féminin)
Habit que portaient les domestiques des nobles.

livrer (verbe) ▸ conjug. n° 3
1. Remettre à un acheteur la marchandise commandée. *On vient de nous **livrer** le lit.* 2. Remettre au pouvoir de quelqu'un. *Le meurtrier **s'est livré** à la police. Il **a livré** la ville à l'ennemi.* 3. Se livrer : parler de soi. *C'est quelqu'un de timide qui ne **se livre** pas beaucoup.* (Syn. se confier.) • **Livrer bataille :** se battre. • **Livrer un secret :** le révéler.
Famille du mot : livr**aison**, livr**eur**.

livret (nom masculin)
Petit livre où l'on enregistre certains renseignements. *Sur le **livret** scolaire, les professeurs inscrivent les notes et leurs appréciations.*

livreur, euse (nom)
Personne qui livre les commandes. *Le **livreur** a apporté le poste de télévision.*

Ljubljana
Capitale de Slovénie (278 000 habitants). Ljubljana est un centre industriel, spécialisé dans les domaines chimique et pharmaceutique, ainsi que dans l'agroalimentaire.

lobe (nom masculin)
Partie arrondie du bas de l'oreille.

local, ale, aux (adjectif)
Qui concerne un endroit ou une région. *La météo **locale** a annoncé des chutes de neige. Le dentiste lui a fait une anesthésie **locale**.* ■ **local, aux** (nom masculin) Bâtiment ou salle pouvant servir à tel ou tel usage. *Ils ont trouvé un **local** pour se réunir.* Famille du mot : local**ement**, local**isation**, local**iser**, local**ité**.

localement (adverbe)
Dans certains endroits. *Des orages sont annoncés **localement**.*

localisation (nom féminin)
Action de localiser. *Le radar a permis au navigateur une **localisation** précise de l'iceberg.*

localiser (verbe) ▸ conjug. n° 3
Déterminer le lieu où se trouve quelque chose ou quelqu'un. *Les équipes de secours **ont localisé** les alpinistes.*

localité (nom féminin)
Petite agglomération ou village. *Ils campent dans une **localité** de l'Aveyron.*

748

Dictionnaire Hachette Junior 8-11 ans,
© Hachette Livre, 2018.

C 1. Quelle est la 1re lettre de tous les mots de cette page ?
2. Que lisez-vous dans la bande verticale jaune ?
3. Lisez le mot à gauche tout en haut de la page. Où retrouvez-vous ce mot dans la page ?
4. Quelle est la 2e lettre de chaque mot écrit en violet ?
5. Dans quel ordre les mots sont-ils classés ?

D Quelle lettre (3e, 4e, 5e ou 6e) sert à classer les mots dans chacun de ces couples ?

a. liturgie • livide
b. livide • livraison
c. livraison • livre
d. localement • localiser

E 1. Pourquoi y a-t-il deux fois le mot **livre** ?
2. Pourquoi le mot **Ljubljana** est-il écrit en bleu ?

J'apprends la leçon

→ Dans un **dictionnaire**, les mots sont classés par **ordre alphabétique** (de A à Z) :
- d'abord d'après leur 1re lettre : aventure, brave, courage...
- puis d'après leur 2e lettre : action, agir, arriver...
- et ainsi de suite : ancre, âne, ange...

→ Les **mots repères** écrits en haut de chaque page indiquent le **premier** et le **dernier mot** de la double page.

→ Un dictionnaire comporte :
- des mots de toutes les **classes grammaticales** : noms (arbre), verbes (venir), adjectifs (beau)...
- des **noms communs** et parfois des **noms propres** (Pasteur, Lyon), repérables à leur majuscule ou écrits dans une autre couleur.

Je m'entraîne

1 ★ Pour chaque liste, indique quelle lettre (2e ou 3e) a servi à classer les mots.

A	B	C	D
téléphone	accueillir	lâche	crabe
téméraire	adhérer	léger	créer
tendre	apporter	lire	crier
terme	athlète	lourd	croire

2 ★ Pour chaque liste, indique quelle lettre (4e ou 5e) a servi à classer les mots.

A charcutier chardon charge chariot

B triage tribu tricher trier

3 ★ Quelle liste de mots ne respecte pas l'ordre alphabétique ?

a. courage • courageusement • courageux
b. aucun • audace • audacieux • audience
c. hardi • hanneton • harmonie

4 ★ Classe chaque liste d'animaux par ordre alphabétique.

a. huître • baleine • araignée • éléphant • zébu
b. lion • léopard • langouste • luciole • loup
c. criquet • crevette • crotale • crabe • crapaud

5 ★★ Par deux, classez ces mots en respectant l'ordre alphabétique, puis recopiez-les.

tordre • téméraire • tellement • tenir • tendre • témoin • tracer

6 ★★ Place oralement chaque mot écrit en bleu dans la liste en respectant l'ordre alphabétique.

a. péril : perdre • père • perfection • périmètre • période • perle
b. affronter : affiche • affirmer • affoler • affranchir • affreux • affrontement • affubler
c. obstacle : obscur • obscurité • observer • obsession • obstination • obstiner • obtenir

7 Top chrono

Cherche le plus vite possible ces mots dans un dictionnaire.

apeurer surmonter héroïque

8 Devinettes

Cherche dans un dictionnaire le mot qui correspond à chaque devinette.

a. Je suis une corde terminée par un nœud coulant et je me trouve entre large et latitude.
b. Je suis un déplacement d'animaux en groupes et je me trouve entre microscope et mikado.
c. Je suis une recherche pour découvrir la vérité sur une affaire et je me trouve entre enlacer et enregistrer.

J'écris

9 Pour entrer dans le palais du roi Alphabet, écris trois listes de quatre mots classés dans l'ordre du dictionnaire : des fruits, des arbres et des fleurs. Copie tes listes sans erreur d'orthographe.

53 Lire un article de dictionnaire

Nous observons

élever (verbe) ▸ conjug. n° 8
1. Construire en hauteur. *On **a élevé** un monument à la mémoire des combattants. Le château **s'élève** au-dessus de la vallée.* (Syn. dresser.) **2.** Faire monter à un niveau supérieur. *Les crues **ont élevé** le niveau du fleuve.* **3.** S'occuper d'un enfant, le nourrir et l'éduquer. *C'est sa tante qui l'**a élevé**.* **4.** Nourrir et soigner des animaux. *Ses grands-parents **élèvent** des poules et des lapins.* **5.** S'élever : aller vers le haut. *Le parapente **s'élève** lentement.* (Syn. monter.) **6.** S'élever : atteindre une certaine somme. *Les frais **s'élèvent** à mille euros.* (Syn. se monter.) • **Élever la voix, le ton :** commencer à se mettre en colère. Famille du mot : **éle**vage, **élév**ation, **élev**é, **élev**eur, **surélev**er.

1 bête (adjectif)
Qui manque d'intelligence. *Il est **bête** comme ses pieds.* (Syn. idiot, sot, stupide. Contr. intelligent.) • **Bête comme chou :** très facile. Famille du mot : **abêtir**, **bêtement**, **bêtise**.

faon (nom masculin)
Petit de la biche et du cerf, ou des autres cervidés (chevreuil, daim, etc.). Prononciation [fɑ̃].

Dictionnaire Hachette Junior 8-11 ans,

A **1.** Lisez et comparez ces trois articles de dictionnaire.
2. Quelle est la classe grammaticale de chaque mot ? Où est-elle indiquée ?
3. Combien de sens chaque mot a-t-il ? Comment trouvez-vous cette information ?

B **1.** À quel sens du mot élever chacune de ces phrases correspond-elle ?
a. L'apiculteur élève des abeilles.
b. Le jeune père élève ses enfants avec amour.
c. Il élève un mur au fond du jardin.
2. L'abréviation Syn. (synonyme) présente-t-elle des mots qui ont le même sens que élever ou des mots de sens contraire ? Pourquoi trouve-t-on plusieurs fois cette abréviation ?
3. Relevez les mots de la famille de élever. Où les avez-vous trouvés ?

C **1.** Quels sont les synonymes de bête ?
2. Relevez les mots de la famille de bête ?
3. Que signifie l'abréviation Contr. ?
4. Que signifie l'expression bête comme chou ?

D Comment faut-il prononcer le mot faon ?

→ Annexe p. 225

J'apprends la leçon

→ **Un article de dictionnaire** renseigne toujours sur :
- l'**orthographe** du mot ;
- la **classe grammaticale** du mot ;
- le ou les **sens** du mot.

→ **Un article de dictionnaire** peut aussi indiquer :
- des **exemples** pour éclairer le sens du mot ;
- des **synonymes** du mot ;
- des mots de sens **contraire** (antonymes) ;
- des **expressions** contenant le mot ;
- des mots de la même **famille** ;
- la **prononciation** du mot en alphabet phonétique international (API).

→ Annexe p. 225

Je m'entraîne

1 ★ a. Lis cet article de dictionnaire.

> **milieu, eux** (nom masculin)
> 1. Point situé à égale distance des extrémités. *Thomas a mis la fléchette au beau **milieu** de la cible.* (Syn. centre.). 2. Période située à égale distance du début et de la fin. *Hélène s'est réveillée au **milieu** de la nuit.* 3. Entourage d'une personne. *Dans le train, on rencontre des gens de tous les **milieux**.* 4. Environnement dans lequel vit un être vivant. *Le **milieu** naturel des orchidées est la forêt équatoriale.*

Dictionnaire Hachette Junior 8-11 ans, © Hachette Livre, 2018.

b. Quelle est la classe grammaticale de ce mot ?
c. Écris ce mot au pluriel.
d. Combien de sens ce mot a-t-il ?
e. Quel sens s'applique à un animal ?

2 ★ a. Cherche la définition de reptile.
b. Si cet article cite des noms de reptiles, recopie-les.

3 ★ a. Cherche le sens de batracien et recopie-le.
b. Si tu ne connais pas un mot de la définition, cherche-le et recopie-le.

4 ★★ a. Associe un sujet à chaque sens du verbe mordre.

un poisson | une lime | un chien
une voiture | une enfant

a. Saisir l'appât et se faire prendre.
b. Blesser en serrant entre ses dents.
c. Entamer un fruit avec les dents.
d. Entamer quelque chose en rongeant, en creusant.
e. Dépasser un peu.

b. Rédige un exemple qui explique chaque sens.

5 ★★ a. Prononce ces noms d'animaux en t'aidant de l'alphabet phonétique international (API).
[otʀyʃ] • [ʒiʀaf] • [pyma] • [ʒagwaʀ]
b. Cherche ces noms dans un dictionnaire et recopie-les.
c. Lesquels de ces animaux sont des mammifères ?
d. Cite deux autres mammifères sauvages.

→ Annexe p. 225

6 ★★ a. Cherche dans un dictionnaire le sens des mots écrits en bleu.
a. Il ferme la porte avec un cadenas.
b. Il parle d'un ton ferme.
c. Il exploite une ferme biologique.
d. Il préfère dormir sur un matelas ferme.

b. Combien d'articles de dictionnaire as-tu dû lire ? Pourquoi ?
c. Recopie la définition de ferme qui correspond à chaque phrase.

7 ★★★ a. Lis ces deux articles de dictionnaire.

> **volatil, ile** (adjectif)
> Qui se transforme facilement en vapeur ou en gaz. *L'essence est un produit **volatil**.*

> **volatile** (nom masculin)
> Oiseau de basse-cour. *La fermière vend des **volatiles** au marché.* → Voir **volaille**.

Dictionnaire Hachette Junior 8-11 ans, © Hachette Livre, 2018.

b. Quelle est la classe grammaticale de chaque mot ?
c. Cherche ces mots dans un dictionnaire.
dindonneau • mésange • cane • jars • pintade • canne
d. Lesquels correspondent à un volatile ?
e. Recopie la définition du mot qui ne correspond pas à un volatile.

J'écris

8 Rédige un article de dictionnaire pour le mot tortue.

9 a. Cherche le sens de ces mots dans un dictionnaire.
écurie • palefrenier • poney • selle • mors • étrier • cavalier (cavalière)
b. Écris quatre ou cinq lignes en employant ces mots pour décrire l'image.

54 Des familles de mots

Nous observons et nous manipulons

A 1. Observez cet arbre à mots.

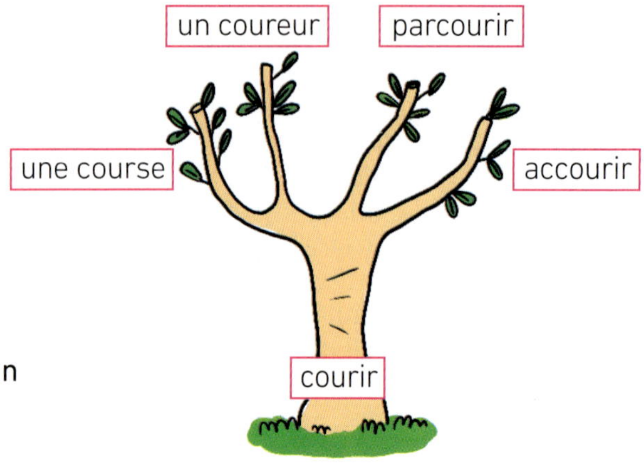

2. Quel est le groupe de lettres (le radical) commun à tous ces mots ?
3. Recopiez les mots de cette famille de mots en soulignant leur radical commun.
4. Quel est l'autre point commun de ces mots ?
5. Proposez une définition de famille de mots.
6. Quelle est la classe grammaticale de chacun de ces mots ? Est-ce la même pour tous les mots ?

B 1. Observez ces mots.

mouvement — mobile — immeuble — immobile — mouvoir — mobilier — meuble

2. Ces mots forment-ils une famille de mots ? Pourquoi ?
3. Combien de formes du radical comptez-vous ?
4. Recopiez ces mots en trois sous-groupes selon la forme du radical.

J'apprends la leçon

→ Une **famille de mots** est composée des mots formés à partir d'un **même radical**.
radical clair- → clair, éclairer, éclairage

→ Dans une même famille de mots, le **radical** peut avoir des **formes différentes**.
clair- → éclairer, éclairage
clar- → clarté, clarifier

→ Les **mots d'une même famille** sont reliés par un **rapport de sens**.
Tous les mots de la famille de clair sont en rapport avec la lumière.

→ Une famille de mots est composée de mots de **classes grammaticales différentes**.
Dans la famille de clair : verbe (éclairer), nom (clarté), adjectif (clair).

Je m'entraîne

1 ★ Indique l'intrus dans chaque liste. Justifie oralement ton choix.

a. porter • apporter • portée • porc • portable
b. saut • sauter • sautiller • seau
c. lune • lumière • lunaire • alunir

2 ★ a. Recopie chaque famille de mots de l'exercice 1 en soulignant le radical.

b. En t'aidant de la famille de mots, explique ces mots.

a. portable
b. sautiller
c. alunir

3 ★ a. Combien de familles de mots repères-tu ?

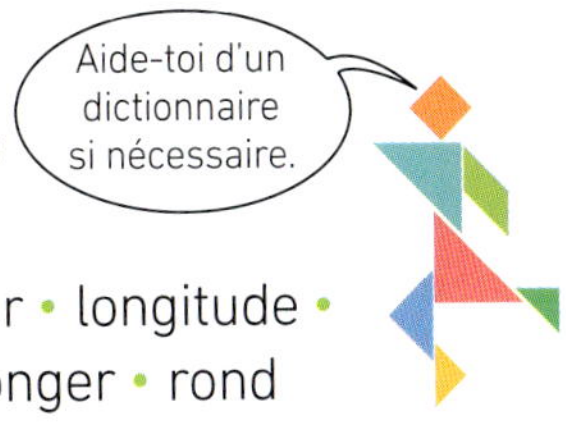

arrondir • long • longueur • longitude • rondeur • longévité • allonger • rond

b. Classe ces mots par famille.

c. Explique ces mots en t'aidant de la famille de mots et d'un dictionnaire.

a. allonger   b. longévité

4 ★★ a. Recopie ces mots en soulignant leur radical.

b. Complète chaque famille de mots avec un autre mot.

a. grand • agrandir • …
b. large • élargir • …
c. dur • endurcir • …
d. lourd • alourdir • …

5 ★★ a. Pour chaque mot, donne deux mots de la même famille.

a. colle
b. chargement
c. lent
d. maigrir

b. Emploie un des mots que tu as proposés dans une phrase de ton choix.

6 ★★ a. Associe à chaque adjectif un verbe et un nom de la même famille.

a. rouge : … • …
b. blanc : … • …
c. faible : … • …
d. doux, douce : … • …

b. Emploie un de ces noms dans une phrase.

7 ★★ Recopie et complète les phrases avec ces mots de la famille de mettre.

émettre remettre émission permettre permission

a. Le jury va … les médailles aux vainqueurs.
b. Ce radar continue à … un signal.
c. Ce pont va … d'accéder à l'île.
d. Il lui a donné la … d'aller au cinéma.
e. Il regarde son … de télévision préférée.

8 ★★ a. Combien de formes du radical repères-tu pour cette famille de mots ?

cheval cavalier chevalier cavalerie chevalerie

b. Recopie chaque forme de radical.

c. Recopie ces mots en les classant selon la forme de leur radical.

9 ★★ a. Combien de formes du radical repères-tu pour cette famille de mots ?

écrire écrivain écriture écritoire écriteau écrit décrire écrivons

b. Recopie chaque forme de radical.

c. Recopie ces mots en les classant selon la forme de leur radical.

Dictée de phrases

10 a. Recopie et complète ces phrases avec des mots de la famille de terre.

a. Ce … vague est envahi par des ronces.
b. En creusant, il a … un trésor.
c. Le chien … son os dans le jardin.
d. L'enfant fait tourner le globe … et rêve de pays lointains.

b. Après correction, écris ces phrases sous la dictée de ton (ta) professeur.

11 ★★★ a. Recopie et complète ces familles de mots.

b. Souligne chaque forme du radical.

a. mer • marin…   b. dire • dictée…

12 ?? *Mots mêlés*

a. Retrouve dans cette grille les six mots de la famille de mettre qui comportent ces deux formes de radical : mett- et miss-.

b. Écris ces mots et souligne leur radical.

X	É	M	I	S	S	I	O	N
H	M	I	S	S	I	O	N	G
M	E	T	T	A	B	L	E	E
E	T	S	I	M	M	S	I	M
M	T	I	S	T	C	O	R	T
I	R	E	M	E	T	T	R	E
I	E	E	T	C	R	R	A	A
É	M	E	T	T	E	U	R	B

J'écris

13 Rédige trois phrases, chacune avec un mot de la famille de mettre que tu as repéré dans l'exercice 12.

55 Préfixes courants

Nous observons et nous manipulons

A **1.** Quel est le radical commun à ces trois verbes ?

porter — apporter — emporter

2. Relevez le groupe de lettres (préfixe) qui précède le radical.
Quel nouveau sens donne-t-il à chaque verbe ?

B **1.** Reliez chaque préfixe au(x) verbe(s) qui convien(nen)t.

com- •	• monter
é- •	• poser
re- •	• mettre
sur- •	

2. Écrivez les verbes que vous avez formés.

C **1.** Observez ces couples d'adjectifs.

a. égal	**a.** possible	**a.** lisible	**a.** réparable
b. inégal	**b.** impossible	**b.** illisible	**b.** irréparable

2. Quelle différence de sens remarquez-vous entre les adjectifs a et b ?

3. Observez les lettres écrites en rouge. Expliquez les variations du préfixe in-.

J'apprends la leçon

→ Un **préfixe** :
- se place **devant le radical** du mot : **app**orter
- peut **varier de forme** selon la première lettre du radical : **ad**mission, **am**ener, **acc**ueillir, **all**éger, **app**orter, **att**errir
- modifie le **sens** du mot : **ap**porter = porter vers ≠ **em**porter = porter hors de

→ Des **préfixes** très courants :

• **re-**	= à nouveau : **re**partir = en arrière : **re**pousser
• **sur-**	= au-dessus de : **sur**passer
• **in-** ou il-, im-, ir-	= le contraire de : **in**égal
• **ex-** ou e-, é-, em-, en-	= hors de : **ex**porter
• **com-** ou con-, cor-, co-	= avec, ensemble : **com**parer, **con**courir
• **ad-** ou a-, ac-, af-, al-, ap-, ar-, as-, at-	= vers : **ap**procher = en plus de : **al**léger

Je m'entraîne

1 ★ **Recopie ces noms et entoure les préfixes.**

surcharge • admission • impossibilité • recharge • émission

2 ★ **Complète ces phrases en employant certains noms de l'exercice 1.**

a. La ... de poids est dangereuse pour la santé.
b. Il a besoin d'un fil de ... pour son téléphone.
c. Cette chaîne lance une nouvelle ... .

3 ★★ **Par quel préfixe faut-il compléter ces verbes ?**

a. J'ai manqué mon enchaînement. Je dois le ...commencer.
b. Grâce à la formule magique, il ...devient grand.
c. J'ai oublié mes clés. Je dois ...tourner à la maison.
d. Ton gâteau est délicieux. Je vais en ...prendre.

4 ★★ **a. Complète ces mots avec le préfixe ad- à la forme qui convient.**

b. Oralement, explique l'orthographe du préfixe.

a. Nous nous sommes ...aptés à la situation.
b. Tu dois ...prendre ta leçon.
c. Mon père m'...mènera au judo.
d. Le miel ...tire l'ours.

5 ★★ **a. Forme le contraire de chaque adjectif à l'aide du préfixe in- à la forme qui convient.**

a. mobile
b. capable
c. accessible
d. réel
e. respectueux
f. prudent
g. légal

b. Emploie deux des adjectifs formés dans des phrases de ton choix.

6 ★★ **a. Complète ces verbes avec le préfixe com- à la forme qui convient.**

a. Le maçon va ...struire une maison.
b. La radio ...munique une grande nouvelle.
c. Je sais ...riger mes erreurs.
d. Les visiteurs ...templent la statue.

b. Écris le nom formé sur chaque verbe.

7 ★★ **Choisis la bonne définition pour chaque mot.**

a. extraire : faire sortir | faire entrer
b. surexcité : un peu excité | excité à l'extrême
c. correspondance : rupture | échange avec quelqu'un
d. acclamer : pousser des cris | baisser la voix

8 ★★ **Complète ces phrases avec les mots de l'exercice 7.**

a. Le dentiste doit ... la dent cariée.
b. Le public va ... son équipe dans le stade.
c. Cet enfant est fatigant car il est sans cesse ... .
d. Leur ... se compose de centaines de lettres.

9 ★★★ **a. Ajoute à chaque adjectif le préfixe ad- à la forme qui convient pour former le verbe correspondant à la définition.**

rendre plus doux → adoucir

a. Rendre plus grand. → ...
b. Rendre plus tendre. → ...
c. Rendre plus sage. → ...
d. Rendre plus pauvre. → ...

b. Emploie deux de ces verbes dans des phrases de ton choix.

10 ★★★ **En t'aidant du préfixe, explique le sens de chaque mot.**

a. incroyable
b. repousser
c. surchauffer
d. emmener
e. affaiblir
f. copain

Autodictée

11 **a. Recopie ce texte en soulignant les dix préfixes.**

Les acclamations du public accueillent l'équipe qui va affronter un adversaire presque impossible à battre. Tous attendent ce match avec impatience et poussent des cris assourdissants. La compétition est rude : les spectateurs retiennent leur souffle.

b. Apprends ce texte et récite-le par écrit sans erreur.

J'écris

12 **Écris un texte de trois ou quatre phrases : emploie au moins trois mots de la leçon comportant un préfixe. Souligne ces préfixes.**

56 Suffixes courants

Nous observons et nous manipulons

A **1.** Recopiez ces listes de mots en entourant leur élément commun.

❶	❷	❸
élevage sauvetage reportage	liberté égalité fraternité	boulanger boucher couturier

2. À quelle place dans les mots cet élément commun se trouve-t-il ?

3. Quelle est la classe grammaticale de tous ces mots ?

B **1.** Reliez chaque nom à l'élément (suffixe) qui convient.

nation • peur • région • chaleur • malheur

-eux • -al

2. Quelle est la classe grammaticale des mots que vous avez formés ?

C Complétez oralement ces radicaux pour former des verbes terminés en -onner, -ifier, -iser.

a. cray... • bout... • chiff... **b.** horr... • clar... • sacr... **c.** cicatr... • vapor... • modern...

D Recopiez ces mots : employez une couleur pour le radical et une autre pour le suffixe.

a. climatique • magique • cubique
b. magicien • parisien • terrien
c. formation • adoration • acclamation
d. navigable • recyclable • utilisable

J'apprends la leçon

→ Un **suffixe** s'ajoute **après le radical** pour former un mot : un nom, un adjectif, un verbe.
radical **personn-** → person**nage**, person**nel**, person**nifier**

Un radical peut prendre plusieurs formes.
radical **clar-/clair-** → clar**té**, clar**ifier**, éclair**age**, éclair**eur** ⇢ Les familles de mots (Leçon 54 p. 208)

→ Les **principaux suffixes** pour former des :

• **noms**	noms masculins			noms féminins		
	-age	un voy**age**		-ation	une récré**ation**	
	-ment	un range**ment**		-ion	la miss**ion**	
				-té	la liber**té**	
	noms de métiers					
	-eur/-euse	un coiff**eur** / une coiff**euse**				
	-(i)er/-(i)ère	un conseill**er** / une conseill**ère**		un polic**ier** / une polic**ière**		
	-teur/-trice	un ac**teur** / une ac**trice**				
	-ien/-ienne	un music**ien** / une music**ienne**				
	-iste	un(e) garag**iste**				
• **adjectifs**	-able	raisonn**able**	-el (-elle)	person**nel** (person**nelle**)	-ible	ris**ible**
	-aire	centen**aire**			-ien (-ienne)	ital**ien** (ital**ienne**)
	-al (-ale)	région**al** (région**ale**)	-eux (-euse)	joy**eux** (joy**euse**)	-ique	techn**ique**
• **verbes**	-ifier	fort**ifier**	-iser	favor**iser**	-onner	addition**ner**

Je m'entraîne

• Les suffixes de noms

1 ★ À partir de ces verbes, forme des noms masculins terminés par le suffixe -age ou -ment.

a. acharner → …
b. tourner → …
c. charger → …
d. applaudir → …
e. coucher → …
f. croiser → …

2 ★ Complète chaque phrase avec un des noms de l'exercice 1.

a. Il a surmonté les difficultés grâce à son … .
b. Le camion s'est renversé. Son … était mal équilibré.
c. Ce … est dangereux. Il faut ralentir.
d. J'ai assisté au … d'un film !

3 ★ a. Forme des noms féminins en -ation à partir des verbes écrits en bleu.

a. le fait de limiter
b. le fait d'imaginer
c. le fait d'adapter
d. le fait de créer

b. Emploie trois de ces noms dans des phrases de ton choix.

4 ★ Forme des noms féminins en -té à partir de ces adjectifs.

propre → propreté
a. ferme • pauvre • rare • fier
solide → solidité
b. stupide • timide • acide

5 ★★ a. Classe ces noms et explique oralement comment tu les as classés.

une technicienne • une fermière • une ouvrière • un berger • un chauffagiste • un caissier • un informaticien • un fleuriste • une dentiste

b. Change le genre de chaque nom.

• Les suffixes d'adjectifs

6 ★ a. Par quel suffixe faut-il compléter ces adjectifs dans chaque liste ?

a. heur… • chanc… • malheur… • joy… • crém… • délici…
b. typ… • crit… • géométr… • trag… • poét…
c. imagin… • ordin… • centen… • minorit… • banc…

b. Écris les adjectifs que tu as formés.

7 ★ Donne l'adjectif en -able ou -ible correspondant à chaque définition.

a. Que l'on peut porter.
b. Que l'on peut plier.
c. Que l'on peut voir.
d. Que l'on peut lire.
e. Qui peut nuire.
f. Que l'on peut mettre.

8 ★ Complète ces adjectifs avec le suffixe -al ou -el.

nation… • univers… • région… • offici… • ré… • individu… • glaci…

9 ★ Complète chaque groupe nominal avec un des adjectifs de l'exercice 8.

a. une température très froide : une température …
b. un remède efficace pour tout le monde : un remède …
c. un fait qui est vrai : un fait …

• Les suffixes de verbes

10 ★ Forme un verbe à partir de chacun de ces noms.

a. abandon
b. rayon
c. crayon
d. façon
e. cloison
f. klaxon
g. impression
h. station

11 ★ a. Complète ces verbes avec le suffixe -iser ou -ifier.

autor… • just… • plan… • cicatr… • local…

b. Complète chaque phrase avec un de ces verbes.

a. Il faut savoir … ses réponses.
b. Le GPS aide à … la destination à atteindre.
c. Sa blessure commence à … .
d. Il a réussi à … toutes ses activités.
e. Veux-tu … ton fils à faire du rugby ?

12 Top chrono

Tous les radicaux A ont perdu leur suffixe B. Reconstitue chaque mot le plus vite possible.

A	B
applic- bâti- extraordin- mag- activi- épic- emball- additi- préfér-	-age -able -onner -ation -té -ique -ment -aire -ière

J'écris

13 Par deux, inventez une histoire en employant un maximum de mots de l'exercice 12.

57 Synonymes

Nous manipulons et nous classons

A 1. Lisez ce texte.

Le héros valeureux avance rapidement vers son adversaire.
Il frappe le sommet de sa tête.
La bête sauvage gémit et s'effondre.

2. Essayez de remplacer les mots écrits en bleu par les mots placés dans les nuages.

le dessus — féroce — courageux — vite — s'écroule

B Recopiez et complétez ce tableau.

	mot de même sens (synonyme)	classe grammaticale
valeureux	= ...	...
rapidement	= ...	...
le sommet	= ...	...
sauvage	= ...	...
s'effondre	= ...	...

J'apprends la leçon

Les synonymes

→ sont des mots qui ont le **même sens** :
haut = élevé

→ ont généralement la **même classe grammaticale** :
- verbe : monter = grimper
- adjectif : haut = élevé
- groupe nominal : la montagne = le mont
- adverbe : rapidement = vite

→ **Des mots invariables** (Leçon 19 p. 140)

→ peuvent avoir des **nuances de sens**
(sens plus ou moins fort, emploi plus ou moins familier) :
adorable > gentil
la peur (courant) = la frousse (familier)

→ permettent d'**éviter les répétitions** :
Il aperçoit à peine **la montagne**. Puis, soudain, **le mont** se dresse devant lui.

Je m'entraîne

1 ★ Dans chaque liste, repère et recopie les verbes synonymes.

a. crier • hurler • gémir
b. demeurer • passer • rester
c. suivre • franchir • dépasser
d. varier • changer • traîner

2 ★ Dans chaque liste, repère et recopie les noms synonymes.

a. danger • refuge • péril
b. cité • ville • hameau
c. bateau • navire • radeau
d. chemin • pré • sentier

3 ★ Dans chaque liste de verbes, repère l'intrus.

a. affronter • attaquer • éviter • combattre
b. construire • bâtir • élever • détruire
c. aider • secourir • assister • abandonner
d. mettre • ôter • poser • appliquer

4 ★★ Dans chaque liste de noms, repère l'intrus.

a. antre • caverne • grotte • chenil
b. chemin • aqueduc • voie • route
c. astre • étoile • rosace • planète
d. rapidité • mollesse • vivacité • hâte

5 ★★ Dans chaque liste, repère les adjectifs synonymes.

a. intrépide • audacieux • craintif
b. astucieux • maladroit • ingénieux
c. grossier • délicat • fin
d. dur • rude • affectueux • sévère
e. brillant • scintillant • terne

6 ★★ Recopie chaque liste et entoure les couples de synonymes.

a. charmant • grincheux • aimable • désagréable
b. aigre • doux • exquis • mordant
c. mou • rapide • vif • endormi
d. éclatant • ténébreux • lumineux • obscur

7 ★★ Propose un synonyme pour chacun de ces mots.

a. (une) demeure → ...
b. guider → ...
c. baisser → ...
d. habile → ...

8 ★★ Indique pour chaque couple de synonymes le mot qui a le sens le plus fort.

a. avancer • se précipiter
b. remarquable • beau
c. action • exploit
d. difficile • insurmontable
e. terrifiant • inquiétant
f. délicieux • bon

9 ★★ Récris chaque phrase en remplaçant le mot écrit en bleu par un synonyme rencontré dans les exercices 1 à 8.

a. Cette enfant **audacieuse** a affronté de nombreux **dangers**.
b. Le monstre **inquiétant changeait** souvent sa tactique.
c. Il **construit** un **beau** palais.
d. J'admire les **actions** de ce héros.

10 ★★★ Remplace le(s) mot(s) surligné(s) par le synonyme qui convient.

a. **sévères • durs**
Je préfère les matelas fermes.

b. **décider • couper**
Le boucher va trancher la viande.

c. **hausser • grimper**
Il monte le son de la télévision.

d. **la leçon • la suite**
Le cours de ces événements est incroyable !

e. **lumières • cloques**
En courant, il s'est fait des ampoules au pied.

11 ?? *Le mot mystère*

Retrouve dans la grille un synonyme de saut.

A	U	B	E
C	L	O	S
P	U	N	I
L	X	D	M

J'écris

12 Décris un paysage de ton choix en employant des synonymes des exercices 1 à 10.

58 Antonymes

Nous comparons et nous classons

A 1. Lisez et comparez ces deux textes.

❶

La nouvelle élève arriva un matin **clair** et **ensoleillé**. Elle avança **rapidement** et avec **assurance** dans la cour. Aussitôt, les autres enfants s'approchèrent et tournèrent leurs regards vers la fillette.

❷

La nouvelle élève arriva un matin **sombre** et **pluvieux**. Elle avança **lentement** et avec **timidité** dans la cour. Aussitôt, les autres enfants s'éloignèrent et détournèrent leurs regards de la fillette.

2. Les mots en couleur sont-ils des synonymes ou des mots de sens opposé (antonymes) ?

B Recopiez et complétez ce tableau.

	mot de sens opposé (antonyme)	classe grammaticale
clair	≠ ...	...
ensoleillé	≠ ...	...
rapidement	≠ ...	...
assurance	≠ ...	...

C 1. Relisez la dernière phrase des textes ❶ et ❷.

2. Relevez deux couples d'antonymes et indiquez leur classe grammaticale.

J'apprends la leçon

Les antonymes

→ sont des mots de **sens opposé** :
haut ≠ bas

→ ont généralement la **même classe grammaticale** :
- verbe : monter ≠ descendre
- adjectif : haut ≠ bas
- groupe nominal : la vitesse ≠ la lenteur
- adverbe : rapidement ≠ lentement

→ se forment souvent à l'aide d'un **préfixe** :
connu ≠ **in**connu
adroit ≠ **mal**adroit
habiller ≠ **dés**habiller

→ **Préfixes courants** (Leçon 55 p. 210)

Je m'entraîne

1 ★ Propose un antonyme pour chacun de ces adjectifs.

a. mou → ...
b. fin → ...
c. souple → ...
d. léger → ...
e. inférieur → ...

2 ★ Écris un antonyme pour chacun de ces verbes.

a. ouvrir → ...
b. parler →
c. flotter → ...
d. emporter → ...

3 ★ Trouve un antonyme pour chacun de ces noms.

a. lourdeur → ...
b. méchanceté → ...
c. vitesse → ...
d. froid → ...

4 ★ Dans chaque liste, repère l'antonyme du mot écrit en bleu.

a. crier : hurler • clamer • murmurer
b. accueillir : recevoir • repousser • héberger
c. cruel : méchant • gentil • violent
d. la tolérance : le refus • l'acceptation • la bienveillance

5 ★★ Pioche dans chaque cartable un mot et son antonyme. Recopie-les.

1
sortir inclure
facile fragile
coloré maigreur
jeunesse

2
exclure vieillesse
grosseur pâle
solide difficile
entrer

6 ★★ a. Forme l'antonyme de ces adjectifs à l'aide d'un préfixe.

a. utile → ...
b. abordable → ...
c. sensible → ...
d. possible → ...
e. lisible → ...

b. Entoure chaque préfixe employé.

7 ★★ a. Forme l'antonyme de ces verbes à l'aide d'un préfixe.

a. charger → ...
b. monter (un meuble) → ...
c. coller → ...
d. colorer → ...

b. Entoure chaque préfixe employé.

8 ★★ Récris ces phrases en remplaçant le mot écrit en bleu par un antonyme.

a. Ce meuble semble robuste.
b. Il avance avec difficulté.
c. Tu es trop jeune pour cette activité.
d. Les enfants repoussèrent le nouveau venu.
e. L'atmosphère de ce lieu est agréable.

9 ★★★ a. Propose un antonyme pour chacun de ces mots.

a. lâche
b. savant
c. santé
d. attentif
e. plaisant

b. Emploie deux de ces antonymes dans une phrase qui mettra leur sens en valeur.

10 ?? *Devinettes*

Trouve l'antonyme de chaque mot.

a. clarté ≠ O _ _ _ _ _ _ _ É
b. coupable ≠ I _ _ _ _ _ _ T
c. additionner ≠ S _ _ _ _ _ _ _ _ E

J'écris

11 Fais le portrait de ces deux personnages en employant au moins trois antonymes.

59 Des homonymes lexicaux

Nous prononçons, nous observons et nous comparons

A 1. Lisez ce texte silencieusement.

> Gaston traverse le champ. Il se dirige vers la ferme qui est située non loin de la mer. Il est heureux et son chant s'élève dans les airs. Il marche d'un pas léger. Il ouvre puis ferme le portail, franchit la petite marche et embrasse sa mère qui est dans le jardin.

2. Prononcez les couples de mots surlignés de la même couleur. Que remarquez-vous ?

3. Recopiez ces couples de mots.

4. Lesquels s'écrivent différemment ? Soulignez les lettres qui les différencient à l'écrit.

B 1. Observez et prononcez ces couples de mots. Que remarquez-vous ?

elle **marche**	la **marche**

il **ferme**	la **ferme**

2. Quelle est la classe grammaticale des mots en gras dans la partie rose des dominos ? dans la partie bleue ?

C 1. Observez et prononcez ces couples de mots. Que remarquez-vous ?

a. une livre de cerises

b. un livre de cuisine

a. la voile du bateau

b. le voile de la mariée

2. Quel est le genre des noms noyaux en a ? en b ?

J'apprends la leçon

Les homonymes

→ sont des mots de **sens différent** qui **se prononcent de la même façon** :
une **mer** bleue
une **mère** de famille

→ s'écrivent parfois de la **même manière** :
Il **ferme** la porte.
Il travaille à la **ferme**.

→ ont très souvent une **classe grammaticale différente** :
une **marche** ≠ il **marche**
nom — verbe

→ sont souvent des noms de **genre différent** :
le **livre** ≠ la **livre**
masculin — féminin

Je m'entraîne

1 ★ Recopie et complète ces phrases avec un de ces homonymes.

la cour   le court   le cours

a. J'admire … de ce fleuve majestueux.

b. Le roi vit à … avec ses sujets.

c. Le tournoi se déroule sur le … de tennis en terre battue.

2 ★ Recopie et complète ces phrases avec un de ces homonymes.

vers   vert   verre   ver

a. Le … de terre est un petit animal au corps mou.

b. J'ai rempli ton … de jus d'orange.

c. Tu te diriges … la gare.

d. Le … est un mélange de bleu et de jaune.

3 ★★ a. Pioche dans les cartables des couples d'homonymes. Recopie-les.

1	2
foie sang coup quand tante danse	tente cou dense fois sans camp

b. Vérifie le sens de ces mots dans un dictionnaire.

c. Emploie quatre de ces homonymes dans des phrases de ton choix qui mettront leur sens en valeur.

4 ★★ a. Recopie et complète ces couples de phrases avec les homonymes qui conviennent.

a. voix • voie
Cette rue est une … en impasse.
Il a pris froid : sa … est enrouée.

b. flan • flanc
L'animal malade est couché sur le … .
J'aime le … au caramel.

c. or • hors
Il a une belle montre en … .
Je ne le vois pas : il est … de ma vue.

d. seau • saut
Elle pratique le … à la perche.
Je ne peux pas porter ce … trop rempli.

b. Souligne la (les) lettre(s) qui différencie(nt) les homonymes.

5 ★★ Emploie chacun de ces homonymes dans une phrase qui mettra son sens en valeur.

a. (un) fil • (une) file

b. (une) patte • (une) pâte

c. (la) peau • (le) pot

d. (un) conte • (un) compte

e. (un) pin • (du) pain

6 ★★ a. Indique la classe grammaticale de chacun de ces homonymes.

a. (une) danse • dense

b. (une) pause • (il) pose

c. dans • (une) dent

d. ma • (un) mât

b. Emploie chacun de ces homonymes dans une phrase qui mettra son sens en valeur.

7 ★★★ Complète ces couples de phrases avec des homonymes.

a. Une phrase se termine par un … .
Le boxeur a frappé avec son … .

b. Je n'ai pas mangé : j'ai … .
Le soleil se couche à la … de la journée.

c. J'écris à l'… bleue.
Le bateau a jeté l'… dans la baie.

d. Ce vêtement coûte … .
Quand j'ai froid, j'ai la … de poule.

8 ?? *Devinettes*

Retrouve les homonymes qui correspondent à ces définitions.

a. J'ai des enfants. Je suis un … .

b. Je suis un ensemble de deux chaussettes. Je suis une … .

c. Je qualifie les chiffres 2, 4, 6 et 8. Je suis … .

J'écris

9 Emploie chacun de ces couples d'homonymes dans deux phrases qui mettront leur sens en valeur.

1. mois / moi
2. laid / lait
3. pousse / pouce

60 Des mots invariables à mémoriser

Nous observons et nous classons

A **1.** Lisez ces deux groupes de phrases.

❶
a. Les sportifs font **souvent** des échauffements.
b. Tu fais **souvent** des excursions en montagne.
c. Nous allons **souvent** à Marseille.

❷
a. Les enfants font **parfois** de la trottinette.
b. Je fais **parfois** la cuisine.
c. Tu te trompes **parfois**.

2. L'orthographe des mots écrits en bleu varie-t-elle d'une phrase à l'autre ?

3. Recopiez les trois mots écrits en bleu en entourant leur consonne finale.

B **1.** Comparez les verbes des phrases ❶ et des phrases ❷.

❶	❷
Il a **davantage** de courage.	Elles ont **davantage** de courage.
Elle a chanté **aujourd'hui**.	Ils ont chanté **aujourd'hui**.
Il tombe **tout à coup**.	Ils tombent **tout à coup**.

2. L'orthographe des mots en gras varie-t-elle d'une phrase à l'autre ?

3. Combien d'éléments chacun des mots en gras comporte-t-il ?

C **1.** Lisez ces couples de phrases.

a. Elle se comporte **sagement**. Ils se comportent **sagement**.
b. Le bateau est **solidement** attaché. Les cordes sont **solidement** nouées.

2. Quelle est la classe grammaticale des mots écrits en bleu ?

3. L'orthographe des mots écrits en bleu varie-t-elle d'une phrase à l'autre ?

4. Recopiez les deux mots écrits en bleu et entourez leur suffixe commun.

J'apprends la leçon

→ Les **mots invariables s'écrivent** toujours de la **même façon**. Il faut les apprendre par cœur ♥.

→ La **lettre finale** des principaux mots invariables :

• -s	– exprime le **temps** : alors, après, autrefois, jamais, longtemps, puis (depuis), parfois, quelquefois, toujours – exprime le **lieu** : ailleurs, dehors, près de, vers (à travers) – mais, très
• -t	– exprime le **temps** : avant, pendant, souvent, tôt (aussitôt, bientôt) – exprime le **lieu** : devant, partout – surtout
• -d	quand, tard
• -à	déjà, là, voilà
• -i	ici, voici

Le **d** de quand se prononce [t] s'il est suivi d'une voyelle : on fait la **liaison**.
Quand il pleut, je mets mes bottes.

→ Les mots invariables sont formés d'**un ou plusieurs mots** :
- **un** mot : davantage, quelquefois
- **deux** mots : aujourd'hui, d'abord, là-bas, peut-être
- **trois** mots : tout à coup, tout à fait, tout de suite

→ De nombreux mots invariables sont des **adverbes terminés par le suffixe -ment** : Ils avancent lentement.

Je m'entraîne

1 ★ Repère oralement dans cette liste le mot qui n'est pas invariable.

autrefois • toit • bientôt • tard • surtout • ailleurs • dehors • jamais • quand

2 ★ Recopie ces mots invariables en les complétant avec la lettre qui convient.

tar… • aussitô… • souven… • quelquefoi… • ailleur… • quan… • tô… • pui… • toujour… • aujourd'…ui • dav…ntage • l…-bas • tout … fait • d'…bord

3 ★ Complète ces phrases avec un mot invariable de la leçon terminé par un s.

a. Le chien dort … dans sa niche.

b. …, les voitures étaient tirées par des chevaux.

c. Ton sac n'est pas ici. Il doit être … .

d. Il faut … faire preuve de patience pour obtenir satisfaction.

4 ★ Complète ces phrases avec un mot invariable de la leçon terminé par un t.

a. Il fait … beau à Nice.

b. … les fêtes de fin d'année, les rues sont illuminées.

c. Il est six heures : il fera … jour. Nous partirons … ce matin.

5 ★★ Écris les mots invariables qui correspondent à ces définitions.

a. À proximité. → …

b. Contraire de tard. → …

c. Contraire de jamais. → …

d. Contraire de dedans. → …

6 ★★ a. Récris ces phrases en remplaçant les mots ou groupes de mots écrits en bleu par un mot de la leçon terminé par un s, un d ou un t.

a. Lorsqu'il fait beau, le bateau sort du port.

b. Certaines fois, le ciel se couvre de nuages.

c. Il habite dans un autre lieu.

d. Les secours sont intervenus immédiatement après l'accident.

b. Prononce les deux premiers mots de la phrase a transformée. Comment prononces-tu le d ?

7 ★★ Récris chaque phrase en remplaçant le groupe de mots surligné par un adverbe en -ment.

a. Elles parlent de façon calme.

b. Vous intervenez de manière rapide.

c. Ils se comportent de façon adorable avec moi.

d. Ils marchent de façon pénible.

8 ★★ a. Forme un adverbe en -ment à partir de chaque adjectif.

libre • aimable • tragique • incroyable • rare • tranquille

b. Emploie chaque mot invariable formé dans une phrase de ton choix.

9 ★★★ a. Pour chaque mot en -ment, demande-toi s'il est un adverbe (mot invariable formé sur un adjectif) ou un nom (mot qui peut être précédé d'un déterminant).

déménagement • rangement • péniblement • agréablement • appartement • chargement • difficilement • sagement • ornement • changement • calmement

b. Recopie les adverbes.

c. Emploie chaque adverbe dans une phrase.

10 ?? Mots mêlés

Retrouve dans cette grille sept mots invariables. Recopie-les.

X	J	Q	U	A	N	D	F	A
E	D	O	F	V	F	H	L	P
P	E	N	D	A	N	T	Z	R
T	H	H	B	N	T	Y	A	È
L	O	N	G	T	E	M	P	S
V	R	Z	J	W	A	H	N	H
Y	S	O	U	V	E	N	T	Z

Autodictée

11 Écris sans erreur dix mots invariables que tu as appris dans cette leçon.

J'écris

12 Rédige quatre phrases dans lesquelles tu emploieras quatre des mots invariables de la grille de l'exercice 10.

Les classes grammaticales

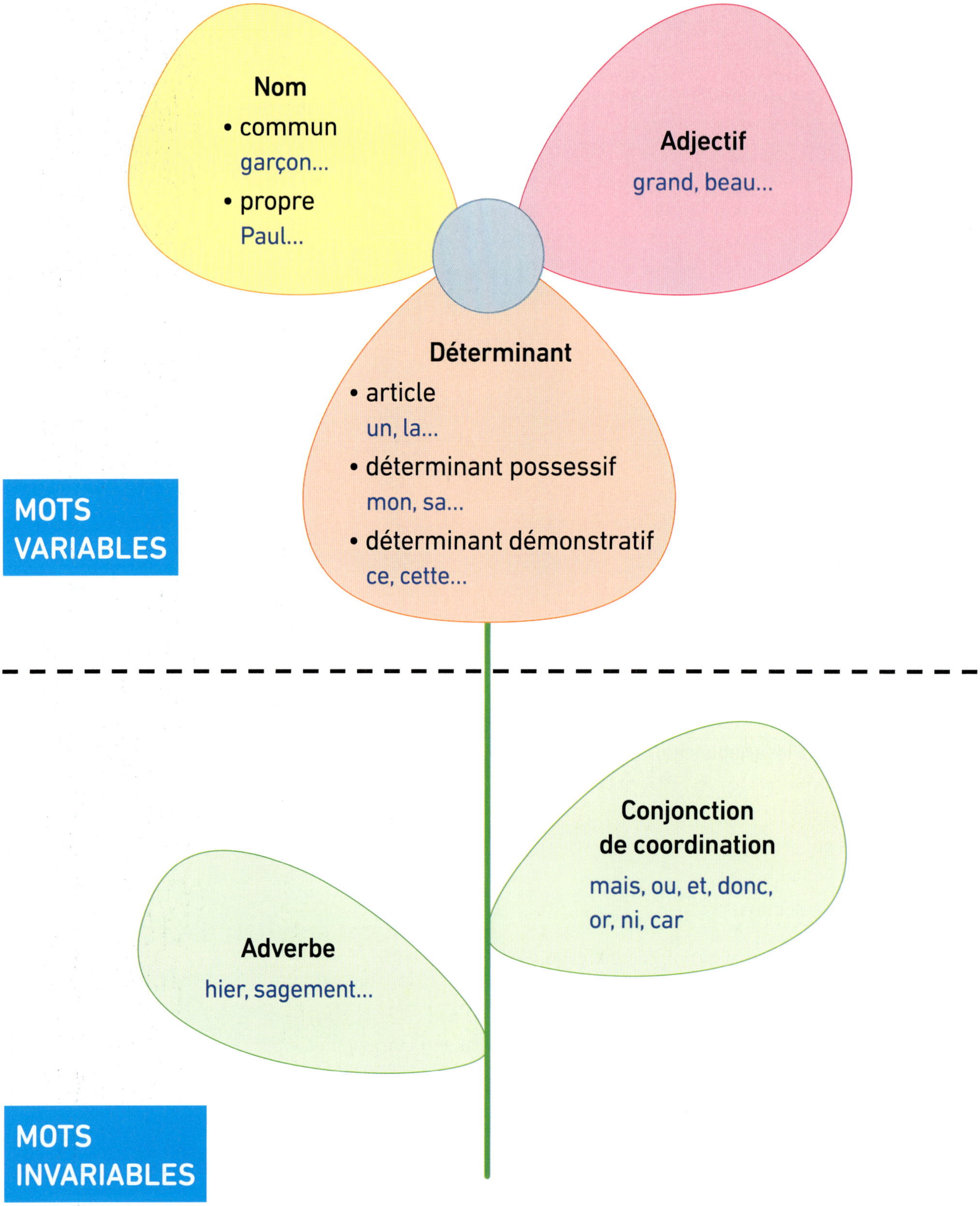

Les fonctions

Sujet

Il parle.
Paul parle.
Le garçon parle.

Complément d'objet

Elle regarde **Paul**.
Elle regarde **le garçon**.
Elle parle **à Sophie**.

Complément circonstanciel

→ lieu	Il dessine un dinosaure **dans son cahier**.
→ temps	**Pendant les vacances**, nous visitons un musée.
→ cause	Nous avons froid **à cause du vent**.

Complément du nom

une table **en bois**
le sommet **de la montagne**
un fer **à repasser**

Crédits

Illustrations :
Marie-Loup BÉRENGER : p. 29 (h), 45, 63, 81, 99, 145, 162, 181, 183, 185, 187, 189, 191, 199, 208, 217, 218
Cyril BERGER : p. 25, 28
Marie-Rose BOISSON : p. 80
Anne-Lise BOUTIN : p. 46, 47
Alain BOYER : couverture, p. 16, 48, 64, 66, 82,
Mathilde CABROL : p. 38-39, 92 à 95
Laure CACOUAULT : p. 29 (b), 30
Isabelle CHAUVET : p. 44
Célia NILÈS : p. 62
Benoît PERROUD : p. 55, 56
Gilles POING : p. 163
Yunco : p. 77
M. Zut : p. 18, 73, 88 à 91
mascottes : © galina_petrova - stock.adobe.com

Dessins au trait :
Diffusés par *The Noun Project* (thenounproject.com)
portée musicale : © laili ; maison, domino : © Lluisa Iborra ; aile : © Valeriy ; sac : © Sergey Demushkin ; bannière : © Fabiana Antonioli ; coussin : © Mello ; fleur : © Made by Made ; valise, boîte, enveloppe : © Jorge Mallo ; cadre : © Abdo ; cartable : © Alfredo@IconsAlfredo.com

Crédits photographiques :
p. 16 : (g) © jozefmicic - stock.adobe.com ; p. 32 : © Agnès Boulloche, « Le Passe temps » ; p. 34 : © Nurun Paris ; p. 35 : © RMN-Grand Palais / Christophe Chavan ; p. 40 : © Pixelshop - stock.adobe.com ; p. 41 : © akg-images / Erich Lessing ; p. 45 : (a.) © fotomaster - stock.adobe.com ; (b.) © Éric Isselée - stock.adobe.com ; (c.) © nosyrevy - stock.adobe.com ; p. 50 : (g) © akg-images / Science Source ; (d) © akg-images / Erich Lessing ; p. 69 : © Grégory Picout ; p. 71 : Rébecca Dautremer © Gautier-Languereau ; p. 74 : © owattaphotos - stock.adobe.com ; p. 75 : (h) © akg-images ; p. 84 : © Pétrouche - stock.adobe.com ; p. 86-87 : © Organisation internationale du Travail 2019 ; p. 98 : © fonds Jean Dieuzaide – Mairie de Toulouse, Archives municipales, Enfant546 ; p. 100 : © Luis Louro - stock.adobe.com ; p. 107 : © Lil_22 - stock.adobe.com ; p. 109 : © VadimGuzhva - stock.adobe.com ; p. 111 : © Igor - stock.adobe.com ; p. 115 : © martialred - stock.adobe.com ; p. 117 : © Alexi Tauzin - stock.adobe.com ; p. 131 : © kid_a - stock.adobe.com ; p. 133 : © NADEZHDA - stock.adobe.com ; p. 135 : © aluna1 - stock.adobe.com ; p. 137 : (a.) © tropper 2000 - stock.adobe.com ; (b.) © momo5287 - stock.adobe.com ; (c.) © alekss - stock.adobe.com ; (d.) © mumin durmaz 35 - stock.adobe.com ; p. 141 : © Sergey Novikov - stock.adobe.com ; p. 143 : © ARochau - stock.adobe.com ; p. 145 : © patma145 - stock.adobe.com ; p. 146 : © Alberto Masnovo - stock.adobe.com ; p. 147 : © sutthinon602 - stock.adobe.com ; p. 149 : © itsdesign - stock.adobe.com ; p. 150 : © Julija - stock.adobe.com ; p. 151 : © wajan - stock.adobe.com ; p. 153 : © KVasay - stock.adobe.com ; p. 155 : © okeanaslt - stock.adobe.com ; p. 157 : © pololia - stock.adobe.com ; p. 159 : © Dusan Kostic - stock.adobe.com ; p. 161 : © Sandra Cunningham - stock.adobe.com ; p. 165 : © blueringmedia - stock.adobe.com ; p. 167 : © naddya - stock.adobe.com ; p. 169 : © honeyflavour - stock.adobe.com ; p. 171 : © topvectors - stock.adobe.com ; p. 173 : © DoraZett - stock.adobe.com ; p. 179 : © JackF - stock.adobe.com ; p. 195 : © luckybusiness - stock.adobe.com ; p. 204 : © Aisa / Leemage ; p. 207 : © hedgehog94 - stock.adobe.com ; p. 214 : © matiasdelcarmine - stock.adobe.com

Police cursive :
police SG STYLO © 4 HEURES 21/11/2003

Imprimé en Italie par STIGE
Dépôt légal : Février 2020
Collection n° 97 - Édition n° 01
10/3998/6

L'alphabet phonétique international (API)

Voyelles orales

[i] midi, île, naïf, cygne, hiver
[e] dé, dîner, et, nez, je jouai, fœtus, les
[ɛ] belle, mère, être, Noël, veine, est, il naissait, il naît, paquet
[a] patte, à, femme
[ɑ] tas, pâte
[y] sur, sûr, il eut, humeur, rue
[u] chou, où, goût, août
[o] piano, aussitôt, seau, oh, ho, hôpital
[ɔ] bol, Paul, hors, maximum
[ə] le, monsieur
[ø] déjeuner, jeûne
[œ] neuf, œuf, œil, recueil

Voyelles nasales

[ɛ̃] invention, imperméable, main, faim, peindre, examen, synthétique, sympathie
[ɑ̃] tante, lampe, ensemble, paon, vraiment
[ɔ̃] bon, pompier
[œ̃] un, parfum, à jeun

Consonnes

[p] pape, apprendre
[b] bon, abbé
[t] ton, patte, thon, prend-il
[d] doigt, addition
[k] cadre, que, kiwi, accord, acquitter choriste
[g] gag, guerre, aggraver, second, ghetto
[f] feu, affreux, éléphant
[v] vue, wagon
[s] se, asseoir, leçon, science, imagination, asthme, six, fils
[z] raser, deuxième, zèbre
[ʃ] chut, schéma, shérif
[ʒ] jeu, girafe, orangeade
[l] la, ville
[m] menton, pomme
[n] nuit, année, automne
[ɲ] mignonne
[ŋ] parking
[r] parc, raconter, arrêter, rhume

Semi-voyelles

[j] yeux, pieu, œil, paille, fille, hiéroglyphe, hyène
[ɥ] lui, huit
[w] oui, kiwi, moelle, poêle, poil

Les tableaux de conjugaison

3e GROUPE			
dire	**faire**	**venir**	**voir**
Présent de l'indicatif			
je dis *tu* dis *il/elle* dit *nous* disons *vous* dites *ils/elles* disent	*je* fais *tu* fais *il/elle* fait *nous* faisons *vous* faites *ils/elles* font	*je* viens *tu* viens *il/elle* vient *nous* venons *vous* venez *ils/elles* viennent	*je* vois *tu* vois *il/elle* voit *nous* voyons *vous* voyez *ils/elles* voient
Imparfait de l'indicatif			
je disais *tu* disais *il/elle* disait *nous* disions *vous* disiez *ils/elles* disaient	*je* faisais *tu* faisais *il/elle* faisait *nous* faisions *vous* faisiez *ils/elles* faisaient	*je* venais *tu* venais *il/elle* venait *nous* venions *vous* veniez *ils/elles* venaient	*je* voyais *tu* voyais *il/elle* voyait *nous* voyions *vous* voyiez *ils/elles* voyaient
Futur de l'indicatif			
je dirai *tu* diras *il/elle* dira *nous* dirons *vous* direz *ils/elles* diront	*je* ferai *tu* feras *il/elle* fera *nous* ferons *vous* ferez *ils/elles* feront	*je* viendrai *tu* viendras *il/elle* viendra *nous* viendrons *vous* viendrez *ils/elles* viendront	*je* verrai *tu* verras *il/elle* verra *nous* verrons *vous* verrez *ils/elles* verront
Passé composé de l'indicatif			
*j'*ai dit *tu* as dit *il/elle* a dit *nous* avons dit *vous* avez dit *ils/elles* ont dit	*j'*ai fait *tu* as fait *il/elle* a fait *nous* avons fait *vous* avez fait *ils/elles* ont fait	*je* suis venu(e) *tu* es venu(e) *il/elle* est venu(e) *nous* sommes venu(e)s *vous* êtes venu(e)s *ils/elles* sont venu(e)s	*j'*ai vu *tu* as vu *il/elle* a vu *nous* avons vu *vous* avez vu *ils/elles* ont vu
Participe passé			
dit	fait	venu	vu